김정은
체제
왜
붕괴되지
않는가

김정은 체제 왜 붕괴되지 않는가

★ 김정일 전기

리 소테츠 지음 | 이동주 옮김

레드우드

★ 차례

제5장 탈취한 정상

제6장 황폐, 그리고 핵

일러두기

① 모든 존칭은 생략한다.
② 중국의 지명 및 인명은 중국어 발음대로 옮기며 그 외는 한자 독음대로 적는다.
③ 본문의 소련 해체 전 내용에서는 '소련'으로 통일하고, 소련 해체 이후의 내용에서는 '구소련' 혹은 '러시아'로 통일하였다.

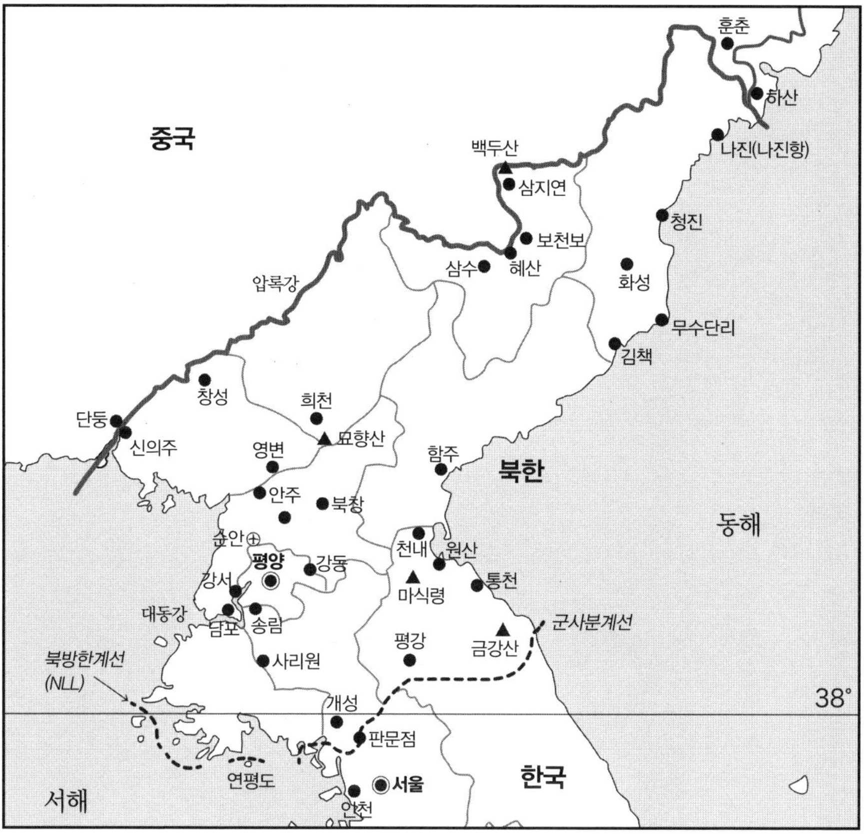

중국
훈춘
하산
나진(나진항)
백두산
삼지연
청진
보천보
삼수
혜산
화성
압록강
무수단리
김책
창성
희천
단둥
신의주
묘향산
영변
함주
북한
안주
북창
동해
순안
천내
원산
평양
강동
강서
마식령
통천
대동강
남포
송림
군사분계선
평강
금강산
북방한계선
(NLL)
사리원
38°
개성
판문점
연평도
한국
서울
서해
인천

러시아
비야츠코에(북부야영)
하바롭스크
헤이룽장성
몽골
하얼빈
우스리스크
지린성
라즈도리노예(남부야영)
중국
지린
훈춘
블라디보스토크
하산
백두산
랴오닝성
베이징
단둥
북한
동해
사도가시마
니가타
다롄
평양
노토
시라사키
서울
도쿄
인천
고하마
일본
한국
요나고
서해
전주
칭다오
오사카
강진
제주도
양저우
미야자키
난징
히오키
상하이
태평양

북한의 행정구역

함경북도
양강도
자강도
함경남도
평안북도
평안남도
평양특별시
강원도
황해북도
황해남도

● **김정일 일가의 가계도**

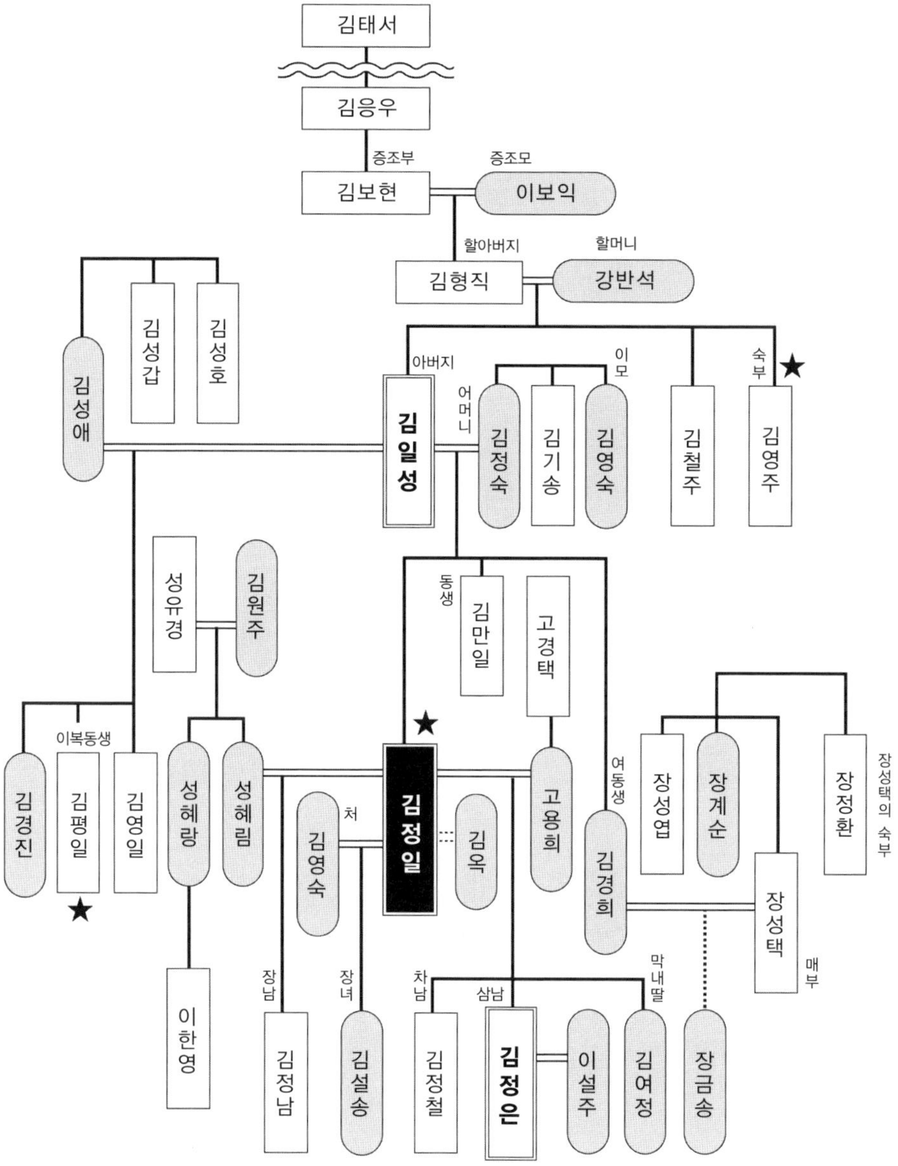

① 인물 관계는 모두 김정일과의 관계 표시이다.

② 도표에서 [ ]는 남자, ( )은 여성이다.

③ ★는 김일성 체제 당시 후계자 후보이다.

한국어판 서문

지금 김정일을 쓰는 이유

북한과의 이상한 인연

나는 15세가 될 때까지 독사진을 찍어 본 적이 없다. 집이 가난해서가 아니라 칠 남매 중 여섯째인 나에게 부모님은 전혀 신경 쓸 겨를이 없었기 때문이다.

내가 소년 시절을 보낸 중국 헤이룽장黑龍江성 싼장三江 평야 북부의 시골 마을은 1930년대 경상도에서 집단으로 이주해 온 농민들이 쌀농사를 지으며 생계를 꾸리던 조선족(1945년 이전 중국으로 이주해 중국 국적을 취득해 사는 '조선인'으로, 현재 중국의 55개 소수민족 중 하나다-필자주) 마을이다.

한반도에서 건너온 개척민이 살기 전까지 사람의 손길이 닿은 적이 없었던 싼장 평야의 검은 대지는 쌀농사에 적합했는지 쌀이 풍부하게 생산됐다. 먹는 데 곤란을 겪는 일은 없었기 때문에 인정이 넘쳐 살기 좋은 마을이었지만 도시로부터 멀리 떨어져 있어 아이들 교육이 문제였다.

문화혁명(문혁)이 시작되는 1966년까지 300세대나 되는 마을에서 겨우 3명의 대학생이 나왔다. 그중 한 명은 하얼빈哈爾濱공업대학을 졸업한 후 모스크바대학에 유학한 수재다. 반우파 투쟁에서 우파로 지목돼 '노동개조'를 받기 위해 마을로 돌아왔는데(사실상의 추방이었다) 모스크바에서 만났다는 평양平壤 출신의 젊은 아내와 함께 왔다. 여배우였다는 그녀는 늘씬하게 큰 키에 얼굴이 작은 미인이었다. 그녀는 한가하게 시간을 보내는 마을 사람들의 화제를 독차지했다. 마을 사람들은 그녀가 있는 곳에 모여들어 평양 이야기를 해달라고 졸랐다.

소년이었던 나는 그녀보다 남편이 부러웠다. 어떻게 하면 외국에 갈 수 있을까? 모스크바는 어떤 곳일까? 매일 여러 가지 상상을 했다.

그 부부 외에 내가 숭배하던 인물이 또 한 명 있었다. 나와 가장 사이가 좋은 친구의 대학생 형이었다. 친구의 집에는 눈에 가장 잘 띄는 곳에 그 형의 사진이 걸려 있었다. 타이를 매고, 양복을 입은 흑백사진이었다. 뒤로 넘긴 머리는 기름을 발랐는지 번쩍거렸다. 촌사람이라고는 생각할 수 없을 만큼 말끔한 신사였다. 사진은 북한에서 온 것이었다. 그는 다렌大連공학원(현재의 다렌이공대학)에 재학 중이던 1964년 가을 부모와 상의도 없이 북한으로 도망가 함흥시咸興市에 있는 한 연구소에서 일하고 있었다.

1960년대 중국 동북 지역에서는 10만 명이 넘는 조선족 출신의 지식인이 북한으로 건너갔다. 그 후 문헌으로 알게 됐지만 북한 당국은 당시 중국과의 국경 지대에 있는 도시에 귀국신청소를 설치해 놓고 중국에서 북한으로 도망 오는(탈중) 지식인, 기술자, 특기를 가진 젊은이를 받아들였다. 그 결과 중국 동북지방의 일부 병원, 공장, 연구소는 폐쇄될 지경에 몰리기도 했다. 대부분 합법적인 절차를 거치지 않았고, 기술자료까지 가지고 북한으로 '도망'쳤던 것이다.

친구로부터 그 형의 무용담을 들을 때마다 소년이었던 나는 사진 속

주인공에게 매혹됐다. 어느 날 친구가 터무니없는 제안을 해왔다. 우리도 그 형처럼 사진을 찍어 보자는 것이었다. 중국 사람이 타이를 매고 양복을 입게 된 것은 1980년대에 들어서부터다. 그것도 공무 수행으로 외국에 가는 사람에게만 가능했던 시절이다.

진짜 양복을 본 적도, 만져 본 적도 없는데 어떻게 사진을 찍느냐고 묻자 친구는 평양 아줌마의 집에 가면 틀림없이 양복이 있을 것이라고 했다. 우리 둘 모두 15세가 되던 1975년의 일이다. 그러나 평양 아줌마의 집에도 양복이 없었다. 그녀는 남편이 '반동 분자'로 몰려 추방될 때 '자본주의적인 것'은 아무것도 남겨 두지 않았다고 했다. 그 시절 양복은 부르주아적인 것이었다. 홍위병紅衛兵에게 발각되면 곤욕스러운 일이 생겼다. 평양 아줌마는 친절하게 이웃 마을의 어느 집에 북한에서 친척이 와 있으니 분명히 양복을 갖고 있을 것이라고 알려 주었다. 그 길로 우리 둘은 이웃 마을에서 양복을 빌릴 수 있었다. 시간이 천천히 흐르는 것만 같은 시골에서는 5킬로미터 정도의 거리를 걷는 건 일상이었다. 5킬로미터를 걸어 찾아간 역전 마을 사진관에서 기념사진을 찍었다. 인생 첫 독사진을 북한 사람한테 빌린 양복을 입고 찍었으니 이상하다면 이상한 인연이었다.

그때 북한은 '선진국'이었다. 마을 사람들은 평양방송(라디오)에서 흘러나오는 노래를 듣고, 북한 영화를 보는 것이 가장 큰 즐거움이었다.

농번기가 아니면 한가했던 젊은이들은 혁명선전대를 만들어 노래와 춤을 연습해 마을 사람들에게 보여 주기도 했는데 그런 노래와 춤의 절반 이상이 북한 노래와 춤이었다. 당시 북한 노래는 정치적이지 않은 노래가 많았다. 지금도 가사를 기억하고 있는 노래가 있다. '비단 짜는 처녀', '금강산을 찾아서', '바다의 노래' 등. 우리 또래의 조선족이라면 누구나 몇 번씩은 들었던 노래다.

그 시절 중국 조선족의 일상에는 북한이 빠질 수 없었다. 생활 구석 구석에 북한 문화가 깊이 스며들어 있었던 것이다.

김정일의 소문을 듣다

북한의 그림자가 희미해지게 된 것은 중국이 개혁개방을 시작한 1970년대 말쯤부터다. 중국이 서양 여러 나라에 접근하기 시작해, 이념에 얽매이지 않고(중국에서는 이를 '실사구시實事求是'라고 불렀다) 오로지 경제 건설에 매진했기 때문이다.

10년 이상 중단됐던 대학입시제도가 부활하여 나도 운 좋게 베이징北京에 있는 대학에 입학할 수 있었다. 개혁개방 실시 후의 제1기 대학생이었던 우리는 눈 깜짝할 사이에 '자본주의 문명'에 물들어 버렸다. 물질문명을 앞세운 미국과 일본의 문화에 매료됐다.

같은 시기 중국은 미워해야 할 자본주의 국가 일본과 1978년 8월 중일평화우호조약을 체결하고, 1979년 1월 미국과 외교관계를 수립했다. 대학생들은 대부분 미국이나 일본 영화에 빠지고 외국 서적을 읽고 외국 음악을 들었다.

대학교 2학년 때 베이징에서 상영된 야마구치 모모에山口百恵와 미우라 도모카즈三浦友和가 출연한 영화 〈절창絶唱〉을 보고 우리는 북한 영화를 보며 좋게 여겼던 혁명적 가족애 및 연애관이 위선이라고 생각하게 됐다. 야마구치가 연기한 고유키小雪가 전쟁터에서 돌아온 남편 소노다 준기치園田順吉(미우라 도모카즈 역)의 발소리를 듣고 병상에서 최후를 맞는 장면에서 우리는 울었다. 우리는 고유키의 남편이 침략 전쟁에 참가했던 일본군 병사였다는 것은 완전히 잊어버리고 그를 응원했다. 다카쿠라 겐高倉建의 영화를 보고는 그의 반항심에 공감했고 그때까지 본 적이 없는 사나이다운 늠름한 모습에 반했다.

대학에는 문화대혁명 중 변경 지방으로 추방돼 갖은 고생을 다한 후 복귀한 교수도 많았다. 지식인들이 어떠한 처우를 받았는지를 들으며 우리는 그 당시 '혁명'이라는 운동이 얼마나 바보 같았는지를 재인식했다.

북한에 관심이 많았던 조선족 대학생들은 이런 이야기나 중국에서 일어난 여러 가지 사건들로 북한을 비춰 보며 생각도 하고 토론도 했다.

지금에 와서야 알게 됐지만 당시 북한식 사회주의에 부정적이었던 것은 조선족만이 아니었다. 최근 공개된 자료에는 중국 정부가 북한을 얼마나 차가운 눈으로 보고 있었는지 분명히 나타나 있다. 1981년 1월 25일 중국 외상인 황화黃華는 외교부 강당에서 외교관계 기관의 과장급 이상 간부들을 모아 놓고 북중 관계에 대해 이렇게 말했다.

"2차 세계대전으로 한반도는 두 나라로 분단됐다. 이 두 나라는 단기간에 통일될 가능성이 없다. 두 나라 중 하나는 과거 우리의 전우였지만 지금은 우리의 적의 친구가 돼 버렸다."

"우리는 미국, 일본 등 국가와 긴밀하게 협의하면서 북한에 대한 정책을 조정하지 않으면 안 된다."

5시간에 걸친 연설에서 황화는 개혁개방에 눈길도 주지 않고 구태의연한 개인숭배에 몰두하는 북한을 통렬하게 비판했다. 당시 북한은 중국을 견제하기 위해 청진清津과 웅기雄基, 즉 현재의 나진羅津·선봉先峰 항구 일대를 소련 해군에게 제공할 움직임을 보이고 있었다.

1980년 말, 중국은 북한에 압력을 가하기 위해 석유와 그 부산물의 가격을 인상하고 무역에서는 '호혜호리互惠互利'의 원칙을 적용한다고 통보했다.

"일부 동지들은 그렇게 하면 북한이 우리를 배반할지 모른다고 우려하지만 나는 염려할 필요가 없다고 생각한다. 북한에는 '소련 카드'가 있지만 우리에게는 '한국 카드'가 있지 않은가? 북한이 소련 일변도로 기운다면 우리는 원조라는 말조차도 입에 담지 않을 것이다."(황화, '1980년대의 외교 정세와 정책 및 금후의 임무'에서)

바로 그 시기 나는 베이징에 유학 중인 김일성종합대학 교원을 만난 적이 있다. 칭화清華대학에서 지질학을 배우고 있던 30대 초반의 남자였다. 1970년대 말부터 1980년대까지 베이징의 대학에는 북한에서 온 유학생이 많았다.

베이징 서쪽 시쓰西四 지역에 있는 연변냉면관延邊冷麵館은 북한 유학생이나 조선족이 자주 모이는 곳이었다. 2층 건물의 조그만 국영 레스토랑으로 1층은 중국 사람이 이용했고, 2층은 북한의 주재원이나 유학생, 일본에서 온 상사원 등 외국인이 이용했다.

1층 구석에 앉아 냉면을 기다리고 있는 그와 만난 것은 1980년 여름이었다. 우리는 그를 우리 자리로 초대했다. 북한 유학생은 가난하다는 것을 알고 있었기 때문이다. 우리의 대화는 곧 북한 이야기로 옮아갔다.

북한에 연고자가 많은 우리는 북한이 어떤 상황인지 잘 알고 있었다. 문혁 기간 절대 권력자의 전횡이 국가나 국민에게 어떤 재난을 가져왔는지 그 과정을 눈으로 직접 보았던 중국의 조선족은 김일성을 거리낌 없이 욕하는 경우가 많았다. 그 유학생은 이에 반발해 이같이 말했다.

"우리 공화국(북한)은 수령님(김일성)이 있기 때문에 세계 최강의 나라가 된 것이다. 여러분은 우리 수령님이 세계를 호령하고 있다는 사실을 모르고 있다."

"여러분들은 남조선 반동과 자본주의(국가) 놈들의 선전만 듣고 있기 때문에 공화국을 모른다."

중국에 2년 이상 체류하면서 뉴스를 보았을 터인데도 북한이 정말로 세계를 움직이고 있다고 생각하고 있어 신기하기 그지없었다. 자기 돈으로 냉면 한 그릇조차 사 먹을 수 없는 처지이면서도 '세계를 호령'한다고 강변하는 북한 사람에게 위화감을 느꼈다. 지금 생각하면 그는 진심이었는지도 모른다. 그 당시만 해도 북한은 아직 한국과 경쟁할 수 있는 힘이 있었다.

북한 유학생을 만난 그해 겨울방학에 나는 고향으로 돌아갔다. 거기서 처음으로 김정일金正日에 관한 이야기를 들었다. 평양에서 돌아온 지 얼마 되지 않았다는, 북한 인민군 공군사령관(당시) 조명록趙明禄과 친척 관계라는 아주머니(현재 자무쓰시佳木斯市에 거주)의 이야기를 들으러 갔다. "평양에는 두 번 다시 가고 싶지 않다."고 아주머니는 말했다. 왜 그러냐고 묻자 평양에서 이런 해프닝이 있었다고 한다.

친척 집에서 사진첩을 보는데 맨 앞장에 김정일의 사진이 있었다.

"이 사람은 김일성의 전처(김정숙)의 아들이요, 아니면 후처(김성애)의 아들이요?" 하고 아주머니가 묻자 그 순간 모두가 얼어붙어 버렸다. 그리고 아주머니를 심하게 나무라더니 빨리 귀국하라고 재촉했다. 친애하는 지도자를 '누구누구의 아들'이라고 부른 것이나 '전처', '후처'라는 불경스러운 단어를 입에 올린 것이 잘못된 것이었다. 중국 조선족 사이에서 그저 보통으로 쓰이는 말을 아무 생각 없이 입 밖에 냈던 것이다.

당시는 그 아주머니의 이야기를 그냥 흘려들었다. 후에 이 책, 『김정일 비록秘録(일본어판)』을 쓰리라고는 생각도 못 했기 때문이다. 지금 와서 돌이켜 보면 당시로서는 별것도 아닌 아주머니의 이야기가 사실은 귀중한 증언이었다. 1980년경 김정일이 명실공히 절대 권력자가 돼 모두가 무서워했다는 사실을 확인할 수 있었다.

김일성을 욕하는 취객을 두들겨 패다

대학 졸업 후 나는 공산당 기관지 기자가 됐다. 지금의 중국과 달리 당시 기자는 대단한 직업이었다. 선배 기자 중에는 '기자증'을 흔들어 달리는 기차를 세운 적이 있다고 자랑하는 사람도 있을 정도로 공산당 기관지의 기자는 일종의 특권층이었다. 나는 기회가 있을 때마다 중국 동북3성의 조선족 마을을 돌아다녔지만 마을을 방문하면 기자가 어떤 사람인지 보러 오는 사람도 있었다. 그들은 기자인 내가 관심을 보인다고 생각했는지 마을에서 일어난 특이한 일들을 알려 주었다. 조선족 마을에서 발생한 특이한 일이라고 해봐야 역시 북한 관련 이야기들이었다.

그 가운데는 북한에서 친척이 찾아왔다가 마을 사람을 두들겨 패고 돌아간 이야기도 있었다. 북한의 만성적인 식량 부족은 1980년대에 들어 점점 더 심각해졌다. 그러한 사정을 아는 조선족들은 북한에서 온 손님을 동정했다. 어느 날 마을에서는 북한에서 온 한 손님을 위해 조촐한 잔치를 베풀었다. 술이 자꾸 들어가고 적당히 취기가 오르자 마을 사람들은 북한을 욕하기 시작했다.

당시 김정일은 중국에는 거의 알려진 바가 없었기 때문에 김일성을 욕했다. 참을 수 없었던 그 손님이 "수령님(김일성) 덕분에 우리는 지상낙원에서 살고 있다. 교육도 무료고, 필요한 것은 모두 수령님이 준다.

우리는 이 세상에서 가장 행복하다. 부러운 것은 하나도 없다."고 강변하자 한 주정뱅이가 시비를 걸었다.

"당신, 정말로 행복해? 밥조차 배부르게 먹지 못하면서."

그래도 거기까지는 괜찮았다. 그러나 이 취객의 다음 말에 손님은 더 이상 화를 참지 못했다.

"김일성은 나쁜 놈이다. 자기만 좋은 것을 먹고. 그놈(김일성)은 용서할 수 없다."

이 말을 하는 순간 북한 사람이 술 취한 사나이에게 주먹을 날리고 그를 때려 눕혔던 것이다. 잔치는 아수라장이 되었고, 북한 사람은 곧바로 귀국해 김일성에게 편지를 썼다던가 하는 이야기다.

당시 중국의 조선족 사이에서는 이런 말이 유행했다.

"북한에서 친척이 오면 힘주어 껴안지 마라(포옹하지 마라)."

"힘주어 껴안아 주면 줄수록 요구가 늘어난다. 친척이 신고 있는 양말까지 벗겨 간다."

중국에서 북한을 방문하는 사람도 있었다. 수십 년 만에 북한에 사는 언니의 집을 방문한 사람으로부터 들은 이야기다. 20세가 된 조카딸은 자신이 갖고 간 쇠고기장조림이 무슨 음식인지 몰랐다는 것이다. 이런 현상을 알고 있는 중국 조선족 대부분은 북한의 허위 선전에 분개해 몇 명만 모이면 당장 김일성의 험담을 꺼냈다.

소문은 북한에도 전해져 김일성이 알게 됐다. 1984년 5월 16일 김일성은 300명이 넘는 대규모 대표단을 이끌고 소련과 동유럽 사회주의국가들을 방문하러 나서는 길에 중국의 국경 도시 투먼圖們에서 특별열차를 세웠다. 김일성이 연변조선족자치주의 지방도시에 들른 것은 이례적인 일이었다. 투먼역에는 당시 중국 중앙정치국 상무위원으로 선양沈陽

군구사령관이던 리더성李德生과 지린吉林성에서 가장 높은 당위원회 서기, 연변조선족자치주의 간부 등이 나와 김일성을 맞이했다.

조선족 사진작가로 주정부의 전속 카메라맨이었던 황범송黃範松이 그날의 광경을 사진으로 남겨 놓았다. 그 자리에서 김일성은 침통한 표정을 지으며 이렇게 불만을 토로했다고 한다.

“여기는 내가 항일전쟁으로 피를 흘린 곳이다. 그런데도 이곳 조선족 여러분은 나를 죽일 놈이라고 말하고 있지 않은가?”

본문에서는 1984년 5월 김일성의 소련과 동유럽 8개국 순방이 세계의 주목을 끌었다고 썼다. 그러나 실은 당시 가장 신경을 쓴 것은 중국이었다는 사실을 집필 과정에서 새로 발굴한 중국 자료를 통해 비로소 알게 됐다. 중국공산당 총서기 후야오방胡耀邦은 ‘휴식을 위해’ 잠시 국경 도시에 머문 김일성을 정중히 대접하라고 지시했으며, 당중앙 선전부를 통해 공식 석상에서 김일성과 북한에 대한 험담을 하지 말도록 연변조선족자치주에 시달했다.

중국 조선족의 고국 생각

일본에 유학을 와 저널리즘 역사를 연구 테마로 정한 나는 그 후 북한 일을 까맣게 잊고 지냈다. 그러던 1993년 봄, 어느 날 소년 시절 고향에서 함께 양복을 빌려 입고 사진을 찍은 친구로부터 편지를 받았다. 그 친구는 중국 산시山西성의 한 공군기지에서 인민해방군 장교로 복무하고 있었다. 편지에는 북한의 전직 고위 관리가 회고록을 집필하고 있는데 여름방학 때 한번 와서 만나 주라고 쓰여 있었다.

당시 나는 대학원 학생에 불과했지만 친구는 전직 고위 관리에게 엄청난 친구가 일본에 있다고 자랑했던 모양이다. 틈을 내 친구가 있는 타이위안太原으로 날아갔다. 공항에는 전 북한 고위 관리가 준비한 리무진이 기다리고 있었다.

나는 4일간 그 고위 관리의 집에 머무르며 집필 중이던 회고록을 읽고 이야기를 들었다. 북한 전문가가 아닌 나로서는 그의 이야기가 얼마나 가치 있는지 판단이 서지 않았다. 그저 막연히 엄청난 이야기를 듣고 있다는 느낌이 들어, 비디오카메라로 20여 시간에 걸쳐 '증언'을 녹화했다.

그는 1930년대 한반도에서 중국으로 건너가 중국공산당 휘하에서 항일투쟁에 참가했다. 그는 해방을 맞아 북한에 귀환해 〈조선인민군보〉 편집장, 문화상을 역임한 연안파延安派 간부 김강金剛이라는 인물이었다. 그 당시 그는 77세로 건강하고 의욕적이었다.

1956년 8월 김일성이 장기간 동유럽 순방에 나섰을 때 김강 등 연안파 간부들은 소련파와 손잡고 김일성의 독재체제 타도를 위해 정변을 일으키려 했다. 북한의 현대사에서는 '8월종파사건'으로 알려져 있다. 그는 안타까운 듯 이렇게 말했다.

"최용건(崔庸健, 북한의 2인자. 그 당시 노동당 중앙위원회 부위원장)이 배반했기 때문에 실패했다. 그는 술자리에서 김일성을 욕하며 자기에게 맡겨 달라고 해놓고는 우리를 배반했던 것이다."

노동당 중앙위원회 전체회의가 열린 것은 김일성이 외유外遊에서 돌아온 후인 8월 30일. 사전에 계획을 알게 된 김일성이 연안파 간부들을 체포하러 나서기 직전인 전체회의 첫날 밤에 김강은 김일성 비판의 선두에 선 상업상 윤공흠尹公欽, 조선직업총동맹 위원장 서휘徐輝 등을 지프에 태워 중국 국경을 향해 도망쳤다. 국경을 흐르는 압록강鴨錄江 연안에는 보트가 준비돼 있었다. 평양 주재 신화사新華社통신 기자가 김강의 요청을 받고 마련한 것이었다고 한다.

김일성은 이날 휴전선을 봉쇄한 후 곧바로 중국과의 국경에 추격대를 보냈지만 김강 등이 이미 단둥丹東의 국경 근처에 있는 중국 측 경찰서로 피난한 후였다.

'8월종파사건'으로 중국에 망명한 많은 연안파 간부들 가운데 김강은 가장 젊고 계급도 낮은 편이었다. 당시 그는 중국에서 부부장(차관) 대우를 받으며 산시山西의과대학 고문이라는 직함을 갖고 있었다. 중국에 '고문顧問'이라는 직함이 있다는 것을 안 건 그때가 처음이었다. 대학에서 가장 높은 사람도 운전기사가 딸린 자동차가 없던 시절이었지만 그에게는 자동차에 운전기사도 딸려 있었다.

베이징국제방송의 전 한국어 아나운서와 재혼해 2층짜리 맨션(이것도 중국에서는 귀했다)에서 불편 없는 생활을 보내고 있었다. 한국말을 할 수 있는 사람과 만난 것이 기뻤던지 나를 친자식처럼 귀여워했다.

며칠 동안 나의 흥미를 끈 것은 김강의 북한 시절 이야기보다 중국이 어떤 대우를 해주었는가였다. 김강 등은 중국 정치와 북중 관계에 농락을 당했다. 북중 관계가 험악해진 문화혁명 기간에는 마오쩌둥毛澤東의 부인 장칭江青의 '배려'로 문혁의 총지휘부가 설치된, 당시 중국의 최고급 호텔인 베이징 서교호텔西郊賓館에서 지냈다. 그 후 중국과 북한의 관계가 개선되자 벽지인 쓰촨四川성으로 추방됐다. 후에 북중 관계가 정상화돼서는 산시山西성의 한 공군훈련기지 주변으로 옮겨졌고, 거기서 나의 어린 시절 친구와 만나 나와의 기이한 인연도 만들어졌던 것이다.

여담이지만 사람이 좋은 나의 친구는 산시성에 사는 북한에서 망명해 온 연안파 간부들의 뒤를 돌봐 주고 있었다. 연안파의 한 사람으로 김일성의 비서실장을 지낸 홍순관洪淳寬은 친구의 소개로 나의 친척 아주머니와 재혼해 시안西安에 정착했다. 후에 이 책을 쓰게 되면서 '그때 더 많은 이야기를 들었으면 좋았을 텐데….' 하고 후회한 적도 있다. 홍순관은 생전에 김씨 일족에 관련된 여러 가지 이야기를 해주었다. 김일성은 여자를 좋아했고 가정은 원만하지 않았다는 이야기도 해주었다. 그처럼 아무렇지도 않은 듯이 했던 김일성에 대한 평가는 김정일이 어떤 가정환경 속에서 소년 시절을 보냈는지를 알게 해준 단서가 됐다.

전 조선직업총동맹 위원장 서휘가 죽었을 때 친구는 상주 노릇을 했고 장례를 치러 줬으며 묘까지 만들어 주었다. 친구는 이국 타향에서 고독하게 사는 그들을 동정했다. 말로는 북한에 사는 형이 생각나서라고 했지만 실은 이유 같은 건 없었다. 조선족이라면 누구든 그렇게 했을지도 모른다.

'조선인'이 중국에 대량 이주해 온 역사는 그렇게 길지 않다. 모두 고국에 특별한 감정을 가지고 있다. 북중 관계, 한중 관계에 따라 이리저리 휘둘리면서도 한반도의 향방을 마른 침을 삼키며 주목하고 있다. 나도 바로 그런 사람들 중의 한 명이다.

인간 김정일을 쓰고 싶었다

조선족은 오히려 북한이 너무 가까운 존재이며 잘 알고 있다고 여기기 때문에 연구 대상으로 삼을 생각은 하지 않는다. 같은 사회주의국가에서 자란 조선족 대부분은 북한이 하고 있는 일을 중국이 해온 일과 비교하며 생각한다. 북한이 국제사회의 상식과 동떨어진 행동을 보여도 나는 이상하게 생각하지 않았다. 직감적으로 '역시 그런가'라고 고개를 끄덕이는 경우도 많았다. 적어도 북한 연구를 시작하기 전까지 나는 북한을 잘 알고 있다고 착각하고 있었다.

게다가 대학원에서 일본 식민지 통치하의 신문사를 연구했고, 졸업 후에는 저널리즘 연구에 쫓겨 북한에 대해서는 잊고 있었다. 전환점이 된 것은 2000년 김대중 전 대통령의 방북이다. 김대중의 평양 방문은 남북이 역사적인 화해로 나아가 반목과 대립의 시대에 종언을 고하는 것처럼 보였다. 그러나 나는 잘될 리 없다고 냉정하게 보고 있었다. 김대중은 북한에 변화를 촉구하기 위해 화해와 포용을 기본 태도로 하는 유화정책인 햇볕정책을 추진했지만 나는 이에 회의적이었다.

우리는 중국에서 이솝우화뿐만 아니라 중국의 우화도 배우며 자랐다. 초등학교 교과서에 실린 「동곽 선생」이란 우화의 줄거리는 이러하다. 한 농부가 추위에 꽁꽁 얼어붙은 독사를 가엾이 여겨 가슴에 품고 따뜻하게 녹여 주려다가 오히려 독사한테 물려 죽는다. 농부가 그 뱀이 독사라는 것을 알지 못하고 가슴에 품었다면 동정할 여지가 있지만, 독사라는 것을 알면서도 그런 행동을 취했다면 사물의 본질을 이해하지 못한 무지한 사람이라고 말할 수밖에 없다.

북한의 핵 개발을 둘러싼 교섭을 지켜보면서 같은 생각을 했다. 초등학교 때부터 우리는 총구에서 권력이 나온다는 마오쩌둥 어록을 배웠다. 김정일도 권력은 총구에서 나온다고 했다. 즉, 사회주의국가의 외교는 힘 외에는 반응하지 않는다. 오직 힘만이 통용될 뿐이다. 김정일과 김정은에게 핵은 힘의 원천이다. 그 힘의 원천이 되는 핵을 폐기하라고 압박을 가해도 소용이 없다. 그들이 양보의 자세를 보이는 순간은 힘겨

루기에서 졌거나 힘이 다 빠졌을 때다. 납치 문제가 그렇고, 미사일 문제가 그렇다.

이 책에서도 상세히 기술했지만 김정일이 일본인 납치를 인정하고 미국, 일본과의 교섭 테이블에 나온 것은 조지 W 부시 미국 대통령(당시)이 북한을 악의 축이라고 비난하며 실제로 무력 공격도 불사할 태도를 보였기 때문이다. 그러나 미국이 이라크에 발목 잡혀 북한에 대한 공격을 하지 못할 것이라고 판명되자 교섭은 모두 원래 상태로 돌아갔다.

그때 나는 직감에 의지해 북한을 알고 있다고 생각했지만 국제 상황이라는 것은 그렇게 단순하지 않다는 것을 새삼 느꼈다. 감각만으로 눈에 보이는 현상 뒤편의 원리나 본질을 정확하게 꿰뚫어 볼 수 없다고 판단한 것은 북한에 대해 본격적으로 공부를 시작한 후부터다.

내가 북한 관련 공부를 시작한 것은 우연한 계기였다. 대학원을 나온 후 모교인 조치上智대학 연구소에 객원연구원으로 남았던 나는 대학에 서 가까운 도쿄東京 한조몬半蔵門에 있는 한국의 전직 고위 관리가 연 사무소를 같이 쓰고 있었다. 그곳에는 북한 관련 서적과 자료가 산더미처럼 쌓여 있었다.

김일성, 김정일 저작, 전집과 북한이 간행한 김일성, 김정일 전기, 주체사상 해설집 등 평양에서 간행된 자료들이 아주 많았다. 그 가운데는 한국의 대북 정책 입안에 도움을 주었을 것으로 생각되는 극비자료나 각국 정부가 발행한 북한 관련 보고서도 많았다. 처음에는 식민지 신문사 연구에 도움이 될 자료를 발견할 수 있지 않을까 하는 기대로 자료들을 훑어보았지만 신문 역사보다 북한 현대사에 빠져들었다.

『김정일 비록』을 쓰려고 마음먹은 것은 오랫동안 의식적 또는 무의식적으로 축적해 온 것을 한번 정리해 보고 싶었기 때문이다. 자료를 읽고 과거의 기억을 따라가는 동안 김씨 일족의 역사야말로 북한의 역사라는 것을 알게 됐다. 그 중심에 2대 '장군' 김정일이 있었다.

국가를 사물화하고 욕망에 사로잡혀, 도탄에 빠진 국민에게는 눈길도 주지 않고 자신과 일가의 안락을 최우선으로 생각하며 이를 위해 '노력'을 아끼지 않았던 한 인간의 초상이 차츰차츰 떠오르는 듯한 느낌이 들었다.

김정일은 자신의 생애를 북한이라는 국가와 함께해 왔다. 김정일을 빼놓고는 북한에 대해 얘기할 수 없다. 더구나 인간으로서의 김정일은 우리에게 여러 가지 교훈을 남기고 있다. 인간은 어떻게 살아야 하는가보다 무엇을 위해 살아야 하는가가 중요하다는 것, 그리고 인생의 무상함이다. 따라서 이 책에서 나는 독재자 김정일이 아니라 욕망을 그대로 드러내 절대적인 권력을 손에 넣었으면서도 생애를 통해 콤플렉스와 질투로 괴로워하며 산 한 사나이의 인생을 쓰고 있다. 북한은 그런 김정일이 만든 나라이며 김정은을 만든 것도 김정일이다.

이 책에 전개되는 이야기는 소설이 아니다. 북한, 한국, 중국, 일본 그리고 그 외 나라들의 자료를 바탕으로 쓴 김정일의 일대기다.

리 소테츠

일본 류코쿠龍谷대학 연구실에서

2016년 12월

희대의 '극장형 국가'를 만든 남자

왜 지금 새삼스럽게 김정일인가? 이 책을 손에 든 독자들 중 많은 이들이 이런 의문을 품을지도 모른다. 현재 북한을 지배하고 있는 것은 그의 아들 김정은金正恩이다. 핵·미사일 문제나 일본인 납치 문제 등 현재의 여러 가지 경색된 상황을 타개하기 위해서는 김정은을 알아야 하고, 따라서 그에 대해 써야 한다고 생각하는 것이 더 자연스러울 것이다.

지금 한국뿐만 아니라 일본, 미국, 중국 등 각국의 정부 당국자와 전문가, 저널리스트 등은 김정은 지배하의 '지금'과 '미래'를 해명하기 위해 많은 노력을 기울이고 있다. 특히 핵무기 개발에 대한 집념을 더 강하게 다지고 있고, 고모부 장성택張成澤마저 처형한 것 등을 근거로 많은 사람들이 이구동성으로 김정은의 성향이 예측 불가능하며 위험하다고 말하고 있다.

2016년 4월 주한 미군사령관에 취임한 빈센트 브룩스는 지명 당시 미국 상원 군사위원회 청문회에서 한반도 정세와 관련하여 김정은 주변에 조언을 할 수 있는 사람이 없어 불안정성이 더욱 커졌다고 지적하며 다음과 같이 분석했다.

"김정은은 아버지(김정일)보다 더 공격적인 경향을 보이고 있다. 그는 위험을 두려워하지 않는 오만하고 충동적인 성격의 소유자다."

이러한 견해에 동의하는 사람이 적지 않을 것이다. 그러나 '무자비하고 잔인한 폭군'이라고 강조하는 것만으로는 북한의 현실을 이해하는 데 아무런 도움이 되지 않는다. 적어도 북한 분석을 담당하는 사람이 '예측 불가능하다'고 백기를 드는 것은 책임 포기가 아닐 수 없다.

분석을 혼란스럽게 하는 원인의 하나는 김정은 정권과 그 정권이 기반을 두고 있는 시스템이 어떻게 생겨났는지에 대한 고찰이 부족하기 때문이다. 김정은 세습 체제를 만들어 낸 것은 그의 아버지 김정일이다. 만년에 김정일은 정치 경험이 거의 없는 아들이 자신의 대를 이어도 체제가 흔들림 없이 유지, 운영될 수 있게 만들기 위해 그야말로 심혈을 기울였다. 그러므로 김정일이라는 인물에 대한 이해 없이 김정은 체제의 실체를 파악하는 것은 불가능하다.

2011년 12월 아버지 김정일의 사망으로 발족한 김정은 정권에 대해 '몇 년 가지 못할 것'이라는 예측이 일반적이었다. 필자도 정권의 장기적인 안정에는 회의적이었다. 그러나 김정은은 서서히 권력 기반을 굳혀 나가 지금은 당장 붕괴될 것 같은 조짐은 보이지 않는다.

김정일이 아버지 김일성金日成의 사망에 의해 최고 권력을 손에 넣었던 1990년대에도 꼭 같은 예측이 있었다. 북한이 '고난의 행군'이라고 부르는, 200만 명 이상의 아사자를 낸 대기근에 휩싸이기도 해 한·미·일 당국자나 전문가들을 수년 내 체제가 와해될 것이라고 전망했다.

미 중앙정보국(CIA)과 국방부가 김일성 사망 전인 1993년 12월에 작성한 평가보고서에서는 김정일을 정신적 이상자이며, 방탕하고 의심이 많다고 지적했으며, 김일성 사후 권력을 잡아도 '능력 부족과 광범위하게 존재하는 반대 세력 및 경제적, 사회적 혼란으로 인해 반드시 쿠데타가 일어나 실각할 것이라고 분석했다. 한국의 국가안전기획부(현재의 국가정보원)가 1980년대 김정일의 인물상을 분석한 것으로 최근 공개된 비밀 보고서도 김정일을 '비인간적인 잔인함과 호전好戰성'을 지니고 있고 '극에 달한 사치스러운 생활, 복잡하고 문란한 여자관계'에 빠져 있는 인물로 평가했다.

그러나 북한에서 쿠데타가 성공한 일도, 정권이 붕괴되는 일도 없었다. 반대로 김정일은 최대의 위기를 기회로 삼아 반대파를 숙청하고 흔들림 없는 체제를 굳혀 나갔다. 그 과정은 이 책에서 자세하게 서술될 것이다. 그 권력은 최고 권력자의 장남이라는 이유로 저절로 굴러 떨어지듯 얻어진 게 결코 아니다. 모든 수단을 다해 주위 사람들의 호감을 사고, 좋은 기회가 오기까지 꾹 참고 기다린 결과였다. 그저 방탕하고 잔인하며 호전적이기만 한 인물이라면 이런 대담한 곡예가 가능할 리 없다. 한미 당국의 분석은 크게 빗맞았다고 해야 할 것이다.

물론 한국과 미국이 전혀 근거 없이 이처럼 분석했을 리는 없다. 국가의 위신을 걸고, 통신감청망과 휴민트(human intelligence, 인적 정보)를 구사하고, 김정일의 친척을 비롯해 망명한 북한 고위 관리 등의 증언을 열심히 수집한 결과였다. 그럼에도 불구하고 '무자비하고 잔인한 폭군'이라는 아주 단순한 결론에 빠진 것은 적대적인 체제의 지도자에 대해 일방적인 평가를 내리고자 하는 '유혹'에 넘어갔기 때문일 것이다. 평가 과정에서 그를 '긍정적'으로 보는 정보도 보고됐을 테지만 경시 또는 무시됐다.

당국자들만이 아니다. 김정일이 살아 있을 때부터 세계적으로 그에 관련된 책이 수없이 출판됐다. 그러나 인물상이 베일에 싸여 있었던 만큼 '이질적인 면'에만 초점이 맞춰졌다. 김정일과 직접 접촉한 친척이나 전직 고위 관료의 수기도 많다. 이 책에도 이런 귀중한 1차 자료인 수기 등으로부터 인용한 부분이 많이 등장한다. 그러나 관계가 가까우면 가까울수록 '조국을 버렸다'는 부담감도 있어 김정일이라는 존재를 부정하려는 입장에서 자유로울 수 없었을 것이다.

북한 내에서도 김정일과 관련된 전기를 비롯해 수많은 서적이나 논문이 나왔다. 그러나 대부분이 최고 지도자의 '전지전능함'을 찬양하고, 체제 유지에 도움이 되도록 쓰인 것임은 부인하기 힘들다. 그렇다고 해서 북한 측의 자료가 모두 가치 없다고 버릴 수만은 없다. 오히려 처음부터 끝까지 몽땅 꾸며 낸 문헌은 드물다고 해야 할 것이다. 사기꾼이 90%의 사실에 10%의 거짓말을 섞어 교묘하게 속이듯이 북한 측의 문헌은 사실을 바탕으로 체제에 유리하게 가공한 경우가 많다. 최고 지도자나 체제를 부정하는 것에 연관된 것이 아닌 부분에서는 있는 그대로의 사실을 반영하거나 속마음을 토로하는 일도 적지 않다.

이 책은 김정일 사망 후 3년이 지난 2014년 12월부터 일본 〈산케이産經신문〉에 연재했던 글들을 기반으로 만들어졌다. 3년이라는 시간이 경과하면서 새로 공개된 자료와 증언이 담겨 있다. 무엇보다 그의 사망을 계기로 한쪽으로 치우친 가치판단에 얽매이지 않고 한 인물을 그 탄생부터 죽음까지 전체적으로 조감하는 것이 가능해졌다. 지금이야말로 이제까지 없었던 '진짜 김정일 전기'를 쓸 수 있다는 확신이 섰다.

갓 태어난 김정일에게 자기 젖을 먹였다는, 베이징北京에 사는 여성 등을 포함해 김정일과 함께 살았던 당사자들에 대한 필자의 독자적인 인터뷰도 포함돼 있다. 참고한 자료 중 책으로 된 자료만 600종을 넘는다. 그외 북한 및 한국, 중국, 영미권에서 발행된 방대한 양의 신문, 잡지, 논문 자료들을 참고했다. 하나의 사실을 기록하는 데도 탈북 고위 관료 등의 수기나 여러 나라의 보도자료를 비교 검증했다.

집필에 있어 필자와 〈산케이신문〉 편집자가 세운 원칙은 이미 정형화된 평가를 철저하게 배제할 것과 나아가 '김정일이라는 인물'의 이야기에만 집중한다는 것이었다. 정치 상황 등 단순한 사건의 시간적 배열처럼 인물 묘사에 불필요하다고 판단되는 내용은 주저 없이 배제했다. 필자와 편집자 사이에서 몇 차례나 고쳐 쓰고, 또 버려진 원고는 이 책 분량의 배 이상이 될 것이다.

그 결과 떠오른 것은 김정일의 '비인간성'도 '전지전능함'도 아니었다. 촌스럽기까지한 콤플렉스에 사로잡혀 있고, 권력과 가족에 대한 애정에 집착한, 한 인간의 모습에 불과했다. 핵 개발 하나만 보더라도 이것을 외교 카드로 이용하려는 것이라는 지적도 있지만, 타자에 대한 두려움과 독자적인 세계관에 근거해 그것에 매달려 포기하려 하지 않았던 그저 하나의 인간적인 동기가 있었다. 핵을 포기할 생각은 터럭만큼도 없었던 것이다. 그런 집착은 아들 김정은에게도 그대로 전해진다.

가장 이해하기 어려운 것은 외국인 납치다. 일본인 등 수많은 외국인을 왜 납치했는지에 대해서는 지금까지 여러 각도에서 논의돼 왔다. 정책상 필요했다고도 볼 수 없고, 상식적으로도 도저히 설명할 수 없다. 공작 활동의 전권을 쥔 독재자의 퍼스낼리티에 접근하지 않고는 동기를 해명할 수가 없어 '인간 김정일과 납치'에 초점을 맞춰 가능한 한 그의 심리를 추적했다. 자세한 내용은 4장에서 다뤘지만, 일본인 납치는 2002년 일본과 북한의 정상회담 때 김정일이 당시 일본 총리였던 고이즈미 준이치로小泉純一郎에게 설명한 것과 같은 '일부 망동 분자가 저지른 일'도, 외교적인 교섭으로 해결될 그런 종류도 아님을 알게 됐다. 세계적으로 유례가 없는 이 '국가적 범죄'는 김정일이라는 한 개인의 퍼스낼리티에 뿌리를 박고 있으며, 북한이 감춰 두고 싶은 '인간 김정일'의

터부를 건드리지 않는 한 그 전모를 밝힐 수 없다.

이 책은 비밀의 등급이 높은 문서와 증언도 다루고 있지만 대부분은 이미 공개된 자료에 기초하고 있다. 그렇게 함으로써 북한이 국가적으로 봉인해 감춰 두려 했던 것을 세상에 드러내려는 목적이다. 그것은 바로 '최고 지도자 김정일의 실제 모습'이다. 앞서 90%의 사실과 10%의 거짓을 예로 들었지만 북한이 필사적으로 거짓말을 해가며 감추려 한 10%야말로 지도자의 신성함을 위협하는 실상이었다. 거기에는 전기물이라면 빼놓을 수 없는 김정일의 탄생과 사망에 관련된 내용이 핵심에 자리 잡고 있다.

김일성이 항일전쟁을 통해 북한 정권 수립을 쟁취해 낸 것이라는 '국가 신화'에 맞춰 김정일은 민족의 성산聖山이며 김일성이 항일무장투쟁을 벌여 온 무대라고 주장하는 백두산白頭山 산록에서 1942년 2월 16일에 태어났다고 시끄럽게 선전돼 왔다. 그러나 앞서 언급한 유모 등 복수의 증언이나 자료들을 근거로 이 책에서는 김일성이 일본군에게 쫓겨 러시아 극동지방으로 달아났던 1941년 2월 그곳에서 태어났다고 결론을 지었다.

마찬가지로 후계자인 김정은에 대해서도 생년월일과 출생지는 공개되지 않고 있으며, 그의 어머니가 일본에서 태어난 재일동포 무용수 출신이라는 '현실'은 감춰져 있다. 김정은의 생년월일에 대해 필자는 여러 가지 증언과 자료를 다각도로 검토한 결과 1984년 1월 8일이라는 견해를 이미 2010년에 출간한 졸저에서 공개했었다. 그 후 필자의 견해를 입증해 준 사람은 미국에 망명한 김정은의 이모 고영숙이다. 그는 최근 미국 미디어와의 인터뷰에서 김정은은 1984년에 태어났다고 증언했다. 그러나 복수의 일본이나 한국의 언론사가 '83년생'이라고 표기하는 등

출생 연도부터 확정된 것이 없다.

김정일은 이 세상에 태어난 직후부터 출생지와 생년월일이 조작돼야 하는 운명을 타고났다. 권력의 정점에 선 후에도 그 권력이 허구의 정통성에 의해 지탱돼 왔기 때문에 그 거짓말도 그대로 유지됐다. 출생조차 속일 수밖에 없는 어리석은 행동은 체제를 세습한 아들의 대에서도 되풀이됐다.

북한을 알면 알수록 뚜렷해지는 것이 있다. 김일성이 살아 있을 때부터 지금까지 계속되는 독자적인 '세습 왕조'와 그것을 지탱하는 시스템은 김정일이라는 희한한 개성을 지닌 한 남자에 의해 구축됐다는 것이다. 북한을 현재의 경제 파탄과 국제적인 고립으로 몰아넣은 것이 김정일이었다면, 정치 경험이 없는 후계자를 최고 지도자로 만든 것도, 강대국 미국과 적대하려 하는 것도, 체제를 유지 연명시키고 있는 것도 모두 '죽은 김정일'이라고 말할 수 있다.

김정일이야말로 북한 그 자체다. 북한이라는 국가는 한 남자가 자신의 능력으로 절대의 권력을 탈취했으며, 죽은 후에도 모든 북한 주민과 한국, 일본, 그리고 미국과 중국이라는 2대 강국마저 그가 남긴 그림자에 의해 휘둘리고 있는, 세계에서 전례가 없는 김정일을 주인공으로 한 '극장형劇場型 국가'인 것이다.

이것은 한 남자의 전기이며, 동시에 그 남자에게 번롱당한 나라와 사람들의 역사 이야기이기도 하다. 우선 북한의 두 최고 지도자가 죽음을 맞는 장면으로부터 이야기를 시작하고 싶다. 한 사람은 김정일 자신이며, 또 한 사람은 그의 아버지 김일성이다. 두 사람의 죽음에 관한 진상은 김정일 · 김정은 부자의 탄생에 관한 사실과 마찬가지로 베일에 싸여 있다. 그것은 북한이 필사적으로 거짓말로 감추려 하는 최대의 '비밀'이기 때문이다.

신문 연재부터 이 책에 이르기까지의 편집은 독자적으로 북한에 관한 많은 기사를 써온 〈산케이신문〉 사쿠라이 노리오櫻井紀雄 기자에게 부탁했다. 구상으로부터 약 2년에 걸친 집필은 그와 필자의 공동 작업이라고도 할 수 있다. 이 책은 사쿠라이 기자의 조력에 힘입은 바가 크다. 좋은 파트너를 얻은 행운에 감사하고 싶다.

리 소테츠(李相哲)

2016년 7월 1일

제 1 장

이해할 수 없는 두 사람의 죽음

조작된 사망 일시와 장소

2011년 12월 19일 정오, 북한은 특별방송을 통해 최고 지도자가 사망했다고 발표했다. 총서기 김정일이 12월 17일 8시 30분, 현지 지도 도중 급병으로 서거했다는 내용이었다. 이틀 이상이나 독재자의 죽음이 은폐된 데 대해 일본을 비롯해 한국이나 미국의 정부 당국자들은 크게 충격을 받았다. 사인에 대해 북한은 이렇게 전했다.

"강성 대국 건설과 인민 생활 향상을 위하여 불면불휴의 노고와 심혈을 바치시며 초강도의 현지 지도 강행군 길을 이어 가시다가 겹쌓인 정신 육체적 과로로 하여 열차 안에서 순직하시었다."

사망 원인은 중증 급성 심근경색에 심한 심장성 쇼크가 합병됐기 때문이라고 했다. 심근경색과 심장성 쇼크의 합병은 17년 전 '갑자기 사망'한 아버지 김일성의 사인死因과 같다. 최후의 순간까지 인민의 행복을 위해 정력적으로 활동했다고 칭송된 점도 복사된 듯이 같다.

북한에서 12월 17일은 지금도 전 주민이 위대한 지도자를 추모하는 '김정일 사망일'이다.

그러나 한국과 미국 당국은 위성 화면을 통해 당시 김정일의 전용 열차가 평양의 용산龍山 1호역에 정차돼 있었다는 사실을 파악하고 있었다. 그렇기 때문에 야전열차 안에서 17일 아침 갑자기 사망했다는 데 대해 처음부터 의심을 품었다.

그렇다면 죽음을 맞는 순간 김정일은 과연 어디서 무엇을 하고 있었을까? 최고 지도자의 경호와 건강관리를 책임지고 있는 호위총국(경호사령부)의 전직 간부 및 한국으로 탈출한 복수의 전직 북한 고위 관료들의 증언과 김정일의 죽음을 분석한 한국과 중국의 정부 문서 등을 통해 드러난 자세한 내용은 다음과 같다.

2011년 12월 16일. 김정일은 아침 일찍 눈을 떴다. 보통 새벽 3시가 넘어서야 잠자리에 들어 아침 9시 이후에 깨어나지만 2008년 뇌졸중으로 쓰러진 이후부터는 생활의 리듬이 깨져 일어나는 시간도 불규칙해졌다. 전날은 아침 6시에 일어나 3곳을 방문, 시찰했기 때문에 피로가 쌓여 있었다. 전직 북한 고위 관료의 증언 등에 따르면 16일은 혈압이 불안정했기 때문에 함경남도 시찰을 취소하고 평양 중심에 있는 관저에서 쉬고 있었다. 인공투석을 거를 수 없을 정도로 그의 몸은 온통 병들어 있었다.

오후 5시경 한 통의 전화가 걸려 왔다. 전 고위 관리는 통화 내용은 알 수 없었지만 고함 소리가 들릴 정도로 격앙된 상태였고 후계자로 지명된 김정은과의 통화인 듯했다고 한다. 전화를 끊은 후 비서에게 외출 준비를 지시했다. 그가 간 곳은 평양 시내에 있는 장녀 김설송金雪松의 집. 수행한 사람들은 주치의와 수 명의 경호원뿐이었다. 김정일의 건강 정보에 접근할 수 있는 위치에 있던 전 고위 관리는 김정일이 급히 딸을 만나려 한 것은 김정은과의 통화에서 화를 낸 후 불안해진 마음을 달래기 위해서였을 것으로 추측한다.

오후 6시 조금 전, 김정일은 김설송의 집에 도착했다. 거실에서 잠시 휴식을 취한 후 딸과 단둘이 식탁에 앉아 와인을 마시며 진지하게 무엇인가를 이야기했다. 딸과의 대화로 기분이 조금 풀렸는지 와인 잔을 자주 입에 댔다고 한다.

"피곤하니 조금 쉬고 싶다."

김정일은 오후 7시경 이렇게 말한 후 침실로 들어갔다. 장녀의 집에는 아버지를 위한 침실이 늘 준비돼 있었다.

1시간 정도 지난 뒤 침실에서 비상용 버저가 울렸다. 과거 몇 차례 갑자기 쓰러진 경험이 있어 손이 닿는 곳에 버저를 놓아두는 것이 관례다. 거실에서 환담 중이던 김설송과 그녀의 10대 아들(당시), 주치의가 달려갔을 때 졸도한 최고 지도자의 입에서는 거품이 뿜어져 나오고 있었다. 주치의는 그 자리에서 심장마사지를 했지만 의식은 회복되지 않았다. 시각은 오후 8시 30분을 지나고 있었다.

곧바로 평양 중심부에서 동쪽으로 약 40킬로미터 떨어진 강동江東군에 있는 별장 '32호 초대소'로 이송됐다. 경마장과 관람석이 붙어 있고 축구장도 구비돼 있는 이 초대소 안에는 세계 최첨단의 의료설비가 갖춰져 있었기 때문이다. 그러나 손을 써보지도 못하고 밤 11시 사망이 확인됐다. 사인은 과로와 스트레스에 의한 심장 쇼크에 수반된 심근경색이었다. 전날 장시간에 걸쳐 시찰을 강행한 피로와 상비약을 먹지 않은 채 술을 마신 것이 죽음을 불렀을 가능성이 높다. 게다가 전화로 격앙됐던 심적 피로가 방아쇠를 당긴 셈이다.

루마니아의 차우셰스쿠, 이라크의 사담 후세인 이 두 독재자가 맞았던 비운의 죽음을 무엇보다 무서워했다고 하는 김정일. 극히 일부 사람들만이 지켜보는 가운데 70세 나이에 조용히 죽은 것은 어쩌면 그와 같은 독재자에게 있어서 진정으로 바라던 평온한 죽음이었을지도 모른다.

그의 죽음은 그날 일부 관계자들만 아는 비밀로 숨겨지고 이틀이 지난 후에는 인민들이 기다리는 현장으로 향하던 야전열차 안에서 갑작스러운 발병에 의해 순직한 것으로 바뀌었다. 좋아하던 술을 마시고 장녀 등 가족들이 지켜보는 가운데 죽었다는 사실이 비난받을 일은 아니다. 그러나 최고 지도자의 우상화로 지켜온 북한 체제에서 '평범한 죽음'이 허용될 리 없었다. 아버지 김일성과 마찬가지로 최후까지 인민을 위해 진력해 왔다는 허위의 베일이 숨진 장소를 덮었다.

만년에 김정일은 장녀 김설송과 대화를 나누는 횟수가 늘었다. 그녀는 공적인 장소에는 거의 얼굴을 내밀지 않았지만 2001년 여름 아버지의 러시아 방문에 동행하며 모습을 보였다. 일행을 안내한 전 러시아 정부 고위 관리 콘스탄틴 프리코프스키에 따르면 김설송은 약 165센티미터의 키에 피부가 흰 미인으로 중위 계급의 견장이 붙은 군복 차림이었다. "나는 딸(김설송)을 좋아한다. 그녀도 후계자의 한 사람으로 생각하고 있다."라고 김정일은 프리코프스키에게 말했다고 한다.

김설송은 김정은과 어머니가 다르다. 김정일의 아내로 알려진 5명의 여성 중 유일하게 정식으로 결혼한 김영숙金英淑과의 사이에서 태어났다. 어린 시절, 아버지뿐만 아니라 할아버지인 김일성의 사랑도 독차지한 것으로 전해진다. 김정일의 만년에 스케줄을 관리했으며 현지 시찰에도 그림자처럼 붙어 다녔다. 각 부서에서 올라온 서류도 훑어보고, 아버지를 대신해 중요 안건을 처리하기도 했을 정도로 김정일의 신뢰를 받았다. 북한의 전직 고위 관리는 심신이 모두 피로한 상태에서 만날 상대로 장녀를 택한 것은 후계자로 지명해야 할 김정은에 대한 실망이 그만큼 컸기 때문이라고 보았다.

김정일이 사망한 2011년 12월 16일에 받은 전화는 김정은이 '돌이킬 수 없는 실패'를 직접 보고한 것이었을 가능성이 높다. 증언과 자료를 종합적으로 분석해 보면 '강성 대국' 실현의 뼈대가 되는 프로젝트이며, 북한 최대의 수력발전소로서 완성을 서둘러 온 북부 자강도慈江道의 희천熙川수력발전소 건설에 결정적인 결함이 발견됐다는 보고와 관련이 있다.

"댐에서 누수가 발견됐다. 안전성에 문제가 있으며 공사 기간이 늦어지고 있다. 가령 완성되더라도 발전량은 당초 예상의 20%에도 미치지 못한다."

이런 보고에 김정일이 격노했을 것이다.

프로젝트의 지휘는 김정은이 맡고 있었다. 자신이 전력을 다해 지원했고, 나라의 총력을 기울여 온 발전소 건설에 결정적인 결함이 발견됐다는 것을 처음 안 김정일이 얼마나 충격을 받았을지는 상상하기 어렵지 않다.

희천수력발전소는 2001년에 착공했지만 방치 상태에 있다가 2009년 김정일의 현지 지도로 힘을 받아 공사가 재개됐다. 당초의 10년 계획을 수정해 3년 내에 완공하라는 지시가 내려졌다. 김정일의 지시는 '절대적'이며 또 '국시'였다. 군인과 주민, 노동자, 학생들을 대거 동원했다. 곡괭이와 삽만 가지고 3개월 만에 기초공사가 완성돼 일반 공사에 비해 7배의 속도로 이루어졌다고 선전됐다. 북한 노동당 기관지 〈노동신문〉은 강성 대국으로 돌진하는 신세기 조선의 상징이라고 칭송했다. 그 후에도 빈번히 현장을 찾았던 김정일은 선전을 그대로 믿고 발전소가 완성되면 평양과 그 주변의 만성적인 전력난을 일거에 해결할 수 있을 것이라고 믿고 있었던 듯하다.

건설은 순조롭게 진행되고 있는 듯 보였다. 김정일은 공사 현장 부근의 공장에 공급되고 있는 전력과 트럭, 중장비를 모두 희천에 투입하도록 지시했다. 그러나 희천으로 끌어갈 전선이 확보되지 못했고 트럭도 연료 부족으로 움직이지 못했다. 그런 상황에서 놀랍게도 김정은은 댐 건설에 사용할 고강도 시멘트 약 1천 톤을 다른 도시화 건설로 돌리라고 지시했다. 계획이 겉돌고 있음은 누가 봐도 분명했다.

2011년 1월 김정일은 북한 노동당 중앙위원회에서 희천 문제를 거론하며 "책임을 져야 할 사람이 허위 보고를 하기 때문에 필요한 조치가 취해지지 않는다."라고 지휘를 맡은 아들 등 간부들을 강한 어조로 질책했다.

탈북자에 따르면 공사 기간을 단축하기 위해 규격에 맞지 않는 저강도 시멘트를 사용하거나 흙을 섞기도 했다. 시멘트가 마르기를 기다리지 않고 그 위에 시멘트를 더 붓는 일도 흔했다. 간부, 노동자를 불문하고 모두가 적당히 비위에 맞는 보고만 올리는 등 최고 지도자를 속여온 것이다. 거기에는 후계자인 김정은도 포함된다. 그것을 최후의 최후에서야 알게 된 것이다. 아들의 책임을 묻고 후계자 체제를 재검토할 시간은 남아 있지 않았다. 김정일이 바라던 '강성 대국'은 허무한 꿈으로 끝났다.

사망 전날 본 죽은 아내의 '조국의 진달래'

사망 전날인 2011년 12월 15일 김정일은 평소와 달리 아침부터 활동적이었다. 간단히 아침을 먹은 후 오전 7시 평양 시내에 있는 김원균金元均평양음악대학을 방문했다. 간부들의 수행 없이 경호병들과 비서실 간부들만을 대동한 '개인적'인 것이었다. 대학 구내를 둘러본 뒤 김정일은 입구 정면에 있는 9층 건물 앞에서 잠시 발을 멈췄다. 정면 벽에 붙어 있는 둥근 구리 기념물을 잠시 쳐다보았다. 원을 그리며 춤을 추고 있는 여자들의 모습이 묘사된 것이었다. 재일동포 출신으로 2004년 사별한 아내 고용희高容姬가 만수대萬壽臺예술단원으로 있을 때 주연을 맡았던 무용 '조국의 진달래'를 이미지로 해 제작된 것이다. 출연 당시 그녀의 나이는 18세. 화사한 미모가 막 꽃피던 때의 변치 않는 모습이 거기 그대로 남아 있었다.

항일 빨치산의 조국을 향한 진군의 길에 제일 먼저 꽃을 피워 봄을 알려 준 조국의 진달래….

이런 가사에 맞춰 화려하게 춤을 추던 고용희에게 김정일은 한눈에 반했다. 수년 후 동거를 시작해 차남 김정철金正哲, 삼남 김정은, 막내딸 김여정金与正을 낳았다. 5명의 아내 가운데 가장 사랑했던 것으로 전해지고 있으며 해외에서 암 치료를 받던 고용희로부터 편지를 받고 눈물을 뚝뚝 흘렸다고 한다. 기념물을 보면서 무엇을 생각했는지는 증언이나 자료만으로는 알 길이 없다. 다만 앞서 죽은 사랑하던 아내를 떠올리며 감상에 젖었던 것만은 틀림없는 듯하다.

다음으로 향한 곳은 음악정보센터였다. 유럽 기업과 합병한 회사 하나전자가 만든 것이다. 입구에는 김정은과 여동생 김경희金敬姬, 그녀의 남편으로 훗날 김정은에 의해 처형당하는 장성택 등 권력 중심부에 있는 10여 명이 일렬로 서서 그를 기다리고 있었다.

"나의 첫사랑은 음악이었소."

시찰이 끝날 무렵 김정일은 이런 말을 종이에 적어 남겼다. 직원들과 기념사진도 찍었다. 김정일이 남긴 이 친필은 그 후 센터 1층 홀에 걸리게 된다. 첫사랑에 대한 당돌한 '고백'은 무슨 의도였을까? 고용희를 생각나게 한 기념물 때문일까? 이날 김정일은 과거에 대한 추억을 몇 차례나 입에 올렸다. 만년에는 사소한 것에도 눈물을 흘리는 모습이 자주 목격되기도 했다. 고용희와 살면서 자신감이 넘치던 과거의 활력은 사라지고 이날 시찰에서는 조금 걸은 후 쉬기를 반복하는 등 쇠약한 모습이 눈에 띄었다고 한다. 그의 죽음은 다음 날로 다가와 있었다.

2011년에 들어서부터 김정일은 초조해지기 시작했다. 연말이 가까워지면서 안절부절못하는 모습을 드러내는 일이 많아졌다. 아버지 김일성 탄생 100주년인 2012년을 '강성 대국 원년'으로 정하고 몇몇 대형 프로젝트를 완결 짓기 위해 서둘러 왔지만 어느 것도 생각대로 진행되지 않는 데 대해 초조함을 보였다. 김정은에게 지휘를 맡긴 희천발전소 건설이 늦어지고 있는 데다 김책金策제철연합기업소가 실용화에 성공했다고 크게 선전한 주체철主體鐵 생산방식도 실제로는 거짓으로 꾸며진 보고용에 불과하다는 사실을 알게 된 것도 2011년에 들어서였기 때문이다. 수입 코크스 없이 북한산 무연탄만을 사용함으로써 외국에 의존하지 않는 주체적 방식으로 철을 생산할 수 있게 됐다고 강조해 왔지만 채산이 맞는 대체물은 아니었다. '주체섬유'를 생산하는 2.8비날론공장이 폐허로 화했다는 것을 안 것도 죽기 얼마 전이었다. 김일성 시대 비날론은 북한이 독자적으로 개발한, 세계적으로 자랑할 만한 화학섬유라고 선전했지만 사실상 생산은 중단 상태였다. 나라의 위신을 걸고 2010년 3월, 16년 만에 생산을 재개했지만 그것도 대외용이었다. 〈노동신문〉은 인공위성을 한 번에 몇 개씩 쏘아 올린 것과 같은 놀랄 만한 뉴스라고 전했지만 1년도 안 돼 전력과 자재 부족으로 다시 가동이 정지됐다.

현실을 외면하기 위해서였을까? 경제 개선의 출구를 생산 현장이 아니라 다른 곳에서 찾으려 했다. 마지막 시찰 현장이 백화점이었던 것은 그것을 상징적으로 말해 준다. 김정은과 동생 김경희, 매부 장성택 등을 이끌고 음악정보센터에 이어 평양 중심부에 있는 백화점 광복지구光復地區 상업중심에 모습을 나타낸 것은 12월 15일 오전 9시가 조금 지나서였다. 김정일의 지시로 만들어진 북한 최초의 '서방식' 시스템을 도입한 백화점으로, 상품을 자유롭게 고른 후 마지막에 대금을 계산하는 상점이다. 3층으로 된 백화점 안을 돌아보면서 언제나처럼 자기 혼잣말을 계속했다. 그곳의 분위기에는 어울리지 않는 옛날 생각을 내뱉는가 하면 상업시설과는 직접 관계가 없는 주체섬유와 비료 생산에 관한 질문에 많은 시간을 소비했던 것으로 전해지고 있다.

김정일은 말수가 많은 사람으로 알려져 왔다. 북한에 납치된 뒤 탈출한 한국의 여배우 최은희崔銀姬가 김정일과의 대화를 녹음한 3시간분의 음성 테이프를 들어 보면 상대의 말을 듣지도 않고 혼자 묻고 혼자 대답하는 식의 대화를 즐기는 타입이라는 것을 알 수 있다. 그런 남자가 이날 다음과 같은 '교시'를 내렸다.

"점내에 음악기기 코너를 만들어 음향기기를 판매하여 노동자, 청소년 학생들이 생활을 보다 문화적, 정서적으로 보낼 수 있게 하라."

더 나아가 위세 좋게 이런 말도 했다.

"자전거와 오토바이도 판매해 수도의 교통 문제를 원만히 해결함과 동시에 주차장과 수리장도 만들어야겠다."

공업생산이 유명무실해 대부분을 중국으로부터 수입하는 데 의존하지 않을 수 없는 현 상황에서 상품은 어디서 조달하며, 주민들이 물건을 살 수 있게 하려면 어떻게 해야 할지, 백화점에서 도대체 몇 명이나 물건을 살지 등 경제의 근본적인 문제에 관해 질문을 하는 일은 죽을 때까지 없었다.

2008년 뇌졸중으로 쓰러진 이후 현장 시찰은 1시간 이내로 제한해 왔다. 그러나 이날은 3시간에 걸쳐 백화점 구석구석을 돌아봤다. 그의 눈에 어떤 '현실'이 비춰졌을까? 음악대학에서 시작해 연속 3곳을 시찰한 김정일은 오후에 관저로 돌아왔다. 다음 날부터 시작되는 경제 되살리기를 위한 함경남도 현지 지도를 앞두고 휴식을 취할 필요가 있었다. 그러나 무언가에 쫓기듯 사방으로 시찰을 다니던 이 지도자가 '현장'에 다시 설 기회는 두 번 다시 찾아오지 않았다.

왜 야전열차에 집착했나

사망 장소를 '야전열차'로 바꿀 정도로 김정일이 생전에 그토록 열차에 집착한 것은 무슨 이유일까? 2002년 8월 러시아 극동 지역 방문 당시 동행 취재를 했던 러시아 여성 기자 올가 마리체바는 아무르 강 유람선 위에서 김정일에게 당신은 왜 기차로 여행을 하느냐고 직접 물어본 적이 있다.

"외국 언론들은 나를 '고소공포증 환자'처럼 묘사하지만 사실은 다르다."

김정일은 이렇게 전제하고 말을 이었다.

"비행기를 타면 아무것도 보지 못하지 않는가? 정치가들을 만나 이야기만 하고 돌아와야 하지 않는가. 나는 이 눈으로 러시아의 장점과 단점을 직접 보고 싶다."

소년 시절 김정일의 꿈은 파일럿이었다고 마리체바는 쓰고 있다. 북한의 간부들도 최고 지도자에게 아첨하듯이 장군님이 기차를 타는 것은 인민에게 가까이하기 위해서라고 설명해 왔다.

그러나 전용 열차의 운행 실태를 보면 그가 얼마나 죽는 것을 무서워하고, 인민과의 접촉을 싫어했는지 알 수 있다. 김정일이 시찰하는 지역에서는 도착 2시간 전부터 주변을 수색하고 검문을 해 인민들을 내쫓는다. 열차가 출발하는 순간부터 목적지까지의 철로 주변은 전등불을 모두 끄고 일반 열차는 운행을 중지한다. 선발 열차와 전용 열차, 후발 열차 등 세 종류의 열차가 달리지만 어느 차량에 김정일이 탔는지는 비밀이다. 세 열차 모두에 김정일 전용 물자가 실려 있고, 전속 요리사와 사진사 등이 탄다.

외유할 때는 김정일이 변덕을 부려 갑자기 찾을 것에 대비해 물자를 운반하는 전용기도 띄운다. 2011년 중국을 방문했을 때에도 전용기가 베이징 근교 군용비행장에서 대기하고 있는 것이 목격됐다.

열차는 시속 60킬로미터 이상으로는 달리지 않는다. 그만큼 사고를 무서워한 것이다. 그러나 그가 열차에 집착하는 이유는 단지 이런 이유만은 아닌 듯하다. 김정일은 자신의 모습이 다른 사람에게 어떻게 비춰질지 극단적으로 신경을 쓰는 성격이었고 때문에 아예 자신의 모습이 노출되는 걸 싫어했다. 납치했던 최은희에게 자학적으로 이렇게 말한 적이 있다.

"하하하, 최 선생! 최 선생 보기에 내가 어떻게 생겼습니까? 내 체격이… 난쟁이 똥자루만 하죠?"

전용 열차가 상징하는 위세는 몸집이 작은 자신을 특별히 위대한 존재로 보이게 하기 위해서였는지도 모른다. 죽기까지 군복 비슷한 카키색 점퍼를 고집한 것이나, 군용열차를 야전열차로 부른 것도 군 경력이 없다는 콤플렉스의 발로였을 것이다.

작은 키가 콤플렉스였던 김정일은 '비밀 구두'로 그 키를 감춰 왔다. 그러나 실제 신장이 사후 엉뚱한 일로 밝혀지게 된다.

2000년 방북했던 올브라이트 전 미국 국무장관은 "기자회견 때 김정일 총서기와 나란히 섰지만 키가 나와 비슷했다. 나는 하이힐을 신고 있었는데 그도 마찬가지였다."라고 말한 적이 있다.

북한 전 총리의 사위로 한국에 망명한 김일성 주석궁 재정경리부의 전 간부 강명도에 따르면 김정일의 비밀 구두를 제작한 것은 경리부 산하의 전문 부서였다. 김정일은 3~12센티미터의 굽 높은 각종 구두를 신었는데 그중에서도 굽이 7센티미터인 구두를 애용했다고 한다.

이 구두 덕분에 사진이나 직접 면회를 한 적이 있는 사람들의 증언을 통해서도 정확한 신장을 확인할 수 없었다. 그러나 김정일의 권위를 세우기 위해 북한 당국이 사후 중국 측에 밀랍인형 제작을 발주하면서 뜻하지 않게 정확한 신장이 밝혀졌다.

북한 측은 중국위인랍상관中國偉人蠟像館의 장모레이章默雷에게 김정일 인형 제작을 의뢰했다. 500개의 항목이 포함된 김정일에 관한 데이터와 몸에 걸치는 유품들을 제공했다. 안경과 시찰 시 입었던 코트, 내의까지 건넸다고 한다. 당연히 신장에 관한 데이터도 포함돼 있다. 납상관 관계자에 따르면 김정일의 실제 신장은 162센티미터였다고 한다.

북한 묘향산 국제친선전람회에 전시된 밀랍인형은 실물보다 조금 크게 만들어졌다. 김정은의 강한 요청으로 얼굴에 퍼져 있던 검은 반점은 옮게 하고, 신장은 20센티미터 정도 크게 했다고 한다. 반점을 완전히 없애 줬으면 한다는 북한 측 요청을 제작자 측이 거부해 제작을 취소하기 직전까지 가는 갈등을 빚기도 했지만 '반점'을 조금은 남겨도 좋다고 김정은이 양보한 것으로 전해지고 있다.

장모레이는 김일성 그리고 김정일의 어머니 김정숙의 밀랍인형도 만들었다. 김일성의 인형도 실제보다 16센티미터 크다. 이는 위대함을 강조해 주기 바란다는 북한의 요청이 있었기 때문이라고 한다.

북한에서 이상적인 모습이라고 인정받는 아버지 김일성의 173센티미터에 달하는 당당한 체격과 아버지의 외모를 물려받지 못하고 김정일은 어머니를 닮았다는 말을 자주 들었다. 어머니 김정숙(金正淑, 본명은 金貞淑)은 조그만 몸집에 피부가 검은 편이었으며 얼굴도 미인이라고 할 수는 없었다. 미국 중앙정보국(CIA)에서 오랫동안 북한 문제를 분석해 온 마이클 리는 김정일은 살아 있을 때 어머니를 닮은 외모를 한탄해 왔다고 언론에 밝힌 바 있다. 김일성의 비서실장을 지낸 홍순관洪淳寬은 망명지인 중국 시안西安에서 "처음엔 그런 여자가 어떻게 김일성의 아내가 됐는지 알 수가 없었다."라고 필자에게 밝힌 적이 있다.

김일성은 그녀에게 냉랭했다. 그는 김정숙과 결혼한 것은 유격대에 여자가 없었기 때문이라고 술에 취해 이야기한 적이 있다고 한다.

김정숙은 김정일이 여덟 살 때 네 번째 출산의 후유증으로 사망했다. 김정일은 어머니의 전우였던 전 항일 유격대원들 집을 전전하며 자랐다. 아버지 곁에는 계모 김성애金聖愛가 있었기 때문이다. 김성애가 낳은 이복동생으로 현재 체코대사인 김평일金平一을 미워했던 것도 평일이는 아버지를 꼭 닮았다고 사람들이 말했기 때문이라고 전해진다.

냉대를 받으면서도 남편에게 한결같은 충성을 바치는 어머니를 보면서 자란 김정일은 아버지를 존경하면서도 두려워한 듯하다. 홍순관이나 김일성 전담 기자를 지낸 사람 등에 따르면 김일성은 어린 김정일을 부드럽게 대하지 않았다. 그 영문이었을까? 김정일은 도가 지나칠 정

평양 남쪽에 위치해 있는 황해제철소를 시찰하고 있는 김일성(오른쪽 두 번째)을 수행 중인 김정일(왼쪽 첫 번째)(1966년 5월 조선중앙통신에서)

도로 아버지의 환심을 사는 데 열심이었다. 북한이 간행한 김정일 전기 『시대의 별』에 어린 김정일이 아버지를 위해 눈물겨운 노력을 하는 모습이 그려져 있다.

"한여름 밤, 관저 주위에서 벌레가 울면 그분(김정일)은 서재에서 일을 하시는 아버님에게 방해가 된다며 밤새도록 집 주위를 돌며 벌레를 쫓으셨다."

그런 모습은 아버지와 동행한 1965년 인도네시아 방문 때도 변하지 않았다. 김일성은 출발 전부터 몸 상태가 좋지 않아 경유지인 중국 쿤밍昆明에서의 환영회에 불참했다. "(김정일) 총서기는 아버지의 상태가 신경이 쓰여 한숨도 잘 수 없었다."라고 북한 공식 문서에 기록돼 있다.

그들이 탄 비행기가 통과하는 베트남이 미국과 전쟁 중이어서 동남

아시아 정세가 긴박한 상태였기 때문에 더욱 불안해했다. 쉬어 가자고 권하는 김정일에게 김일성은 인도네시아 인민들이 기다리고 있다며 항공기 출발을 강행했다. 인도네시아 방문이 얼마나 트라우마가 됐는지 그 이후 파일럿을 꿈꾸었다는 김정일이 비행기를 탔다는 기록은 없다. 2000년, 당시 클린턴 미국 대통령의 방미 요청을 거절한 것도 비행기를 타는 것이나 사고 또는 테러를 만날까 두려워했기 때문이라는 이야기도 있다.

열차에는 잊을 수 없는 어머니와의 추억이 있다. 김정일은 해방된 해 겨울 김일성보다 늦게 북한으로 귀환했다. 어머니를 따라 구소련 하바롭스크로부터 블라디보스토크까지 약 600킬로미터를 기차로 여행했다. 처음 타보는 기차였다. 배로 바꿔 타고 북한 북동부 웅기(雄基, 현재의 나진羅津)항으로 와서 1개월 후 청진淸津에서 평양까지 다시 1주일간 기차 여행을 했다. 한 살짜리 동생을 업은 어머니의 손을 잡고 화물열차에서 추위에 떨면서 아버지가 있는 평양으로 향했다. 그때 어머니의 모습과 시베리아의 대지, '조국'의 첫인상이 뇌리에서 떠나지 않았던 듯하다. 2002년 러시아 방문 당시 러시아 기자 올가 말리체바가 이 세상에서 가장 소중한 사람이 누군지 묻자 김정일은 이렇게 대답했다.

"어릴 적 죽은 어머니다. 그녀는 혁명 전사였다. 어머니는 오늘의 나를 상상도 못 했을 것이다. 나는 많은 점에서 어머니에게 감사하고 있다."

어머니를 닮았다는 콤플렉스를 갖고 있고, 아버지를 무서워하면서도 존경해 온 김정일. 끝끝내 열차에 집착하면서 가까이하고 싶어한 것은 공식적으로 말하는 인민이 아니라 어머니의 모습이었는지도 모른다.

〈노동신문〉에 따르면 김정일이 '인민의 현장'을 찾은 시찰은 1647회, 총 39만 8천킬로미터에 이른다. 거의 지구 10바퀴에 해당한다. 한편 시찰에 이용된 전용 열차는 외부로부터의 습격에 대비해 '철벽'으로 만들어졌으며 내부는 인민의 생활과 동떨어진 것이었다.

김정일의 유체가 안치된 평양 금수산태양궁전에는 여러 가지 유품이 전시돼 있는데 대리석 벽에 박힌 동판들이 눈길을 이끈다. 동판에는 '외국을 열차로 방문한 거리 6만 4천㎞'라고 새겨져 있다.

시찰과 외유 등으로 엄청난 거리를 달린 전용 열차는 17량의 객차로 편성돼 있으며 '태양호'라고 불린다. 구소련 지도자 스탈린이 김일성에게 선물한 것이다. 밖에서 보면 오래된 것처럼 보이지만 실제로는 미국 등의 위성이 추적할 수 없도록 적외선을 흡수하는 특수 코팅이 처리돼 있고 방탄 강판으로 보강돼 있으며 창도 방탄유리로 돼 있다.

내장도 끊임없이 최신 장비로 계속 개량돼 왔다. 김정일이 즐겨 사용하는 3개 차량은 대리석과 같은 재질의 바닥에 세계 최고급의 가구가 비치돼 있으며 전자지도 모니터, TV, PC, 전화 등 각종 기기가 위성 회선과 연결돼 있다.

그의 죽음도 공식적으로 야전열차 안으로 돼 있다. 단순한 시찰이 아니라 전쟁터로 향하고 있다는 의미가 포함돼 있는 듯하다. 전쟁터를 연상시키는 녹색의 차체도 김정일식 연출이라고도 볼 수 있다. 군 경력이 없는 김정일은 자신을 장군이라 부르게 하고 트레이드마크인 점퍼도 독일군 군복에서 힌트를 얻은 것이다.

이와 관련해 태양궁전의 동판에는 '외국 방문은 18회'로 돼 있으며 열차 외에 '비행기로 방문한 거리 3만 4천㎞'로 기록돼 있다. 북한 공식 기록에 따르면 첫 외유는 1959년 중학생 시절의 모스크바 방문이지만 확인할 수 있는 범위에서는 그것을 포함해도 18회가 안 돼 비밀 방문이 포함됐을 가능성이 있다. 놀라운 것은 비행기를 싫어하는 것으로 알려진 김정일이 '3만 4천km'나 비행기를 탔다는 것이다. 이 기록이 '비행기 여행을 무서워한 장군님의 소심함'을 불식하기 위한 과장인지는 확실치 않다.

늙어 빠진 아버지 김일성과의 결별

1994년 6월, 82세의 주석 김일성은 위기를 피하기 위해 외교를 직접 지휘하고 있었다. 북한의 핵 개발 의혹을 둘러싼 미국과 북한 간의 대립이 최고조에 달해 있었다. 그때까지 장남 김정일에게 국정을 맡기고 매월 5차례 정도 신경 쓸 일이 별로 없는 활동에만 얼굴을 내밀 뿐이었지만 이해 6월은 지미 카터 전 미국 대통령과의 회담을 시작으로 16차례나 공식 활동을 했다. 7월에 들어서는 요르단 대사의 신임장을 접수하는 등 외교 일정도 소화했다. 또 한편으로 김영삼金泳三 당시 한국 대통령과의 정상회담 준비에 여념이 없었다.

김영삼 일행이 숙박할 예정인 명승지 묘향산妙香山을 김일성이 방문한 것은 7월 3일이었다. 김일성 최후의 며칠간에 일어난 일을 아는 전직 북한 고위 관리의 증언 등에 따르면 김일성은 도착 후 휴식도 없이 일행이 묵을 예정인 시설을 점검했다. 침실과 욕실, 냉장고의 크기, 조명의 정도 등을 확인하면서 세세한 지시를 했다. 냉장고에 북한이 자랑하는 신덕샘물을 가득 넣어 두라고 지시하는 것도 잊지 않았다.

점검이 끝나고 김일성은 1호 특각(별장 안의 1호동) 서재로 돌아와 잠시 글을 쓰는 데 몰두했다. 김일성은 (한국을 방문하면) 서울에서 하려고 생각한 연설문을 썼다고 전직 고위 관리는 증언했다. 후에 유체가 안치된 금수산錦繡山태양궁전에 전시된 원고에는 "남(한국)은 돈을 갖고 있지만 북은 주먹이 세다. 양측이 함께 되면 우리 조선은 당당히 세계 유수의 나라가 될 수 있다."라는 내용이 적혀 있다.

이때 북한에서는 곧 남북이 통일될 것으로 믿는 사람이 많았다. 당시를 아는 탈북자에 따르면 주민들이나 간부들이나 남북 정상회담에 들떠 있었다고 한다. 김일성 자신도 회담만 실현되면 남북 간의 문제는 한꺼번에 해결할 수 있다는 환상에 사로잡혀 있었다. 김일성은 연설문 서두에 "반세기 만에 서울 시민을 만나기 위해 나, 김일성이 왔습니다."라고 썼다. 자랑스럽게 아들에게 전화를 걸어 이를 읽어 주자 김정일은 이렇게 맞장구를 쳤다.

"수령님, 서울 시민에게 그냥 김일성이 왔다고 말하지 마시고 백두산 호랑이 김일성이 왔다고 큰소리로 외쳐 주세요."

이를 듣고 김일성은 어린애처럼 좋아했다고 한다. 이것이 이들 부자의 마지막 통화였다.

평양에 있던 김정일은 아버지의 전화를 받은 후 김용순金容淳, 이용철李勇哲, 연형묵延亨默 등을 급히 대동강大同江 초대소로 부르라고 비서에게 지시했다. 김정일의 집무실과 지하통로로 연결돼 있는 이 초대소는 김정일이 비밀리에 여는 중요 회의에 이용되는 장소다. 김용순은 대남공작의 프로로 공작을 총괄하는 노동당 통일전선부장 자리에 있었다. 이용철은 김정일이 발탁한 당 조직지도부 제1부부장으로 최고 간부의 인사권을 한 손에 쥐고 있었으며, 연형묵은 경제통으로 김정일의 예스맨이다. 세 사람 모두 측근 중의 측근이다. 이들이 모인 비밀 회의에서 김정일은 아버지와 완전히 결별하고 북한의 국제적 고립을 결정짓는 발언을 하게 된다.

이들 세 사람 이외의 출석자는 밝혀지지 않았지만 국방위원회의 멤버 전병호全炳浩와 국정을 뒷받침하는 한승룡韓昇龍, 최태복崔泰福, 김기남金己南, 김국태金國泰, 박남기朴南基 등이 모였을 것으로 추측된다. 모두 김정일에게 충성을 맹세했으며 정치적 운명을 함께해 온 '항일 빨치산' 2세다.

당 간부용 내부 자료에 따르면 황급히 회의실로 달려온 측근들이 자리에 앉자마자 김정일은 느닷없이 이런 말을 꺼냈다.

"통일이 중요한가, 사회주의가 중요한가? 누군가 대답해 봐."

출석자의 한 사람이 "장군님, 우리는 수령님 대(김일성 시대)에 반드시 통일을 달성시킬 결의가 돼 있습니다."라고 외치듯 대답하자 김정일은 술잔을 집어던지며 고함을 질렀다.

"저 바보를 끌어내."

그 순간 연형묵이 벌떡 일어나 "장군님, 우리에게는 통일보다 사회주의가 더 중요합니다."라고 말했다.

"맞아. 우리는 사회주의를 지키지 않으면 안 돼. 지금 통일을 운운하는 놈들은 사회주의를 포기하려는 놈들이야."

김정일은 계속 내뱉었다.

"동독이 먹혔듯이 우리도 곧장 흡수돼 버린다. 그렇게 되면 너희들이 이 자리에 살아 앉아 있을 수 있을 것인가? 지금 통일, 통일 하고 말하는 놈은 모두 늙어 빠져 망령이 든 노인네들이야."

노쇠했다거나 망령이 들었다는 것은 바로 김일성을 가리키는 것이었다.

그때까지 김정일은 아버지에게 몇 번씩이나 남북 정상회담 중지를 제안했다. "수령님, 건강을 생각해 주십시오."라고 건강 상태를 이유로 반대를 했지만 김일성은 듣지를 않았다. 누구보다 효자로 알려진 김정일이 아버지에게 반항적인 태도를 보인 것은 드문 일이었다. 1992년 말부터 부자간에 핵 문제와 경제정책을 둘러싸고 의견 대립이 있었지만 아버지가 김영삼과의 정상회담에 응한 것을 계기로 두 사람 사이는 결정적으로 벌어졌다.

1994년 6월 17일 김일성은 카터에게 김영삼 대통령과 아무 전제조건 없이 만나겠다고 아들과 상의 없이 밝혔다. 김정일은 이미 당 · 군 · 정부 부문의 모든 권력을 완전히 장악하고 있었다. 그래도 '수령'으로서 아버지의 체면을 살려 줘야 했던 이유는 아직도 아버지에게 충성을 맹세한 빨치산 1세대의 지지를 얻기 위해서였으며, 민심을 모으기 위해서도 아버지의 존재가 필요했기 때문이다. 반대에도 불구하고 회담의 개최가 결정돼 버린 이상 아버지가 적당히 연출만 해주면 끝날 것으로 생각했지만 사태는 생각지 못한 방향으로 움직였다. 회담 결정의 파급효과는 상상 이상으로 커져 김정일을 따르는 정권의 핵심 멤버 이외의 모든 사람들이 정상회담에 커다란 기대를 걸기 시작한 것이다.

김정일이 가장 당황한 것은 회담이 성공하면 장식품 정도로 내세우고 있던 아버지가 정말로 국정의 전면에 나올 가능성이 있기 때문이었다. 실제로 김일성은 카터에게 '앞으로 10년은 (국정 운영을) 할 생각'이라고 호언하는가 하면, 7월에 들어서는 김정일을 빼고 경제부문 책임자 협의회를 소집하는 등 국정 운영에 갑자기 의욕을 보이기 시작했다.

수령님만 몰랐다

죽음을 앞둔 1994년 7월 초 김일성의 동정에 관해서는 북한 주석부 책임서기(김일성의 비서실장)였던 전하철(全河哲, 후에 부총리)이 쓴 일기식의 상세한 기록이 남아 있다. 이에 따르면 경제부문 책임자협의회는 7월 5일부터 묘향산에서 열렸다. 실권을 잡고 있는 아들 김정일을 제쳐두고 경제정책을 수정하려 한 회의였다. 아침 일찍부터 열린 회의의 의제는 전력 문제에 집중됐다.

"공장이나 기업소를 완전 가동하면 생산량을 3배로 늘릴 수 있다. 이를 위해 전력 문제를 빨리 해결하지 않으면 안 된다."

김일성은 "원자력발전소 건설은 시간이 걸리기 때문에 안 된다. 함경북도에 30~50만 킬로와트의 중유 발전소를 만들어 연간 85만 톤 이상의 비료를 생산하면 농업 문제, 즉 먹는 문제를 해결할 수 있다."라는 취지의 열변을 토했다.

그것은 김정일의 생각을 정면에서 부정하는 것이었다. 김정일은 농업 문제보다 군사력 증강을 우선해야 하며, 이를 위해서는 군사적 목적으로도 전용할 수 있는 원자력발전소를 만들어야 한다고 주장해 왔던 것이다.

회의는 정오에 휴회에 들어갔다. 김일성은 매일 2시간 정도 낮잠을 자며 휴식을 취하는 습관이 있었지만 이날은 낮잠을 자지 않고 오후 1시 10분에 전하철을 서재로 불러 발전소에 설치할 터빈발전기의 가격은 얼마냐고 물었다. 그 후 전하철의 기록에는 "밤 9시 6분, (김일성) 수령님은 협의회에 참가할 예정인 전기 기술자는 언제 도착하느냐고 물으셨다."라고 되어 있다.

7월 6일, 협의회가 재개됐고 그 자리에서 김일성은 '사회주의 경제 건설에 있어 새로운 혁명적 전환을 일으킬 데에 관하여'라는 제목으로 연설을 했다. 연설에서 경제 전략을 관철하기 위해 중요한 것은 전력 문제, 화학비료, 나일론, 시멘트, 철강재, 선박 조선 문제를 해결하는 것이라고 전제한 뒤 '그러나'라고 말꼬리를 돌려 간부들을 비판했다.

"문제 해결의 선두에 서야 할 간부들이 사무실에 앉아 말장난으로 시간을 허비하고 있기 때문에 안 되지 않는가?"

말은 이처럼 위세가 당당했지만 당시 김일성의 모습을 전하철은 다음과 같이 기록하고 있다.

"수령님의 안색은 매우 어둡고, 목소리도 어딘가 탁했다. 수령님은 가슴이 답답하다고 말씀하시며 왼쪽 가슴을 손으로 쳤다. 그리고 부관(비서)에게 담배를 가져오라고 지시한 후 '나는 최근 끊었던 담배를 다시 피운다.'라고 말씀하셨다."

그 자리에서 김영삼 대통령의 공화국 방문을 우리 혁명의 전환점으로 삼지 않으면 안 된다고 강조했다고 한다. 김일성은 사상 최초가 될 남북 정상회담을 통해 한국으로부터 경제 지원을 얻어 내 피폐해진 경제의 기사회생을 노리고 있었던 것이다.

〈수령님은 영원히 우리와 함께 계신다〉는 제목이 붙은, 북한이 선전용으로 제작한 기록영화에 회의의 모습이 찍혀 있다.

김일성은 철도상에게 "김영삼 대통령은 육로로 평양을 방문한다. 언제까지면 (남북 간의) 철도를 연결할 수 있을까?"라고 물었다. 답변이 궁해진 철도상이 머뭇거리자 "왜 그래? 김영삼이 마음에 안 드는 것이냐?"라고 다그쳤다.

철도상: 수령님, 그때까지 레일을 까는 것은 가능할 것 같지 않습니다.

김일성: 어째서? 조선에서 나, 김일성의 지시대로 안 되는 것도 있나!

철도상: 철도를 연결하기 위해서는 많은 사람의 손이 필요합니다만, 노동자를 제대로 동원할 수가 없어서….

김일성: 자재나 설비가 부족하다면 이해하겠다. 그러나 사람 손이 부족하다는 것은 무슨 소리인가?

더듬거리며 철도상은 나라의 실태에 대해 최고 지도자에게 털어놓았다.

"수령님, 실은 지금 나라로부터 배급이 모두 끊겨 있습니다. 지금 평양 시민은 반 개월치의 배급을 받고 있습니다만 지방에서는 식량이 없는 집이 거의 대부분이구요…. 노동자들의 당에 대한 충성심은 매우 높지만 먹는 게 제대로 되지 않아서…."

김일성은 테이블을 두드리며 추궁했다.

"배급이 안 되는 게 언제부터야!"

놀란 것은 김일성만이 아니었다. 김일성의 반응에 참석자들은 말을 잃었다. 북한에서 단 한 사람, 수령 김일성만이 배급이 끊어진 것조차 모르고 있다는 사실이 공식 석상에서 폭로된 셈이기 때문이다. 아들에 의해 그저 장식용으로 최고 지도자로 떠받들려 있을 뿐, 누구도 진실을 말해 주지 않는 '벌거벗은 임금님'과 같은 상태에 빠져 있었던 것이다.

다음 날인 7일에도 회의는 계속됐다. 기록영화를 보면 커다란 회의장은 한산했다. 간부 비슷한 사람 몇 명의 뒷모습과 그 앞에 앉아 열변을 토하는 늙고 쇠약함이 확연한 김일성의 모습이 비춰지고 있을 뿐이다.

회의에서 김일성은 "김정일 조직서기 동지가 군량미를 내겠다고 약속했다. 그러니 철도 연결공사는 반드시 약속한 기한 내에 끝내지 않으면 안 된다."라고 했다. 이제는 아들의 허가 없이는 동원된 일꾼들의 식량조차 확보할 수 없는 상황이라는 것을 말해 주는 것이다.

회의가 끝난 후에도 눈앞에 드러난 현실이 여간 충격이 아니었던 듯 오후 10시 함경북도 당 책임서기를 집무실로 불러 "인민들에게 배급은 되고 있느냐?"라고 재확인했다. 책임서기가 "지금까지는 배급이 없었습니다. 배급을 실시할 대책을 세우고 있으니 심려하지 마십시오."라고 모범적인 대답을 하자 김일성은 벌컥 화를 냈다.

"당신들은 언제나 심려하지 말라고 하지만 인민들에게 배급도 못 해주면서 심려하지 말라고 하는가? 인민이 배를 곯게 해서는 안 돼."

그리고 덧붙였다.

"나진 삼각지대(경제특구)의 개발 사업을 서둘러 인민의 먹는 문제를 해결하도록 하라."

김일성이 지방 간부 한 명과 왜 이런 대화를 나누었는지에 대해 전하철은 아무런 설명도 하지 않고 있다. 기록은 '인민만을 생각하는' 김일성이 온 힘을 다해 경제 분야에서 진두지휘하고 있는 모습을 찬양하는 것처럼 쓰여 있지만 실은 아들에게 실권을 빼앗긴 사실을 교묘하게 감추고 있는 것이다. 그 후에 일어난 나라를 흔들 급변에 관해 전하철은 이렇게 썼다.

"비바람이 불던 8일 새벽 2시, 경애하는 김일성 동지의 위대한 심장은 더 이상의 과로를 이기지 못하고 고동을 멈췄다. 가슴을 치며 수령님을 불렀지만 대답은 없었다."

김일성을 돌본 신참 의사

김일성의 사인에 대해 미국 정부는 하트어택(심근경색) 이외의 원인으로 죽었다는 증거는 어디서도 찾아볼 수 없다(당시 부통령 앨 고어)고 지적했다. 그러나 항간에서는 아들 김정일이 분노케 함으로써 심장발작을 일으켰고, 치료를 하지 않았기 때문에 숨졌다는 소문이 끊이지 않았다. 당시 미 CIA 국장에 따르면 북미 간 고위 관리 협의가 제네바에서 열렸고, 남북 정상회담도 임박한 1994년 7월 8일 급사했다는 것은 회담에 반대한 김정일에게 있어서 참으로 너무 좋은 타이밍이었기 때문이다. 그 때문에 북한은 김일성 비서실 책임자였던 전하철의 '기록'을 공개했다.

그래도 김일성의 죽음에 김정일이 관련된 것이 아닌가 하는 의혹은 사라지지 않던 가운데 최근 그 수수께끼를 풀 증언이 나왔다. 주한 미군과 CIA에서 약 40년간 북한 정보를 담당했던 마이클 리가 김일성의 두 번째 부인 김성애가 오스트리아에 사는 딸 김경진金敬進에게 한 통화 내용 중 이런 말이 있었음을 확인했다는 것이다.

"아버지(김일성)는 (한국 대통령인) 김영삼과의 정상회담 준비와 회의 때문에 피로해 있었어. 그날(7월 7일이라고 추측됨) 밤 목욕을 했는데 뜨거운 물에 들어갔던 것이 좋지 않았던 모양이야. 그래서 일이 일어났단다."

전하철의 '기록'에 거짓말이 없다면 김일성은 7월 7일 오후 10시 직후부터 다음 날인 8일 새벽 2시까지 4시간여 사이에 쓰러져 사망했다. 그러나 심장발작을 일으켰을 때 그의 곁에 누가 있었는지, 언제 발견돼 어떠한 조치가 취해졌는지 등 핵심적인 부분에 관한 '기록'은 전혀 언급되지 않고 있다.

7월 5일부터 사망 시각까지를 적은 전하철의 기록은 김일성의 동정을 '의도적'으로 생략하고 있는 부분과 몇 시 몇 분이라고 상세한 시각을 기록한 부분이 섞여 있는 것이 눈에 띈다. '기록'은 김일성 비서실이 문안을 만들어 노동당 선전선동부가 검열한 후 김정일의 허가를 받아 발표됐음이 틀림없다. 김일성이 사망 직전까지 인민 생활을 염려하며 쉬지 않고 일하다 과로로 사망했다는 스토리를 다루고 있지만, 흥미 있는 것은 배급 중단이나 전력 사정 악화 등 부정적 측면을 숨기지 않고 기록하고 있다는 것이다. 이는 역으로 북한 주민들이 모두 알고 있는 사실은 밝혀서 기록의 신빙성을 확보하는 한편, '밝히고 싶지 않은 진실'은 감추고 있다고도 해석될 수 있다.

그럼 그때 어떤 일이 발생했는가. 그해 7월의 무더운 여름으로 돌아가서 살펴보자.

7월이 되면 김일성은 늘 피서를 위해 북부 지역에 있는 양강도兩江道의 삼지연三池淵 별장에서 보냈지만 사망한 1994년 여름은 아들의 반대를 뿌리치고 묘향산 별장을 사용하기로 결정했다. 김일성은 한국 정보 당국이 확인하고 있듯이 당시 24개 정도의 전용 별장을 갖고 있었지만 외국 요인과 만날 때는 주로 평양에서 약 130킬로미터 떨어진 묘향산 별장을 이용했다. 1990년 9월 방북한 전 일본 자민당 부총재 가네마루 신金丸信과 장시간 회담한 것으로 알려진 장소이다. 삼지연과 묘향산 별장은 김일성이 마음에 들어 하는 곳으로 북한 최고 수준의 의료 시설이 완비돼 있고 전문의도 대기한다. 그럼에도 불구하고 김일성을 구하지 못했다.

북한 정권 내의 움직임은 세세한 것까지 모두 김정일과 무관하다고 말할 수 없다. 당 선전선동부에서 김정일을 위해 일하다 후에 탈북한 전 고위 관리 신경완申敬完의 수기 『곁에서 본 김정일』에는 간부용 아파트 할당까지 김정일의 재가를 얻는다는 사실이 쓰여 있다. 납치 후 약 8년간 김정일 별장을 전전하며 지냈던 최은희는 김정일로부터 매년 생일 축하를 받았지만 특별 대우는 그뿐만이 아니며 간부나 원로, 이용 가치가 있는 사람들에게도 매년 선물을 하고 생일을 축하해 준다는 사실을 나중에 알았다고 수기에 쓰고 있다.

예외도 있었다고 한국에 망명한 노동당서기 황장엽黃長燁은 증언한다. 그의 장남은 김정일의 매부 장성택의 조카와 사귀게 되고 후에 장성택의 조카는 임신을 한다. 고민 끝에 황장엽이 김정일에게 털어놓자 김정일은 "젊은 사람들이 떨어지지 않겠다고 하는 것을 어떻게 하겠습니까? 결혼시킵시다."라고 겉으로는 찬성했지만 내심으로는 반대했다는 것이다. 왜냐하면 당서기의 자식 결혼에 선물을 보내는 것이 통례지만 그의 아들 결혼에는 아무것도 보내지 않았다는 것이다. 김정일은 간부끼리 친척이 돼 파벌을 만드는 것을 경계해 간부 자녀들 간의 결혼을 금지하고 있었기 때문에 이를 어긴 화풀이를 한 것이 분명했다. 김정일은 도량이 큰 것처럼 보이려 하면서도 냉철하게 사소한 것까지 자신의 생각대로 하지 않으면 기분이 풀리지 않는 사람이었다.

북한의 공식 문헌에는 김정일이 얼마나 효자인가를 찬미하는 기록이 많다. 아침저녁으로 주치의에게 아버지의 병에 대해 전화로 확인하고 정기적으로 의료팀을 집무실로 불러 아버지의 건강 상태를 체크했으며 식사 메뉴에도 참견을 했다고 한다. 그러나 다른 한편에서는 아버지의 저택과 집무실에 도청기를 설치해 마지막까지 24시간 감시를 했다고 마이클 리는 증언한다.

김일성이 묘향산에 갈 때 누구를 동행시킬지, 경호를 어떻게 할지는 김정일이 결정했다. 당연히 의료팀 구성원을 결정하는 것도 김정일이다. 최고 지도자의 건강관리를 담당하는 호위과학연구소 출신의 탈북자에 따르면 보통 김일성이 별장으로 갈 때는 6명의 주치의와 10명의 간호사가 동행하는 것이 철칙으로 돼 있다고 한다.

김일성이 앓고 있는 심장과 비뇨기, 인후, 간장, 퇴행성관절염 등의 분야마다 전문의가 수행하는데 심장 전문의는 1994년 2월 막 교체된 상태였다. 35년간 김일성의 심장을 진료해 온 주치의는 건강 상태를 이유로 은퇴하고 루마니아 유학에서 돌아온 젊은 의사가 동행하게 됐다. 의사 배치도 김정일의 전권 사항이었음은 말할 나위도 없다. 조그만 일에도 신경을 쓰고 누구보다 아버지의 건강을 챙기며 매일매일의 건강 상태를 잘 알고 있는 아들이 아버지의 몸을 맡긴 것은 '경험이 부족한' 신참 의사였다. 이 '실수'는 무엇을 말하는 것일까?

자료와 증언을 종합하면 김일성은 7월 7일 오후 10~11시에 목욕탕에서 쓰러진 것이 확실하다. 주한 미군은 이날 밤 평양에서 3대의 헬기가 묘향산 방향으로 향한 사실을 파악하고 있다. 묘향산 일대는 주한 미군의 비행 감시 구역이다. 중국 측의 정보로는 3대의 헬기에 당시 인민무력부장 오진우吳振宇와 인민군 총참모장 최광崔光, 그리고 김정일 일행, 의료 관계자가 각각 탑승하고 있었다.

격노한 김일성

김일성은 죽기 직전 충격적인 사실들에 차례차례 직면했다. 묘향산에서 경제부문 책임자 협의회를 주최 중이던 1994년 7월 6일 오후 간부 20여 명을 이끌고 가까운 함경남도 함주군咸州郡 일대의 농장을 시찰했다. 여기서 김일성은 생애 처음으로 주민들로부터 불만의 소리를 직접 듣게 된다. 김일성 사망 직후 국영 평양방송은 그때의 모습을 이렇게 보도했다.

현지 지도에 오신 수령님에게 (주민들이) 식량 사정이 나쁘다고 하는 이야기를 한 후 "부끄러운 이야기이지만…"라고 말하자 수령님은 "그런 이야기를 하는 것이 왜 나쁜가? 당신은 바른 정책을 세우는 데 중요한 역할을 했다."라고 치하했다.

국영 언론 매체가 악화된 식량 사정을 공식적으로 언급한 것은 처음이었다. 그때까지 김일성이 지방을 시찰할 때는 시찰 대상 민가의 쌀독을 사전에 가득 채워 놓고 김일성이 돌아가면 곧 그 쌀을 회수하는 '위장'이 행해져 왔다. 당시 시찰은 김정일 몰래 한 단독 시찰이었기 때문에 진실을 직접 보게 된 것이다.

7월 7일 오전의 회의 석상에서 김일성은 에너지를 확보하기 위해 주석부 예비 자금을 사용하라고 지시했다. 이에 대해 경리부 간부가 주석부의 재정 상황도 그다지 좋지 않다고 대답했다. 그때 경공업담당 여성 부총리 김복신金福信이 "수령님, 지금 우리나라의 경제는 정말로 엄청난 상황입니다."라고 거들었다.

"최근 제가 찾아간 (휴전선 부근인) 강원도 평강平康의 제5군단에서 신발 밑창이 없어 헝겊으로 둘둘 만, 신발이라고 할 수도 없는 신발을 신고 나뭇가지를 줍고 있는 군인의 모습을 보고 눈물이 났습니다."

그 말을 듣자마자 김일성은 "뭐야? 내가 빨치산 부대를 이끌고 일본과 싸울 때도 그런 신발을 신지는 않았다."라고 하면서 격노했다. 김일성도 1992년 말경에는 경제 사정이 나쁘다는 것을 조금은 느낀 듯했으나 상상 이상의 궁핍한 상황을 직접 접한 것은 이 묘향산 회의 전후였던 것으로 보인다. 이 시기에 아들 김정일에게 "최고사령관이고 조직서기고 뭐고 모두 그만둬!"라고 고함을 지른 적도 있다고 전해진다.

사망 직후 중국 정부가 입수했다는 정보 가운데에는 7월 7일 김일성이 묘향산에서 상무회의를 주최했다는 것이 들어 있다. 김일성이 사망된 후 실제로는 나중에 김정일이 주최하게 되는 노동당 중앙상무위원회 회의다. 회의에는 정무원(내각) 총리 강성산姜成山과 부주석 이종옥李鍾玉, 김영주(金英柱, 김일성 동생), 그 밖에 외상 김영남金永南 등이 참석했다고 한다. 강성산은 김일성이 경제개혁을 위해 김정일의 측근인 연형묵 대신 다시 총리로 기용한 인물이지만 이미 김정일 편에 붙어 있었다. 김영주는 김정일의 전횡을 견제하기 위해 김일성이 지방에서 불러 올라왔지만 이미 정권 내에서의 존재감은 없었다. 그 밖의 다른 멤버는 김정일의 측근이 아니면 바람 부는 대로 따라다니며 그저 자리만 지키는 인물들이다. 김일성은 정권 내의 자기편을 모두 잃어버렸던 것이다.

북한의 공식 발표나 당시의 상황으로 본다면 김일성은 묘향산 회의를 전후해 알게 된 쇼킹한 사실들로 상당히 흥분된 상태였다. 82세의 고령에도 불구하고 강행군을 거듭했기 때문에 피로도 축적돼 있었다. 김정일이 교체한 초년병 의사는 이에 대한 예방 조치를 취하지도 않았다. 특히 이런 상태에서 뜨거운 탕 속에 들어가게 허용한 것은 치명적이었다고 볼 수 있다.

평양에서는 "수령님이 죽기 직전까지 주민들의 식량 문제를 염려했다. 이 문제로 김정일과 의견 충돌이 벌어졌으며 회의 자리에서 총성이 들렸다."라는 소문이 그럴듯하게 돌았다. 중국 당국이 입수한 정보에도 이러한 소문이 포함돼 있다. 진실과 거짓이 섞이기는 했지만 주목해야 할 것은 김일성이 긴급 소집했다고 하는 상무회의다. 김일성의 그 후 움직임으로 볼 때 그가 이 회의를 기사회생의 자리로 만들려 얼마나 중시했는지 알 수 있다.

7월 8일자 〈노동신문〉에 따르면 김일성은 7일 함주군 일대의 5곳에서 농장 등을 시찰했다. 묘향산에서 멀지 않은 지역이라고는 하지만 오전에는 회의를 하고, 오후에 출발했다고 하면 돌아온 것은 늦은 시각이었을 것이다. 오전에 있었던 회의에서 경제 상황의 심각성을 알고 초조해진 김일성은 상무회의를 소집해 놓고 자신의 눈으로 현장을 확인하기 위해 가까운 농장을 찾았던 것이다.

평양에 머물고 있던 김정일은 회의 소집을 알리는 연락을 듣고 우선 강성산 등 정권 내에서 장식용 자리에 있는 몇 명만을 묘향산으로 보냈다.

김일성은 꼭 참석해야 할 김정일이 오지 않자 화가 나 즉시 김정일을 부르라고 지시한 뒤 오후 9시가 되기 직전 일단 침실로 돌아갔다. 욕실에서 쓰러진 것은 10시 전후로 보인다. 김정일이 실제로 움직인 것은 아버지가 심근경색으로 쓰러졌다는 소식을 전해 받은 후다. 김정일은 인민무력부장 오진우 등을 부르고 비서에게 헬기를 준비하라고 지시했다.

이날은 오후부터 번개를 동반한 세찬 비가 내리고 있었다. 탈북한 김정일 호위부대 관계자 등의 증언에 따르면 빨리 헬기를 띄우라고 재촉하는 김정일을 호위대원이 말리려 했다. 김정일은 대원의 얼굴을 주먹으로 때리며 비키라고 소리쳤다. 가까이 있던 다른 대원은 김정일의 허리에 권총이 숨겨져 있는 것을 눈치챘다고 한다. 아버지의 동향에 줄곧 눈길을 떼지 않았음에도 불구하고 아버지가 위독하다는 긴급사태를 맞아 묘향산에서 일어난 정확한 상황을 파악하지 못해 얼마나 정신이 없었는지를 엿볼 수 있는 대목이다. 헬기가 뜬 시각은 알 수 없지만 미군은 7일 밤 비행을 확인했다. 그날 밤 12시를 전후해 묘향산에 도착한 것으로 보인다.

북한이 발표한 〈김일성 동지의 질병과 사망 원인에 대한 의학적 결론서〉에는 김일성이 엄청난 심근경색을 일으켰으며, 심장 쇼크가 함께 일어났다고 기재돼 있다. 비서실장 전하철의 기록에는 8일 새벽 2시에 심장의 고동이 멈췄다고 쓰여 있어 쓰러진 후 사망 확인까지 몇 시간의 공백이 있는 것으로 나타난다. 김정일은 처음에는 어쩔 줄 몰라 당황했지만 이 2~3시간 동안 무엇을 해야 할지를 냉철하게 판단해 사태를 완전히 장악하게 된다.

물려받지 못한 체격과 카리스마

아버지의 사망을 확인한 후 김정일이 맨 처음 손을 댄 것은 김일성 호위부대의 예측할 수 없는 움직임을 봉쇄하는 것이었다. 자신의 친위대에게 아버지의 경호를 담당하는 1호 호위총국을 철저히 감시토록 하는 한편 전투태세를 유지하도록 명령했다. 그런 다음 군 장악에 나섰다.

아버지가 주최했어야 할 노동당 중앙상무위원회 회의가 즉시 열렸다. 김정일은 그 자리에서 인민군에게 절대적인 영향력을 갖고 있는 인민무력부장 오진우와 군 참모총장 최광, 그리고 총리 강성산 이하 정부 관계자와 김일성의 동생 김영주 등 당·정·군 요인들에게 자신에 대한 충성을 서약케 했다.

김일성의 유해는 헬기로 평양으로 옮겨졌다.

죽음으로부터 약 20시간이 지난 1994년 7월 8일 오후 10시경 북한은 주요 재외공관에 '주석 사망'을 통지했다. 그러나 중국 정부는 통고 전부터 사실을 파악하고 있었다. 독일을 방문 중이던 총리 리펑李鵬은 8일 저녁 이후의 예정을 모두 취소하고 호텔에 머물고 있었다. 북한이 사망을 정식으로 발표한 것은 사망으로부터 34시간 후인 9일 정오였다.

한국 정부는 이 중대 사태를 눈치도 채지 못했다. 제1보가 뜬 낮 12시 2분경 김영삼 전 대통령은 여성정책심의회 위원 15명과 청와대에서 점심 식사 중이었다. 그 자리에 의전담당 비서관 김석우金錫友가 김일성 사망을 전하는 메모를 들고 왔다.

그날 오전 10시 평양방송이 정오에 특별방송이 있다고 예고했다. 한국 정보 당국은 방송 내용을 분석하기 위해 회의를 했지만 핵 문제에 관한 중대한 발표가 있는 것이 아닐까 추측하는 정도에 그쳤다.

같은 시각 판문점. 남북 정상회담에 대비한 실무자 협의가 쉽게 끝나고 평양에 파견될 한국 측 선발대의 명단이 교환되는 등 25일 회담의 실시는 거의 확정적이었다. 스위스 제네바에서 열릴 예정인 제3라운드 북미협의에 대해서도 북한은 전향적인 자세를 보여 핵 문제도 타결될 것으로 전망하고 있었다.

그런 가운데 '김일성 사망' 뉴스가 날아들었다. 한국과 미국이 자랑하는 스파이위성이나 전파감청시스템은 전혀 도움이 되지 않았다.

핵 개발의 동결과 핵확산방지조약(NPT) 복귀, 남북 정상회담이라는 지미 카터의 제안을 받아들인 김일성의 판단은 결과적으로 북한을 구하게 된다. 카터와 김일성의 합의가 2시간 늦어졌다면 미국은 북한의 핵 시설을 공격(하는 결정을)했을 것이라고 미 CIA 전직 요원은 증언하고 있다.

"우리는 북한을 제압할 모든 조건을 갖추고 있었다. 공중 폭격을 해야 했다."

실제로 북한 정권 내부에서는 상당한 동요가 확산되고 있었다고 한다. 총리 강성산의 사위로 그해 5월 한국에 망명한 강명도康明道는 1994년 김정일은 스위스 망명을 준비하고 있었다고 말하기도 했다.

아들로부터 듣기 좋은 보고밖에 받지 못했던 김일성이 사태의 심각성을 어디까지 파악하고 있었는지는 확실치 않다. 다만 아슬아슬한 벼랑 끝에서 위기를 회피한 것은 어떤 의미에서는 김정일이 만든 시나리오 덕분이라고 말할 수 있다.

6월 17일 평양의 중심부를 흐르는 대동강大同江 위 선상회담에서 카터는 한국전쟁 중 북한에 남겨진 미군 병사의 유해 송환을 요구했다. 김일성은 금후 협의의 의제로 하자고 보류했다. 그때 김일성의 아내 김성애가 선실로 들어와 카터의 요구를 들어주면 어떠냐고 권했다. 전 미국 대통령 부부를 대접하는 의전 때문에 동석한 김성애가 중간에 끼어들 문제도, 그럴 계제도 아니었다. 회담 모습을 감시 카메라로 모니터하던 김정일이 김성애를 통해 자신의 의사를 전했을 가능성이 높다. 이 정도로 중대한 문제에 끼어들 수 있는 인물은 김정일 말고는 아무도 없기 때문이다. 김일성은 외교 방침의 결정권을 잃어버린 상태였다. 아들의 시나리오대로 '수령님' 연기만 하고 있었더라면 죽기 직전에 있었던 아들과의 결렬은 일어나지 않았을 것이다. 그러나 '연출가'의 의도를 도외시하고 대본과 다른 행동을 했다.

당시 김영삼 대통령의 외교 안보 수석비서관이었던 정종욱鄭鐘旭은 최근 한국 언론에 이렇게 증언했다.

"김일성과의 회담이 끝난 후 카터는 판문점에서 헬기를 타고 곧바로 청와대로 왔다. 카터는 메모를 꺼내 김일성은 이렇게 말했다고 회담 내용을 자세히 설명해 주었다."

정종욱은 이렇게 덧붙였다.

"그(카터의 설명) 가운데 인상에 남는 것은 아들에게 맡겨 놓았더니 이 지경이 됐다고 김일성이 말했다는 내용이었다."

국정을 아들에게 맡겨 놓았지만 점차 심화되는 국제적 고립과 경제 파탄에 신경이 쓰인 김일성은 카터와의 회담을 통해 실권을 되찾고 나라를 다시 세울 최후의 기회를 잡으려 했는지도 모른다. '애드리브'로 아들이 반대하는 남북 정상회담을 즉석에서 결정한 것이다.

김일성 사후, 김정일은 많은 전문가들의 예상을 깨고 권력의 공식 승계를 뒤로 돌린 채 3년간의 애도 기간을 설정했다. 많은 전문가들은 그가 권력의 자리에 앉지 않는 것은 지위가 불안정하거나 또는 능력 문제 때문이라고 분석했다.

김일성 사망 직후 미 국방부가 정리한 〈북한 리포트〉는 "김정일에 대한 우리의 인식은 이렇다. 김일성 이상으로 흉폭하고 세상 물정을 모른다. 아버지 정도의 능력도 카리스마도 갖고 있지 않다. 시기심이 몹시 강해 편집증으로밖에는 생각할 수 없다. 이 남자가 진짜 후계자가 됐을 때 언제 쿠데타나 사회적 반란이 일어나도 이상할 것이 없다."라고 평가했다.

리포트는 김정일에 대해 유머 센스가 있는 데다 상냥하고 선배를 잘 모시며 예의 바르다는 증언도 있다고 하면서 검토 자료로는 받아들이지 않았다.

김일성은 유언을 남기지 않았다고 전해진다. 비밀 금고에는 항일투쟁이나 국가건설에 고락을 같이해 온 맹우 김책과 함께 찍은 사진 한 장과 평소 자신의 생각을 써놓은 메모만 남아 있었다고 한다.

아들에게 절대적인 권력을 남겼지만 당당한 체격과 수령으로서의 카리스마를 넘겨주지는 않았다. 부자는 외모도 정치 스타일도 너무 달랐다. 김정일은 그 갭을 메우려고 발버둥을 쳤다. 어머니 김정숙을 닮은 외모로 열등감에 괴로워하고, 다른 한편으로는 아버지를 '위대한 수령'으로 떠받들었다. 권력만 갖게 되면 어떤 소망도 다 이루어질 수 있을 것이라는 착각으로부터 벗어나는 일은 평생 한 번도 없었다. 김정일은 과연 어떤 인물이었을까, 이제부터 그 이야기를 시작해야겠다.

제 2 장

허세 부리기 좋아했던 소년

동생과 어머니의 죽음이 던진 그림자

소년 시절의 김정일에게는 가족 중 두 사람의 죽음이 그림자처럼 붙어 다녔다.

일본 패망 후 소련에서 조국으로 돌아온 김정일 일가는 일본인 부호가 남긴 반일본식 저택에서 살았다. 온돌방 하나, 침실 하나, 사무실 하나, 다다미방 하나로 호화롭다고까지는 할 수 없는 민가였지만 정원은 넓어 폭 4미터 정도의 연못이 있었다. 1947년 여름 러시아 이름 '유라'로 불리던 여섯 살의 김정일은 평양에서 두 번째의 여름을 맞고 있었다. 김정일에게는 '슈라'로 불리던 동생 김만일金萬一과 막 한 살이 된 여동생 김경희(러시아 이름 타치아나)가 있었다.

김정일은 동생을 데리고 정원에서 노는 것을 좋아했다. 여름에는 어머니 김정숙이 연못을 이용해 만들어 준 풀에서 노는 일이 많았다. 소련 시대부터 근처에 살았던, 군의관 이동화(李東華, 북한 초대 보건상)의 아들로 현재 카자흐스탄에 사는 세르게이 리도 자주 함께 놀았다. 이동화는 소련에서 의과대학을 나온 엘리트로 소련의 훈련캠프에서 군 의무부장을 지냈으며 그 후 김일성과 함께 귀환한 약 60명 중의 한 명이다. 두 집은 가족 모두 서로 알고 지냈다.

세르게이는 이렇게 증언한다.

"(47년 여름) 어느 날 저녁, 김일성으로부터 아버지에게 전화가 왔다. 슈라가 연못에 빠졌으니 빨리 관저로 오라는 전화였다."

김정일 형제는 정원에서 놀고 있었다. 정원에는 유라와 슈라밖에 없었다. 김일성이 김정일로부터 들은 바로는 동생이 연못에 빠지자 유라는 무서워서 그 자리에서 도망쳤던 것이다. 1시간 후 경비병이 슈라를 발견했다. 이동화가 현장에 달려갔을 때 연못에서 슈라를 건졌지만 손을 쓸 수가 없었다. 이미 죽은 것이다.

북한 초대 수상의 아들이라는 이유로 김정일은 주위로부터 대접을 받았다. 떼를 잘 쓰고 장난꾸러기였다고 한다. 김정일과 함께 당 간부 자제들만 다니는 유치원을 다녔던 세르게이 리는 이렇게 회고한다.

"나는 유라보다 덩치도 크고 힘도 세서 싸움을 하면 유라는 언제나 내게 졌다. 나에게 얻어맞고 울거나 하면 유라의 어머니는 언제나 싸우면 안 된다고 나무랐다."

유치원에서도 제멋대로였다고 한다. 김정일은 황숙희黃淑姬라는 선생을 싫어했다. 평양사범학교를 졸업하고 유아교육 연수를 받은 그녀는 수상의 아들이 싫어했다는 이유로 유치원에서 쫓겨났다. 대신 김정일을 맡게 된 것은 김일성종합대학 특설학부를 졸업한 전금선全琴善이라는 여선생이었다. 전금선은 후에 인민무력부장이 되는 오진우와 결혼해 정무원(내각)의 보통교육상까지 승진했다.

제멋대로인 아들이 염려스러웠던지 어머니만은 김정일에게 엄격하게 대했다. 북한 공식 기록에 따르면 김정일이 유치원에서 선생님의 말을 듣지 않고 마음대로 집으로 돌아온 적이 있었다. 이에 김정숙은 아버지가 공직자이기 때문에 제멋대로 굴면 안 된다고 꾸짖으며 회초리로 종아리를 때렸다고 한다.

1948년 9월 김정일은 평양의 남산인민학교(초등학교)에 입학했다. 2학년이 된 1949년 9월, 여덟 살의 김정일은 가장 충격적인 사건을 겪는다. 가장 사랑하는 어머니의 사망이다. 난산으로 인한 다량 출혈이 사망 원인으로 돼 있다. 갑자기 어머니를 잃고 슬픔에 젖어 있는 김정일을 보며 항일 빨치산 시대 김정숙의 전우들은 가슴이 아팠다. 소련 시절부터 김정숙 일가와 친했던 황순희(黃順姬, 후에 혁명박물관장) 등이 위로하려 했지만 소용이 없었다.

어머니가 죽은 후 김정일은 급격히 어른스러운 태도를 보이기 시작했다. 그때까지 어머니가 돌보던 여동생 김경희의 유치원 등하교를 김정일이 자신이 맡겠다며 나섰다. 아침 일찍 일어나 여동생을 유치원에 보내준 후 등교를 하고, 수업이 끝나면 유치원으로 가서 다시 데리고 오는 것이 일과가 됐다.

북한의 문헌은 여동생을 데리러 유치원까지 온 소년 김정일을 이렇게 묘사했다.

"김정일은 보모의 손을 꼭 잡고 이렇게 말했다. '울면 안 돼요. 선생님이 울면 동생도 울지 않습니까? 동생이 울까 봐 나도 참고 있는데….'"

그러고는 "동생이 울면 아버지가 염려하시니까."라고 덧붙였다고 한다.

그러나 이러한 '미담'이 있는가 하면, 다른 한편으로는 어머니와 동생의 죽음이 성격 형성기의 소년 김정일에게 좋지 않은 영향도 주었다.

김정숙이 죽은 후 어린 김정일과 김경희를 돌봐 준 것은 아버지 김일성이 아니라 주변의 전 빨치산 대원의 아내들이었다. 당시의 인민무력부장 최광의 아내 김옥순金玉順과 황순희, 김일성의 외사촌 강연실康延

絲이 이들 둘을 돌봤다.

일상생활에서 아버지와는 메울 수 없는 '거리'가 있었다. 아버지를 지도자로서 존경하는 한편, 공포에 가까운 감정을 느끼고 있었던 듯하다. 김일성은 김정일이 무언가 잘못을 저지르면 그래서 동생을 죽게 하지 않았느냐고 꾸짖기도 했다고 한다. 아버지가 마음의 상처를 더욱 아프게 한 것이다.

초등학교 5학년이 된 김정일에 관해 북한이 편찬한 전기에는 이런 일화가 있다.

하교 도중 시무룩한 얼굴로 무언가 생각에 잠겨 있는 김정일에게 친구가 무슨 일이냐고 물었다. 잠시 입을 다물고 있던 김정일은 "오늘 학교에서 내가 우리 아버지라는 말을 두 번이나 써버렸다."라고 하는 것이었다.

전기는 이렇게 계속된다.

친구가 "(아버지라고 부르는 것은) 당연한 거 아니냐?"라고 말하자 "아니야. (생전의) 어머니는 언제나 아버지는 우리 아버지가 아니라 전 인민의 지도자로서 받드는 것이라고 말했어. 그런데 오늘 어머니 말씀을 지키지 못했어."라고 설명해 주었다.

좁혀질 수 없는 아버지와의 거리는 어머니에 대한 사모의 정을 한층 깊게 한 듯하다. 어른이 되어서도 어머니에 대한 애정은 집요할 정도로 강했다. 부모에 대한 복잡한 생각이 원인이었을 것이다. 김정일은 점점 이중적인 성격을 노출하게 된다.

호랑이의 등에 탄 골목대장

초등학생 시절 김정일은 줄곧 평양 중심부 창광산蒼光山동에 있는 반일본식 관저에서 생활했다. 주변에는 고급 간부들의 주택이 많이 있었다. 김일성의 동생 김영주와 인민군 초대 총사령관 최용건崔庸健, 항일 빨치산 시절 김일성의 전우 최현崔賢 등의 주택도 근처에 있었다.

"당시 김정일은 상당히 장난꾸러기였습니다. 근처에 사는 아이들 사이에서 골목대장이었을 뿐만 아니라 학교에서도 말썽꾸러기였습니다."

1940년대 후반 김일성의 비서실장을 지낸 홍순관은 이렇게 증언했다.

"학교에서 무슨 일이 있으면 꼭 정일이가 개입돼 있었습니다. 다른 아이를 괴롭힌다든가 때리거나 했습니다."

키가 작고 체격이 빈약했음에도 불구하고 김정일에게는 든든한 '배경'이 있었기 때문이다. 어머니 김정숙이 빨치산 시절 숨진 전우들의 고아들을 보호하고 교육을 시킨 곳인 만경대혁명유자녀학원(현재의 만경대혁명학원) 출신의 '의형제들'이 그 배경이다.

"이 세상 끝까지 가서라도 반드시 찾아오기 바란다."

빨치산 자녀로 부모를 잃은 아이들의 보호를 담당하게 된 김정숙은 이렇게 지시했다고 한다. 거지처럼 생활하고 있던 아이를 발견하면 그 아이를 자기 집에 살게 하면서 몸도 씻어 주고 옷도 새로 만들어 입혔다. 그들에게 있어 김정숙은 진짜 어머니 이상의 존재였다.

죽을 때까지 김정일에게 충성을 다했고, 정무원 총리 등을 역임한 연형묵은 만경대혁명학원의 1기생이다. 아홉 살 때 부모를 잃고 중국 동북부 지역을 방랑하던 중 발견돼 보호를 받았다. 김정일보다 열 살 위였지만 우직해서 김정일의 신뢰를 얻었다. 대학 졸업 후 호위병으로 발탁된 그는 김일성과 체격이 비슷해 '구두를 바꿔 신었을 정도'로 김일성의 신임도 두터웠으며, 김정일에게 있어 형과 같았다. 1970년대 김정일의 파티 동료로서 수령의 아들에게 직언을 할 수 있는 유일한 인물이라고도 했다.

김정일 시대에 국방위원장 등의 중책을 맡은 오극렬吳克烈도 그런 '후손' 중 한 사람이다. 빨치산 대원의 외아들이었다. 아버지가 죽은 후 오극렬은 2년간 김일성 집에서 김정일과 함께 살았다. 싸움을 잘하고 언제든지 한편이 돼 주어서 김정일이 매우 좋아했다. 어머니를 잃은 김정일은 아버지에게 오극렬이 있는 만경대혁명학원에 보내 달라고 졸랐다고 한다.

초등학교 시절을 김정일과 함께 지냈으며, 후에 한국으로 망명한 김정민金正敏에 따르면 소년 김정일이 허세를 부리기도 했지만 마음에 드는 친구들에게는 친절했다고 한다. 친구들을 데리고 자신이 좋아하는 개를 보여 주려고 군견훈련소에 가기도 했다. 그곳에서 아끼던 개가 훈련 시합에서 이기면 크게 기뻐했다. 말하자면 자기만족에 빠진 '친절함'이었던 듯하다.

김정일의 놀이 친구로는 빨치산으로 이름을 날린 최현의 아들, 최룡해崔龍海도 있다. 김정일의 후계자, 김정은의 최측근이 되는 인물이다.

"모두 축구를 하거나, 풀에서 놀거나, 당구를 치거나, 영화를 보거나 했다. 가끔씩 저수지에 낚시질을 하러 가기도 했다."

김정민의 회고다

다른 아이들은 대나무 가지로 낚시를 했지만 김정일만은 그 옆에서 보통 사람은 쉽게 구할 수 없는 릴낚싯대를 썼고, 경호원이 일일이 미끼를 끼워 주었다. 혼자만 특별 대우였다. 먹는 것이 부족한 시절이었지만 김정일과 함께 놀면 간식도 얻어먹을 수 있었다.

"김정일이 경호원에게 간식이 먹고 싶다고 하면 준비해 둔 과자를 곧바로 내놨다. 그때부터 아이들은 그에게 절대 복종하고 비위를 맞췄다."(김정민)

김정일은 모두의 앞에서 넌지시 우월감을 드러내 보이기도 했다. 한번은 마음에 드는 친구들을 김일성 전용 사냥터에 데리고 갔다. 당시 김일성을 위해 압록강鴨綠江 상류와 평양 근교 등 여러 곳에 사냥터가 만들어져 있었다. 사냥터에서 김정일은 엽총을 만져 본 적도 없는 친구들에게 총을 만져 보게 해준다거나, 스스로 사격하는 자세를 보여 준다거나, 실제로 총을 쏘게 하기도 했다.

당시를 알고 있으며 지금은 러시아에 사는 한 동창생은 "김정일은 사격을 아주 잘했다. 축구도 잘했다. 피아노와 아코디언도 연주할 줄 알았지만 노래는 잘 못했다."라고 말한다. 사격에 열중한 것은 죽은 어머니의 영향인 듯했다. 김정숙은 사격의 명수로 북한 『대백과사전』에도 기록돼 있다.

김정일은 '예술을 좋아하는 기질'의 싹도 보였다. 아코디언을 연주하면서 친구들에게 노래를 부르게 하는 경우도 있었지만 자신은 정해놓고 '신갈파新乫坡의 노래'를 불렀다. 신갈파는 함경남도(현재는 양강도) 삼수군(三水郡, 후에 김정숙군) 신파 지역의 옛 이름이다. 김정숙은 한때 이 지역의 부대를 지휘했다고 전해지고 있다. '신갈파의 노래'는 소년 김정일에게 있어서 '어머니의 노래'였던 것이다. 친구들에게 자신의 존재를 과시하면서 한편으로는 어머니의 추억에 미련을 버리지 못하고 있었던 것일까?

초등학생 시절 김정일의 또 다른 '얼굴'에 대해 북한 공식 문헌은 다음과 같이 묘사하고 있다.

담임선생이었던 여선생이 후임자에게 남겼다고 하는 '정일 소년의 교육에 있어서 반드시 참고해야 할 12가지 인계 사항'에는 이런 항목이 나열돼 있다. 그중 정일의 제1관심사는 김일성 장군의 저서, 특히 최신 저서이므로 그런 문헌을 잘 연구해야 한다는 것이다. 김정일은 아버지를 '아버님'이라고 부르지 않고 '원수님'이라고 불렀다고 하니 거짓말을 쓴 것은 아닐 것이다. 아버지에 대한 '두려움'은 학교생활에도 영향을 미쳤던 것이다.

정일 소년은 특별 대우를 싫어하니 다른 생도와 마찬가지로 취급하고 엄격하게 대할 것이라는 항목도 있다. "숙제나 시험 채점은 있는 그대로 엄격히 평가한다."라고도 쓰여 있다.

"정일은 일을 많이 주면 매우 기뻐하며, 적게 주거나 하면 말수가 줄고 우울해한다."

이 항목에는 '반드시 참조할 것'이라는 주의 사항이 붙어 있었다. 방과 후에 놀 때는 매우 특별한 대우를 받으면서도 선생 앞에서는 '남과 다른 대접을 받지 않는 우등생'으로 취급받기를 고집한 듯하다.

인계 사항에는 김정일이 좋아하는 음식에 관한 언급도 있다. 겨울에는 걸쭉한 된장국, 봄에는 쑥 등 나물 무침, 여름에는 오이지, 가을에는 생배추나 두부찌개 등이다. 모두 함께 먹는 것을 가장 좋아한다고 기록돼 있다. 모두가 소박한 '어머니의 맛'이다. 한편으로는 후에 나타나는 계절에 맞는 재료에 집착하는 미식가로서의 면모가 엿보이기도 한다. 김정일은 집권 후 성대하게 파티를 열어 밥과 술로 측근들의 충성심을 사들였다. 식사를 함께하며 흉금을 털어놓게 한다는 감각은 소년 시절부터 몸에 배어 있었는지 모른다.

도피 중 속도위반 결혼

북한의 '정사正史'에 따르면 김정일은 항일전쟁이 한창일 때 '민족의 성산'으로 일컬어지는 백두산 산록에서 탄생한 것으로 돼 있다. 그러나 실제로는 일본군의 공세에 밀려 달아난 구소련 극동 지역에서 태어났다.

"1940년 가을은 평소의 가을이 아니었다. 우리가 경험한 우여곡절을 다 말하자면 몇 권의 장편소설을 써도 모자랄 것이다."

김일성은 회고록『세기와 더불어』에 이렇게 남기고 있다.

1940년 10월 김일성이 이끄는 항일 빨치산 부대는 일본 관동군關東軍에 쫓기고 있었다. 관동군은 약 7천 500명 병력으로 항공기까지 투입해 항일 무장 세력의 토벌 작전을 벌이고 있었다. 간신히 살아남은 항일 부대는 속속 소련으로 도망쳤다. 김일성의 부대도 추격을 뿌리치기 위해 산속으로 달아나 소련으로 향했다. 부대원은 16명밖에 남지 않았는데 그중에는 김정숙도 있었다. 살아남은 사람들이 소련과의 국경에 가까운 현재의 중국 훈춘琿春 근처 산속에 겨우 도착한 것은 10월 말. 생사를 걸고 도망치는 와중에 이례적인 '결혼식'이 이곳에서 거행됐다.

"결혼식 이야기가 나온 것은 저녁 식사 때였다. (전달병인) 강위룡姜渭龍이 김일성과 김정숙이 지금부터 결혼을 한다고 해 나도 참석했다."

일본 언론인인 에야 오사무惠谷治에게 밝힌 전 빨치산 대원 서순옥徐

順玉의 증언이다.

"특별히 식이랄 것도, 인사말도 없었다. 다만 '결혼을 하니까' 모두에게 알리는 것뿐이었다."

관동군에게 쫓기는 경황 속에서도 결혼 선언을 한 것은 김정숙이 김일성의 아이를 임신했기 때문으로 보인다. 흔히 말하는 속도위반 결혼이었던 것이다. 한국의 전통적 가치관에 따르면 혼전 임신은 바르지 못한 행실이었다. 마지못해 박수를 쳤지만 반감을 표시하는 대원도 있었다는 증언이 있어, 부대 내에서도 모두에게 축복을 받은 결혼은 아니었던 듯하다.

부대가 일본군 세력 범위 내인 만주와 소련의 국경을 넘은 것은 11월 3일이다. 김일성은 이렇게 썼다.

"아무런 표시도 없는 황야였다. 어디까지가 만주고 어디부터가 소련인지 알 수 없었다. 그날 밤 소련 경비대는 밤새도록 (우리를 향해) 위협사격을 가했다."

다음 날 부대는 소련 국경경비대에 의해 무장해제가 된 후 보로시로프(현재의 우수리스크)로 끌려갔다. 당시 소련 극동군 내부에서는 만주 항일부대의 취급과 관련해 새로운 전략을 모색 중이었다. 그때의 경위에 대해 김일성은 "나는 소련 극동군사령부가 소집하는 하바롭스크 회의에 참석하라고 해서 소련에 들어갔지만 국경경비대에 극동군으로부터의 연락이 도착하지 않았던 듯하다."라고 주장한다.

일행이 풀려난 것은 다음 해 1월 초로 보인다. 김일성은 출산을 앞둔 아내를 데리고 하바롭스크로 향했다. 나머지 대원들은 소련 측에 의해 보로시로프 근교 라즈돌리노에 방면으로 끌려갔다고 한다.

하바롭스크 회의는 1940년 12월부터 다음 해 3월 중순까지 계속됐

부모와 함께 찍은 어린 김정일(왼쪽)
(북한이 간행한 『위대한 수령 김일성 동지 전기』에서)

다. 김정일은 회의 기간 중인 1941년 2월 16일에 하바롭스크 시내 병원에서 태어난 것으로 보인다. 회의 결과 소련 극동군은 하바롭스크로부터 약 70킬로미터 떨어진 비야츠코에 촌 근처에 '북부 야영소'를, 라즈도리노에 부근에 '남부 야영소'를 만들어 중국에서 도망쳐 온 항일부대를 수용하고 훈련시키기로 했다. 김일성은 남부 야영소에서 전우인 최현을 만났던 당시를 이렇게 회상한다.

"그는 모피 코트를 몸에 두르고 모자를 쓴 나를 한참 쳐다보더니 '어느 나라 신사인가 했더니 김 장군이었습니까?'라며 껄껄 웃었다. 그것을 잊을 수 없다."

2개월여 하바롭스크에 있는 동안 게릴라전 부대장 모습에서 소련 신사 모습으로 탈바꿈한 듯하다.

1942년 8월 남부 야영소는 북부 야영소와 통합돼 '소련 적군 제88 특별저격여단'으로 재편됐다. 김일성은 여단을 구성하는 4개의 교도대 중 제1교도대 대장으로 임명됐다. 북부 야영소는 울창한 숲 속에 있었다. 땅에 굴을 파고 통나무로 지붕을 얹은 일반 막사가 있었고 회의실과 장교용 숙사로 쓰이는 통나무집이 있었다. 김일성 일가는 통나무집에서 살았다.

어린애가 있는 부대원은 김정숙만이 아니었다. 여자 대원 중에서 가장 어렸던 리민(李敏, 중국 하얼빈에 사는 전 헤이룽장성 정치협상회의 부주석)은 "야영지에는 결혼한 여자 대원이 몇 명 있었다. 모두 어린애가 있어서 어려웠다. 김정숙도 그랬다."라고 말한다. 중국인 여단장 저우바오중周保中과 부여단장 리자오린李兆麟도 어린애가 있었다. 어린애들은 모두 러시아어 애칭으로 불렸다. 저우바오중의 딸은 카리나, 리자오린의 딸은 초아, 김정일은 유라였다. 어머니 김정숙도 가리야라는 애칭을 갖고 있었다고 한다.

리민은 이렇게 회상했다.

"그때 정일이는 아주 귀여웠다. 통통한 둥근 얼굴이어서 인형 같았다. 우리가 훈련을 가려고 하면 짧은 다리로 우리 뒤를 따라왔다. 그 모습이 아주 재미있었다."

거기에는 장래 '독재자'의 모습은 조금도 없었다. 김정일은 숨바꼭질 놀이를 잘했다고 한다. 어디선가 줄을 찾아와서는 군복의 벨트처럼 허리에 두르고 커서 헐렁한 아버지의 모자를 쓰고 조그만 팔을 흔들며 군인처럼 걸었다고 한다.

"우리가 가려 하면 '나도 가, 나도 가'라고 졸라댔다."

한국말을 거의 잊어버린 리민은 '나도 가'라는 말만은 분명히 기억하고 있었다.

김일성은 당시를 이렇게 회상했다.

"정일이가 태어나자 김정숙은 나와 자신의 군복을 작게 만들어 정일이에게 입혔다. 훈련기지에 있을 때도 그랬다. 포대기도 이불이나 요도 없었다. 여성 대원들이 천을 잘라서 이부자리를 만들어 주었다. 정일이는 조국이 해방되기까지 그것을 사용했다."

소련군 감독 하에서 훈련을 했다는 것이 북한의 '정사正史'에 어울리지 않아서일까, 김일성 회고록에는 훈련기지가 어디였는지는 일절 언급되지 않고 있다. 훈련은 오전 6시에 시작돼 오후 10시까지 계속됐다. 소부대로 나뉘어 사격과 행군, 낙하산 강하 훈련 등을 했으며, 매일 적어도 1시간 반 정도는 도강 연습을 했다. 여자 대원들도 예외가 없어 어린 애를 시설 안에 만들어진 탁아소에 맡겼다.

북한의 최고 지도자 김정일이 태어난 장소와 연월일은 '국가 최고기밀'로 취급되고 있으며, 공식적으로는 1942년 2월 아버지 김일성이 항일전을 벌였던 백두산 산록에서 탄생한 것으로 돼 있다. 그러나 최근 이는 사실이 아니며 그 전해 소련 극동에서 태어났음을 뒷받침하는 증언이 나왔다. 태어난 지 얼마 안 된 김정일에게 자기 모유를 주었다는 여성 리짜이더(李在德, 96)의 증언이다.

한반도 출신으로 현재 베이징에 살고 있는 리짜이더는 중국인 항일부대원이었던 위바오허于保合와 결혼했다. 1939년 12월 중국동북항일부대 지휘관 자오샹즈趙尙志에게 이끌려 소련 동부 하바롭스크로 건너갔다. 1940년 8월 남자 아이를 출산했지만 반 강제적으로 소련 측에 맡겨야 했다.

리짜이더 부부는 1941년 1~8월 하바롭스크 근교 비야츠코에 촌에 있는 항일부대 훈련 캠프에서 지낸 후 중국으로 돌아왔다. 그사이 리짜이더는 김정일을 낳은 김정숙과 함께 생활하면서 김정일에게 모유를 주었다고 한다. 리짜이더는 "김정숙과 나는 정말 자매처럼 사이가 좋았다. 어린애들은 낮에는 야영지의 탁아소에서 집단생활을 했다. 어린애들은 모두 함께 서로 길렀다. 김정숙은 몸이 작은 데다 말랐다. 모유가 잘 나오지 않아 내가 대신 모유를 주는 일이 많았다."라고 증언했다.

여자 대원들은 훈련 도중 탁아소에 달려가 서둘러 젖을 먹이고 다시 달려서 돌아와 훈련을 계속했다고 한다.

리짜이더가 다시 캠프에 돌아 온 것은 1942년 겨울이다. 다음 해 8월 리짜이더는 장녀를 출산했다.

북한은 1980년대 초 김정일이 1942년 2월 16일 백두산 밀영에서 탄생했다고 공식 발표했다. 중국과 한반도 사이에 걸쳐 있는 백두산은 한민족의 성산聖山으로 받들어지고 있으며, 북한이 김일성의 항일무장투쟁 거점이라고 주장하는 곳이기도 하다. 김정일이 탄생한 곳이라고 하는 통나무집도 재현돼 '성지聖地'로서 대대적으로 선전하고 있다.

그러나 가족이나 주위 사람들의 증언도 리짜이더의 증언을 뒷받침해 주고 있다. 김정일이 1942년 2월에 태어난 것이라면 시간적으로 잘 맞지 않다. 1941년 소련 극동에서 태어났다는 것이 사실인 듯하다. 건국의 아버지 김일성 주석이 일본의 공세에 밀려 소련으로 달아난 것이 아니라 최후까지 싸웠으며 그사이 후계자가 태어났다. 북한으로서는 이렇게 묘사하고 싶은 '신화'에 맞춰 최고 지도자의 탄생 연월일까지 조작하는 것이 현실이다.

김일성의 할머니 이보익

김정일이 어머니를 따라 귀국 길에 오른 것은 네 살 때다. 그는 아버지의 전령병으로 후에 호위총국장을 지낸 전문섭全文燮과 후에 인민군 총정치국장을 지낸 조명록趙明祿에게 번갈아 업히고, 막 한 살이 된 동생 김만일은 어머니 김정숙이 안았다. 일행은 구소련 극동 하바롭스크에서

지하투쟁 시대
다부산즈를 입고 있는
김일성(오른쪽),
고재룡과 함께
(『세기와 더불어』에서)

기차에 흔들리며 약 600킬로미터를 남하해 블라디보스토크에 도착했다. 소련군이 제공한 귀국선으로 소련 땅을 떠난 것은 1945년 11월 26일이었다. 일행은 우선 함경북도 웅기항에 내렸다. 살을 에는 듯한 차가운 바람이 부는 항구에는 새로운 지도자의 가족을 환영하는 사람도 없었고 아버지 김일성의 모습도 보이지 않았다.

한발 빨리 귀국한 김일성은 소련군의 지원을 얻는 데 기를 쓰고 있었다. 10월 14일 평양에서 개최된 조선해방축하집회에서의 연설로 데뷔한 김일성은 평양 서쪽 만경대를 방문했다. 비서 겸 통역과 사진기자, 소련 군정 당국이 파견한 러시아인 기자 외에 〈평양민보〉 편집장으로서 김일성을 전담 취재한 한재덕韓載德이 동행했다.

김일성의 어머니 강반석

평양 집회에서도 너무 젊은 새 지도자를 두고 김일성은 가짜가 아니냐는 의심의 소리가 나왔기 때문에 그 의혹을 불식하기 위해 소련 군정 당국이 금의환향을 '연출'한 것이다. 1959년에 한국에 망명한 한재덕은 저서 『김일성을 고발한다』에서 만경대로 향하는 자동차 안의 모습을 이렇게 회고하고 있다.

"나는 뒷자리에 앉아 김일성으로부터 고향과 가족, 소년 시절의 일, 유격대(항일 빨치산) 시절의 이야기를 들었다. 그는 흥분돼 있었다."

만경대는 20가구 정도가 사는 조그만 마을이었다. 김일성 일행이 나타나자 입구에서 기다리고 있던 마을 사람들이 달려 나왔다. 맨 앞에는 조그만 몸집의 할머니 이보익李寶益의 모습이 보였다. 이보익은 손자의

할머니 이보익과 재회한 김일성.
1945년 10월, 고향인 평양 만수대에서
찍은 것으로 보인다.
(『위대한 수령 김일성 동지 전기』에서)

가슴에 얼굴을 파묻고 "성주(김일성의 옛날 이름)야, 끝내 돌아왔구나!"라며 울었다. 김일성의 부모 김형직金亨稷과 강반석康盤石은 이미 사망한 뒤였다. 이보익은 고향에 금의환향한 손자를 보고 감개무량했을 것이다.

한재덕은 김일성과 할머니의 대화 내용을 다음과 같이 기록하고 있다.

할머니: 아내는 있어?

김일성: 있고말고. 애도 둘이나 있어요.

할머니: 지금 어디 있어?

김일성: 소련에 있어요.

할머니: 그럼 소련 여자야?

김일성: 아니요. 함경도 여자예요.

김정숙, 김정일 모자는 이보익 등 김일성 고향 친척들의 얼굴조차

보지 못한 상태였다.

며칠 후 밤, 평양 시내의 일본식 요정 가선歌扇에서 '김일성 일가 위로회'가 열렸다. 해방 직후에는 평양에도 일본식 요정이 남아 있었다. 각계의 유명 인사 70~80명이 잔칫상이 차려진 다다미방에 자리를 잡았다.

"기생이 상당히 남아 있어서 1, 2류 기생은 거의 전원 불려 왔다."(한재덕)

김일성은 입가에 웃음이 떠나지 않았고 모두 이에 화답해 주흥을 돋우기 위해 열심이었다고 한다.

"할머니(이보익)가 기생의 장구에 맞춰 그다지 자리에 어울리지 않는 춤을 췄지만 김일성은 즐거운 표정으로 박수를 쳤다."(한재덕)

군인 아저씨 세대와의 끈

김일성 일가 위로회라는 이름이 붙었으면서도 김정일 모자는 아직 평양에 들어와 있지 않았다. 잠시 청진清津의 소련군 위수사령부에서 생활하면서 아버지로부터의 소식을 손꼽아 기다리고 있었다.

그사이 김일성은 소련군의 지원을 얻어 12월 17일 조선공산당 북조선 분국 제3차 확대집행위원회에서 책임서기로 선출됐다. 김정일 모자가 평양에 오는 것을 허락받은 것은 그 직후였다. 김정일과 동생 김만일은 어머니와 함께 일본군이 군마를 나르는 데 사용했던 열차의 화물칸에 앉아 평양으로 향했다.

평양에서 생활을 시작했지만 아버지와 함께하는 시간은 매우 적었다. 어린 김정일은 소련 시절과 마찬가지로 빨치산 부대원들과 많은 시간을 보냈다. 소련 시절의 습관도 이어졌다. "그때 김정일은 러시아말밖에 할 줄 몰랐다. 나와 러시아말을 하며 놀았다."라고 유년 시절을 함께 한 세르게이 리(카자흐스탄 거주)는 회상했다.

한재덕도 이렇게 쓰고 있다.

"나는 두 번 정도 김일성의 초대를 받아 그의 집을 방문한 적이 있다. 부인은 30세 전후의 조그만 몸집으로 소박한 주부로 보였다. 몸집에 맞지 않는 소련식 옷을 입고 있어서 더 작아 보였다."

김정일은 소련 시절부터 함께 지낸 '군인 아저씨들'에게 친근감을 느껴 그들을 그리워했다. 김일성의 경호 겸 비서인 부관 노릇을 하다 후에 군 원수 자리까지 오른 이을설李乙雪도 그중 한 사람이다. 이을설은 아침 일찍 일어나 김일성 집의 경비 상황을 점검한 후 김정일 일가와 아침 식사를 함께했다.

"내가 현지 지도를 나갈 때 이을설은 정일이를 데리고 다녔다. 그는 정일이의 좋은 이해자로 언제나 잘 돌봐 주었다."

김일성은 회고록에 이렇게 썼다.

"정일 동지가 왜 아직도 이을설을 신뢰하며 그에게 감사하고 있는가? 그것은 어머니가 죽은 후에도 수석부관으로서 따뜻하게 자신을 돌봐 주었기 때문이다."

"세상을 떠난 어머니를 그리워하면서 어린 시절을 보낸 정일이에게 부모나 친척 대신 마음을 다해 보살펴 준 것은 이을설 같은 나의 전우들이다."

귀국 후 김정일에게는 강길복姜吉福이라는 전속 보모가 있었지만 어린 김정일이 상대한 것은 이을설 외에 김일성의 전령 겸 호위병 전문섭과 조명록, 후에 인민무력부 부장을 지낸 백학림白鶴林 등이었다. 그들도 마음속 깊이 김정일을 귀여워했다.

김일성은 "(김정일은) 어렸을 때부터 군인을 좋아해 군인의 세계를 동경했다. 전우들도 정일이를 만나면 군모를 씌워 주곤 했다."라고도 썼다. 소련 극동을 가리켜 '원동遠東'이라는 단어를 쓰며 그 땅에 있을 때 "휴일이 되면 부대원들이 우리 집을 찾아와서 정일이를 안거나 걸음마를 시키거나 하며 놀았다."라고도 회상했다.

"정일이는 빨치산의 아들로 태어나 부대의 밥을 먹으며 컸다."

그때 김일성과 함께 항일 빨치산에 투신한 군인 아저씨들 세대와 김정일 사이를 이어 준 가족과 같은 끈은 수십 년 뒤 김정일이 후계자로 지명될 때, 더 나아가 지도자로서 국가를 통치할 때 그를 받쳐 준 커다란 힘이 된다.

평생 버리지 못한 이복동생에 대한 질투

1950년 6월 25일 한국에 대한 선제공격으로 김일성이 한국전쟁을 일으켰다. 개전 초기 북한 인민군은 파죽지세로 진격했지만 미군의 개입으로 전황은 일변해 김일성은 역으로 궁지에 몰리게 됐다.

전쟁이 시작되자 김정일과 여동생 김경희는 숙부인 김영주와 함께 피난을 갔다. 중국과의 국경 근처에서 잠시 머물다가 10월에는 중국 지린吉林시로 갔다. 피난지에서 김정일 남매를 돌봐 준 것은 김일성의 외사촌으로 초등학교 담임선생이기도 했던 강연실과 부총리 홍명희洪命熹의 딸로 김일성 일가의 뒷바라지를 담당한 홍가염洪佳艶, 보모 강길복이었다. 그 외 경호 담당자들도 동행했다.

『길림시지吉林市誌』에 따르면 김정일 남매가 피난했던 곳은 지린시吉林市 촨잉구船營區 시다가西大街 10호 대원大院 안에 있는 조선족 주민이 많이 사는 지역이었다. 김정일은 이곳에 있는 조선족 학교에 다녔다. 어머니를 잃은 지 얼마 되지 않은 형제는 낯선 이국땅에서 3년 가까이 지냈다.

한국전쟁 휴전 직후인 1953년 8월 김정일과 김경희는 평양으로 돌아왔다. 그러나 그때 이미 아버지 김일성은 새 아내 김성애와 결혼생활을 시작한 상태였다. 김일성과 김성애가 결혼한 것은 1951년 12월. 김성애가 김일성의 아이를 임신했기 때문에 식을 서둘렀다고 한다. 최용건과 후에 부주석이 되는 김일金一, 최현 등 친한 전우들과 노동당, 군의 극히 제한된 간부들만 참석해 결혼식은 은밀히 거행되었다.

김정일 남매가 평양으로 돌아온 것은 김일성과 김성애 사이에 딸 김경진이 태어나 새로운 가정생활이 시작된 바로 그 시기였다. 갈 곳을 잃은 남매는 숙부인 김영주의 집에서 지내며 학교를 다녔다. 때로는 후에 국방부 위원장이 되는 오극렬이나 전 인민무력부장 오진우의 집에서 지내는 경우도 있었다.

1958년 8월 김성애가 첫아들을 낳았다. 후에 김정일이 혈통의 '곁가지'라며 잘라 버려 외국을 전전하게 되는 현재의 주체코 대사 김평일이다. 항일 게릴라전을 시작으로 지도자 취임, 한국전쟁 등 정신없이 바쁜 나날을 보내 온 김일성에게 있어서 처음으로 맛보는 평온한 가정적 분위기였음이 틀림없다. 김평일이 태어났을 때 김일성은 우리 집에 장군이 태어났다며 기뻐했다고 한다. 그 반대로 김정일과 김경희의 일은 항일 빨치산 시절의 전우 등에게 맡겨 버렸다. 13세 김정일이 아버지로부터 소외감을 느끼고 계모와 이복동생에게 증오심을 가진 것이 어쩌면 당연한 상황이었다.

김성애는 1924년 평안남도 강서江西군에서 농사꾼의 장녀로 태어났다. 본명은 성팔聖八. 해방 후 평양사범학교를 중퇴하고 군에 입대했다. 소련 시절 김일성의 통역관으로 인민무력부의 전신인 민족보위성 안전부장을 지낸 유성철兪成哲은 김성애를 처음 본 인상을 이렇게 말한다.

"김성애는 안전부 부부장 김성국金成國의 타이피스트로 일하고 있었다. 뛰어나게 미인이라고는 할 수 없었지만 귀엽고 애교가 있었다."

김일성이 김성국의 사무실을 불시에 방문하여 김성애와 만나는 장면을 유성철은 이렇게 증언한다.

"김일성이 김성국과 이야기를 하던 중 옆에서 타자기를 두드리고 있던 김성애를 보고 잠시 눈길을 멈추었다. 김일성이 돌아간 후 부관(비서)으로부터 김성국에게 전화가 와 '수상 동지가 타이피스트를 찾고 있습니다만…'라고 말했다."

김성국은 옛날 만주에 있을 때부터 김일성과 행동을 함께해 온 직속 부하다. 눈치 빠르게 김일성의 의도를 알아챈 김성국은 당장 김성애를 비서로 보냈다고 한다.

김일성의 전 비서실장 홍순관은 이렇게 말한다.

"김성애는 늘씬하게 키가 크고, 머리도 좋고, 얌전한 여자였다. 고집 세고 성격이 격한 김정숙과는 대조적이었다."

김정일과 김경희를 낳은 김정숙은 학교에 다닌 적이 없고, 읽고 쓰기도 못했다고 한다. 몸집이 작고 피부는 검었으며 미인이라고는 할 수 없어 주변에선 김일성과는 안 맞는다고 수군거리기도 했다. 김일성과 만난 것은 1935년 3월 김정숙이 18세 때였다.

김정일의 생모 김정숙
(김일성 회고록 『세기와 더불어』에서)

"그분과 만난 날, 밤잠을 잘 수 없었다."라고 김정숙은 친구에게 고백했다. 김정숙은 한눈에 김일성에 반한 것이다.

김정숙은 항일 게릴라전 와중에도 김일성을 헌신적으로 받들었다. 한겨울 막 빤 김일성의 옷을 그녀가 입고 체온으로 말려 주었다는 일화가 김일성 회고록에 나온다. 1940년 11월 소련으로 도피 중 김일성이 고열로 혼수상태에 빠진 적이 있었다. 일본군의 포위망이 좁혀지고 있고 물조차 길어 올 수 없는 궁지에 빠지자 김정숙은 자신의 손가락을 베어 그 피를 김일성에게 먹여 목숨을 건졌다고 전 부대원 서순옥이 증언하기도 했다.

그러나 김일성 쪽에서 그 애정을 순수하게 받아들인 것은 아닌 듯하다. 김일성은 술에 취해 홍순관에게 김정숙과 결혼한 것은 부대에 여자가 없었기 때문이라고 토로한 적조차 있었다는 것이다.

결혼 후 두 사람 사이의 골은 깊었다. '김일성은 예쁘지 않은 김정숙에게 평생 차가웠다'고 북한에서 망명한 주요 인물들을 인터뷰해 온 전 미 CIA 요원 마이클 리는 말한다.

"김정일은 주변 사람들로부터 아버지보다 어머니를 닮았다는 말을 들었다. 그와는 달리 김평일은 풍모도 김일성과 닮았다. 김정일은 평생 김평일 등 이복동생들을 질투하고 미워했다."

홍순관에 따르면 김일성과 김성애는 김정숙이 1949년 9월 사망하기 1년 전부터 불륜관계였다고 한다. 홍순관이 선명하게 기억하고 있는 것은 1948년 5월 9일 소련 전승기념일의 일이다. 김일성이 측근을 데리고 야외에서 술을 엄청나게 마셨다. 홍순관은 한숨 잘까 하고 길가에 세워 놓은 지프로 향했다. 거기서 유리창 너머로 차 안에서 부둥켜안고 있는 남녀를 목격했다.

"놀랐지만 호기심이 일어 가만히 들여다보니 김일성과 김성팔(김성애의 본명)이었다."

김정숙의 사망 원인은 난산으로 돼 있지만 분에 못 이겨 의사의 치료를 거부한 끝에 숨졌다는 이야기도 있다. 불륜을 저지르는 남편에 대한 항의의 표시로 죽음을 감수했을 가능성까지 있는 것이다.

그렇게 '엄마'의 자리를 빼앗은 김성애를 김정일 남매는 받아들이려 하지 않았다. 김경희는 계모가 식탁에 차린 음식에 손을 대지 않고 자신이 가져온 요리를 먹는 일도 있었다. 김경희는 계모가 낳은 여섯 살 차이의 김경진, 여덟 살 차이의 김평일과도 사이가 나빴다. 『곁에서 본 김정일』의 저자 신경완에 따르면 김정일 남매는 계모에게 불만이 있으면 김영주나(돌봐 주고 있던) 김옥순의 집으로 가 푸념을 늘어놓았다고 한다.

김성애는 어려서 엄마를 잃고 아버지의 사랑도 받지 못하는 김정일 남매를 부드럽게 잘 대해 주었지만 김정일과 김경희는 그대로 받아들이지 않았던 듯하다. 김정일은 오랫동안 김성애를 '어머니'라고 부르려 하지 않았다.

네가 태어난 곳은 여기다

소련 극동 지역에서 태어난 것이 확실한 김정일의 탄생지를 놓고 북한이 편찬한 전기 『인민의 지도자 김정일 서기』에는 어머니 김정숙과의 이런 대화가 묘사돼 있다.

> 아버지 고향인 평양 교외의 만경대에 갈 준비를 하고 있던 어머니에게 김정일 소년이 이렇게 묻는다.
> "어머니, 내 고향은 어디예요?"
> 느닷없는 질문에 잠시 생각에 잠겨 있던 김정숙은 "네 고향이 백두산이 아니면 어디겠냐?"라고 정색을 하며 대답했다.
> "네 고향은 조선에서 가장 높은 백두산이지. 백두산에는 큰 호수 천지天池가 있고 아버님이 일본군을 때려 부순 곳이지. 너도 커서 한번 가보렴."

전후의 문맥으로 보면 김정일이 초등학교 저학년 때의 대화로 보인다. 백두산은 한민족의 시조인 단군檀君이 태어난 땅으로 돼 있으며, 따라서 신성시돼 왔다. 전기는 이렇게 계속된다.

"어린 정일은 이때부터 백두산을 그리워하며 공책마다 백두산이라는 세 글자를 써놓고 백두산에 솟아 있는 장군봉將軍峰과 천지를 그려 넣었다."

정일 소년이 그려 넣었다고 하는 장군봉의 높이는 216미터로, 그 기슭에서 42미터 떨어진 곳에 통나무집이 한 채 있다. 북한은 김정일이 1942년 2월 16일 이 통나무집에서 태어났다고 주장한다. 나중에 최고 지도자가 되는 그로서는 유소년 시절의 추억조차도 쉽게 조작될 수 있는 것이다.

1997년 한국으로 망명한 전 북한 노동당서기 황장엽에 따르면 김정일의 탄생지를 '찾아낸' 것은 김일성이었다. 김일성은 항일 빨치산 출신자를 불러 모아 아들이 태어난 백두산 밀영(캠프)을 찾아내라고 지시했다. 그들은 원래부터 있을 리가 없는 밀영지를 찾아낼 수가 없었다.

"김일성은 '내가 찾겠다.'며 직접 백두산으로 가, 경치도 적당하고 위치도 그럴듯한 장소에 이르자 '여기다.'라고 지적했다."(하기와라 료 옮김, 『황장엽 회고록-김정일에의 선전포고』에서)

그 자리에 통나무집을 '복원'한 것은 1987년. 그 다음 해에는 장군봉의 명칭을 '정일봉'으로 바꾸고 216톤의 거대한 화강암에 '正日峰'이라고 새겨 산마루에 박아 넣었다.

그러나 1980년대 초반까지 북한의 공식 문헌에는 김정일은 초연이 자욱한 항일 전쟁터에서 태어났다고 기록돼 있었을 뿐 어디서 태어났는지는 언급하지 않고 있다. 백두산에서 태어났다는 '신화'를 말하기 시작한 것은 1983년 이후다. 김정일에 의한 실권 장악 과정에서 준비된 스토리였다.

김정일의 탄생지에 대해서는 노골적으로 조작이 이루어졌지만 조상들에 관해서는 나름대로 객관적이라 할 수 있는 자료도 남아 있다.

김정일의 조상들은 전라북도 전주全州에서 살았다. 그들의 역사는 약 800년 전까지 거슬러 올라갈 수 있다. 시조로 돼 있는 김태서金台瑞는 고려 고종高宗 19년(1232년)에 과거에 합격해 추밀원 부사(군대 행정을 총괄하는 관리)와 상장군을 역임한 후 전주에 자리를 잡았다. 즉 선조의 내력은 남한으로 북한이 줄곧 강조하는 '백두혈통'과는 아무런 관계가 없다.

김일성의 아버지 김형직
(김일성 회고록 『세기와 더불어』에서)

평양 근교의 만경대로 이주한 것은 1860년으로 김일성의 증조부 김응우金膺禹의 대다. 1866년에 대동강을 거슬러 올라와 평양 부근에 침입한 미국 상선 제너럴셔먼호를 격침시킨 것이 김응우였다고 전해지지만 증거는 남아 있지 않다.

김일성의 회고록에 따르면 김응우는 부잣집 묘지기였다고 한다.

"만경대는 산하가 아름다웠다. 멀지 않은 곳에 남산南山이 있었고 대동강 쪽을 내려다보면 마치 한 폭의 그림 같았다."

이들 일족은 자손이 귀한 집이었던 듯, 김일성의 조부 김보현金輔鉉대까지 3대가 계속 외아들만 낳았다. 김보현은 3남 3녀를 얻었다. 1894년 장남 김형직金亨稷이 태어났다. 후에 북한에서 '열렬한 독립운동가이며 교육자'로 이야기돼 오는 인물이다.

김형직은 1908년, 14세 때 가까운 평안남도 강동군 고평면古平面 칠곡七谷에 사는 경건한 기독교 신자의 딸인 두 살 연상의 강반석과 결혼했다. 4년 후인 1912년 4월 15일 장남 김일성이 태어났다. 김형직 일가는 1919년 겨울, 김일성이 일곱 살 때 만주로 이주했다.

김형직은 한의사로서 생계를 꾸려 가면서 독립운동에도 관여했다. 1924년에는 아편 약 1킬로그램을 가지고 조선으로 들어가려다 세관에 체포됐다. 독립운동 자금 조달을 위해서였던 것으로 보이지만 이 전력 때문에 김일성의 아버지는 마약 밀매인이었다는 기록도 있다. 김형직은 호송 도중 도망치지만 일본군과 경찰에 쫓기는 몸이 됐고, 도주 중 동상을 입어 앓다가 1926년 6월 31세의 젊은 나이에 죽었다.

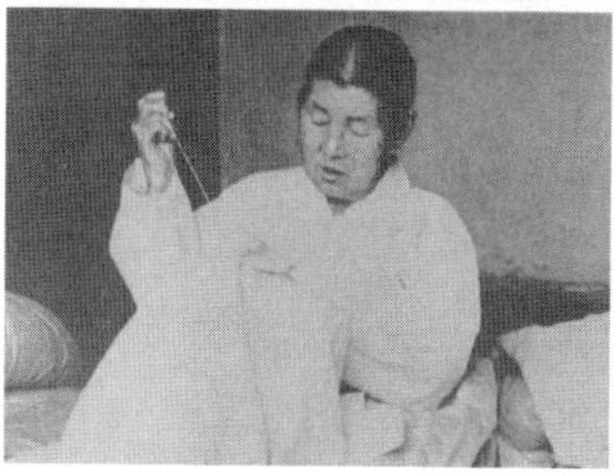

김일성의 할아버지 김보현(위)과 할머니 이보익(『세기와 더불어』에서)

북한의 거의 모든 교육 자료에 등장하는 유명한 일화가 있다.

김형직이 죽은 후 어머니 강반석은 김일성에게 붉은 천으로 싸인 권총 두 자루를 건네면서 이런 말을 한다.

"이 권총은 아버지의 유물이다. 아버지는 생전에 이렇게 말했다. '칼을 갖고 있는 놈과는 칼로 싸우지 않으면 이길 수 없다.'라고."

권총을 건네받은 김일성은 아버지의 가르침을 가슴에 새기며 무장투쟁을 통해 민족의 독립을 회복하겠다고 맹세했다고 한다. 그래서 조선의 독립은 이 두 자루의 권총에서 시작됐다고 북한은 그 의의를 강조하고 있다.

김정일도 숨지기 직전의 어머니 김정숙으로부터 아버지를 지켜 달라는 유언과 함께 조그만 권총을 받았다고 북한이 간행한 전기에 묘사돼 있다. 이를 토대로 할아버지와 아버지는 총을 가지고 조국의 독립을 쟁취했고, 조국을 총으로 지켜낸 것은 김정일이라는 이야기가 짜깁기됐고, 약 10만 명이 동원되는 '아리랑 축제'에서도 이것을 스토리로 한 매스게임이 계속 연출되고 있다. 김일성이 어머니로부터 두 자루의 권총을 받았다는 일화가 사실이라면 김일성이 중국 지린시의 육문毓文중학교에 들어가기 전의 일이 된다.

1927년 2월 소년 김일성은 육문중학교에 들어가는 것을 목표로 했다. 이 학교는 당시 중국에서 비밀리에 퍼지고 있던 마르크스주의 사상의 영향을 강하게 받고 있었다. 김일성에게 중국어를 가르쳐 준 셰판(謝潘, 본명 尙鉞)이라는 교사도 중국공산당 당원이었다. 셰판은 후에 '조선혁명박물관'에 보낸 글에서 중학생 시절의 김일성에 대해 이렇게 쓰고 있다.

"둥근 얼굴에 커다란 눈을 가졌고 말수가 적었다. 그는 반 친구들과 우리 집에 잘 놀러 왔다. 가슴 깊이 조국을 잃은 상처를 간직하고 있었다고 나는 느꼈다.'"

육문중학교 시절 김일성은 일대 전환점을 맞는다.

희생자가 단 한 명이었던 보천보전투

김정일은 2010년 8월 아버지 김일성이 다닌 중국 지린시 육문중학교를 방문한다. 2년 전 뇌졸중으로 쓰러진 바 있어 몸 상태가 좋지 못한 상태임에도 무리를 한 외유였다. 삼남 김정은에게 권력을 이양하는 어려운 문제를 안고 있던 때이기도 했다. 3대 세습을 향한 마무리 작업을 하는 시기였기에 일부러 찾은 '혁명의 발상지'라고도 말할 수 있다.

1927년 2월 김일성은 아버지 김형직이 아는 사람을 통해 육문중학교를 찾아가 2학년에 편입했다. 만주에서 한의사로 일했고 독립운동에도 관여한 김형직은 그 지방 조선인 사회에서 나름대로 이름이 알려진 존재였던 듯하다.

김일성은 회고록『세기와 더불어』에서 이렇게 회고한다.

"길림에 있는 명사들은 거의 모두 아버지와 아는 사이였다. 아버지 친구들의 집을 자주 드나들며 거기서 독립운동 지도자들과 만났다."

육문중학교 시절 김일성은 중국의 문호 루쉰魯迅과 작가 고리키(소련의 대문호, 본명은 알렉세이 막시모비치 페시코프)의 작품을 읽고 마르크스의『자본론』에도 접했다고 기술돼 있다. 공산주의 활동가로서 한 걸음을 내디뎠고, 작은 독립운동 조직 회합에도 얼굴을 내밀었다. 그러나 그것이 원인이 돼 1929년 5월 체포되는데, 반년 정도 감옥살이를 했다.

석방 후에는 만주의 항일부대를 찾아다녔으며, 1932년 4월, 15명 정도로 중국인 항일부대 중국구국군中國救國軍 휘하의 별동대를 결성하게 된다. 그때 나이는 20세이다. 그 후부터 1940년까지 중국인들이 주체가 된 동북항일연군東北抗日聯軍의 조선인 부대장 등 신분으로 항일 게릴라 활동을 계속했다.

그런 가운데 김일성을 일약 유명하게 만든 전투가 벌어졌다. '최대의 전과'를 올린 항일전으로 북한 역사의 한 페이지를 기록하는 보천보普天堡전투다.

보천보는 압록강으로 흘러드는 가림천佳林川에 면한 한국 내의 조그만 마을이다. 1937년 6월 4일 오전 0시 김일성은 항일연군 제1로군路軍

6사단 소속 인원 약 90명을 이끌고 압록강을 건넜다. 오후 9시 다른 항일부대원들과 합류해 보천보를 급습했다. 맨 먼저 경찰주재소를 습격했으나 경찰관이 한 명도 없는 텅 빈 곳이었다. 무기고에서 총 같은 것을 탈취했다. 이 '전투'에서 희생자는 어머니 등에 업힌 채 김일성 부대의 눈먼 총탄에 맞아 숨진 어린애 한 명뿐이었다.

그러나 당시 경성(京城, 지금의 서울)에서 발행되던 〈동아일보〉는 "3시간의 교전에서 쌍방 사상자 67명, 총기 등 다수 무기 탈취"라고 대대적으로 보도했다. 한국인들에게도 충격을 주었다. 전멸했다고 생각했던 항일부대가 한국 내에 모습을 나타냈기 때문이다.

〈동아일보〉의 보도는 부대가 철수하던 도중 추격해 온 일본 군경과의 교전과 보천보에서의 '전투'를 혼동한 듯하다. 그러나 보도에서 김일성이 각광을 받은 것은 확실하다. 신문에는 '국경의 비적匪賊 수괴 김일성 회견기'라는 제목이 붙은 기사도 게재돼 있다. 그러나 김일성 본인을 인터뷰한 것은 아니고 한때 부대를 따라다니던 농민 두 사람으로부터 취재한 기사였다. 두 사람은 부대장의 인상을 다음과 같이 말했다.

"훤칠한 체격과 거친 말투로 보아 평안도 출신으로 보였다. 상상한 것보다 젊은 30대의 청년으로 중국어도 잘했다."

또 이런 말도 했다.

"대장임을 표시하는 견장은 달고 있지 않았다. 복장이나 식사 모두 병졸들과 같이했으며 감화력과 포용력이 있는 듯이 보였다."

증언은 당시의 실상에 가까운 김일성의 모습으로 보아도 좋을 것이다. 김일성은 전투에서 이름을 떨쳤지만 일본 관동군이 혈안이 되어 추적하는 목표가 돼 결국 1940년 11월 소련 땅으로 달아날 수밖에 없게 된다. 그 후 해방을 맞이할 때까지 다시는 한국 땅에 발을 디디지 못했다.

그런 김일성에게 왜 소련군이 주목을 해 해방 후 북한의 지도자로 내세운 것일까?

소련 훈련 캠프에서 김일성과 함께 생활한 여자 대원 리민은 한국인 장교 중에서는 김일성만이 직속 부하가 많았기 때문이라고 설명한다. 김일성보다 지위가 높았던 최용건은 항일연군 제2로군의 중국인 총사령 저우바오중의 참모로 직속 부하는 없었다. 김일성보다 계급이 위인 김책도 소련 측에 합류한 시점이 1943년 말로 한참 뒤늦었다고 한다. 당시 소련에 건너간 부대에는 항일연군 제2로군 외에도 중국인 리자오린이 이끄는 3로군과 1로군이 있었지만 1로군의 지휘관급은 거의 전사했고 김일성만 살아남았다. 말하자면 지휘관들이 차례로 사라져 몇 명 남지 않게 되면서 김일성은 소련으로 도망친 부대원 중에서 중요한 위치를 점하게 된 것이다.

리민은 이렇게 말한다.

"주 총사령은 중요한 문제는 리자오린이나 최용건, 김일성과 상의했다. 부대에는 한국인이 많았기 때문에 중국인 대원과의 분쟁은 김일성과 상의했다."

항일부대에서 두각을 나타내는 데에는 육문중학교 등에서 닦은 중국어 실력이 큰 무기가 됐던 것이다.

북한 측 영화에는 1945년 김일성이 '조선인민군'에게 한반도 진격을 명령하는 장면이 등장한다. 클라이맥스라고도 할 수 있지만 실제로 조선인민군은 존재하지도 않았다. 소련군 제88 특별여단에서 김일성에게 전투 지휘와 전술을 가르친 바실리 이바노프는 "여단으로부터 전투 참가의 요청은 있었지만 참가시키지는 않았다."라고 증언했다. 일본군과 교전을 하지 않은 채 해방을 맞게 된다.

한편 회고록에 따르면 김일성은 여러 차례 모스크바를 방문해 소련군 각 전선 사령부 책임자들과 친교를 다졌다고 한다. 최고 지도자 스탈린의 측근으로 소련공산당 정치국원인 지다노프는 김일성과 회견했던 때를 회고하며 상상했던 것보다 젊어서 기뻤다며 "스탈린도 (김일성 등의) 활동에 특별한 관심을 갖고 있다."라고 전해 주었다고 한다. 소련 측은 중국공산당에 물들지 않은 젊은 김일성에게서 이용 가치를 발견한 듯하다.

1945년 8월 일본이 항복하자 해외에서 항일운동을 하던 조선인 조직 지도자들이 일제히 한반도로 돌아온다. 88여단의 대위였던 김일성은 소련이 내세운 '조선공작단' 단장의 신분으로 평양에 들어오게 된다.

제1진으로서 소련이 제공한 귀국선을 함께 탄 것은 김책과 김일 등 60여 명이다. 9월 19일 한반도 동해안의 원산元山항에 내렸다. 음력으로는 8월 15일, 한국 최대 명절인 추석이었다.

"동지들, 오늘은 추석이지만 조심하시오. 술도 마시지 말고, 행동도 조심하시오."

김일성은 부대원들에게 이렇게 엄명을 내리며 다음과 같이 덧붙였다.

"만일 누군가가 김일성을 만났느냐고 질문을 하면 우리는 선발대라 보지 못했지만 그분은 뒤에 올 것이라고 말하라. 나이를 물어도 만나지 못해 알지 못한다고 하라."

김일성은 '김일성'이라는 이름이 '조국'에 어떻게 전해졌고 실제 나이가 어떠한 반향을 부를지 잘 알고 있었다. 그것을 이용하려고 한 소련의 의도를 역으로 이용해 순식간에 권력을 수중에 넣는다.

'미제 타도'를 부추긴 고교 시절

김정일은 고등학교 1학년까지 평양제1고등중학교(고등학교)에 다녔으며 1958년 9월 평양 시내의 남산고등중학교 2학년으로 전입한다. 남산중은 노동당 중앙의 부장이나 국무원 장관급 이상의 간부 자녀들이 다니는 학교였다.

'불세출의 천재'. 북한은 지금도 김정일을 이렇게 칭송하지만 고교 시절은 의외로 러시아어 과목 때문에 고생을 했다. 소련 극동 지역에서 태어났으며 평양에 돌아와서도 소련 시절의 친구들과는 러시아말을 하며 놀았음에도 불구하고 그랬다.

생활 면에서는 거의 방치하다시피 한 아버지 김일성이었지만 교육 면에서는 매우 관심이 컸다고 한다. 수상의 장남이라는 점을 내세우며 선생들을 깔볼까 염려해 일부러 김정일의 담임선생을 관저로 불러 정중히 대접하는 모습을 아들에게 보여 준 적도 있었다고 한다. 교육을 위해서라며 해외여행에 동행시키기도 했다. 1957년 고1의 김정일은 모스크바에서 열린 '러시아 10월혁명 40주년' 기념행사에 참가했으며 1959년 고3 때에도 모스크바를 방문했다.

러시아 방문이 계기가 됐는지 아들의 러시아어 성적이 좋지 않은 것을 눈치챈 김일성은 러시아어 교육 방법으로 유명한 평양사범대학(후에 김형직사범대학) 교수 김현식金賢植에게 김정일의 학습 '검열'을 지시했다. 1992년 한국에 망명한 김현식의 수기 『나는 21세기 이념의 유목민』(김영사, 2007)에 따르면 김일성은 아들이 러시아어의 단어 변화에 능숙하고 문법도 제법이라고 자랑하면서도 회화는 엉망이라고 털어놓았다고 한다.

김현식은 곧바로 러시아어 수업을 참관한 후에 김정일을 교장실로 불렀다. 김정일은 긴장한 표정으로 질문에 하나씩 신중하게 대답했다. 뛰어난 실력은 아니었지만 러시아어 독해와 번역은 틀리지 않게 답했다. 그러나 한국말을 러시아어로 번역하는 문제에서 막히기 시작했다. 김현식은 이런 문제를 출제했다.

나는 아버지를 가장 사랑하며 존경하고 있습니다.

나는 스포츠보다 영화가 좋습니다.

김정일의 번역 실력은 생각보다 심각했다. 러시아어 회화는 더 심각해 앞뒤가 맞지 않는 대답을 했다. 이름과 생년월일을 묻고, 며칠인지, 무슨 요일인지, 또는 날씨 등에 관한 간단한 질문을 했지만 너무 긴장해 얼굴이 빨개지고 식은땀을 흘렸다.

김현식은 "당시 김정일은 매우 어렸고 순진해 보였다. 수령의 아들이라고 해서 건방진 면도 없었고 오랫동안 정중한 태도로 시험을 치렀다."라고 수기에 쓰고 있다. 김정일은 김현식의 질문에 '이름은 유라'라고 대답했다. 한 나라 최고 지도자의 장남이 고등학교를 졸업할 때까지 당연한 것처럼 러시아어 애칭을 썼던 것이다. 당시 북한에 소련의 영향력이 컸음을 엿볼 수 있다.

그 후 김정일은 김현식으로부터 회화 중심의 개인교습을 받았다. 수개월 후 남산중에서 러시아어 경연대회가 열렸다. 김정일은 전교생과 러시아어 선생들 앞에서 러시아 사람들이 사랑하는 시인 푸시킨의 대표작 '겨울 길'을 암송했다.

잔물결처럼 흔들리는 안개 속
달빛이 희미하게 보이네
적막한 평원에 달그림자가 비치고…

이렇게 시작하는 시는 러시아어로 암송하면 한층 감미롭게 들린다.

아, 슬프구나, 나의 니나여
이 길은 이제 지긋지긋해
마부의 노래는 꿈결처럼 사라져
들리는 것은 다만 방울소리뿐
보이는 것은 희미한 달빛뿐…

암송이 끝나자 장내에서는 "우라!(만세)" 하는 함성이 울렸다. 수상의 아들에게 창피를 주어서는 안 되니 모두 마른침을 삼키며 지켜봤을 것이다. 난관을 벗어난 안도의 함성이라고 해야 할 것이다.

"솜털이 벗겨지지 않은 얼굴을 빨갛게 물들이며 부끄러운 듯이 서 있었다."

김현식은 러시아어 시험 때뿐 아니라 평소 김정일로부터 받은 인상을 이렇게 말하고 있다. 그러나 그것은 선생 앞이기 때문인 듯, 러시아에 사는 전 동급생들이 증언하는 김정일의 고교 시절 인상은 크게 다르다. 고교 시절부터 이미 정치에 눈을 떠 정치적인 화제가 나오면 열을 내서 투쟁심을 드러내는 말을 했다. 동급생들 앞에서는 언제나 아버지를 칭송하고 옹호하는 발언이 눈에 띄었다고 한다.

그는 이렇게 열변을 토한 적이 있다.

"혹시 박헌영朴憲永 일파를 방치하고 있었다면 우리는 사회주의 혁명 초기 단계에서 큰 좌절을 맛보았을 것이다."

김일성 최대의 정치적 라이벌로 지목된 박헌영은 '미국 스파이'라는 누명을 쓰고 1956년 여름 처형됐다. 그런 아버지의 정당성을 아직 어린 친구들에게 강조한 것이다.

"(박헌영은) 남한에 있을 때부터 종파주의에 물들어 있었다. 그는 종파적 입장에서 빨치산 정신을 비판했기 때문에 (김일성) 수상 동지가 최용건(부수상)에게 조사를 지시해 제거했다."

김정일은 단호하게 말을 했다.

김정일이 고등학생이 된 1950년대 후반까지는 김일성의 권력은 반석 위에 놓여 있었다고는 말할 수 없었다. 일제식민지 시절부터 한반도 안에 머물러 공산주의 운동을 계속해 온 박헌영 등 '국내파'와 중국공산당과 함께 항일전을 펼치다 해방 후 귀국한 최창익崔昌益 등 '연안파延安派', 스탈린이 보낸 400여 명의 소련에서 귀국한 한국인 엘리트 등이 건재하고 있었기 때문이다.

항일 빨치산 시절 부모의 전우들로부터 영향을 받으며 자란 김정일은 권력 내부의 끈적끈적한 인간관계와 권력투쟁의 잔혹함을 직접 보아 왔다. 고교 시절부터 학업보다 정치에 관심이 높았다. 남산중으로 전입해 온 후 민주청년동맹 부위원장(위원장은 교사)에 뽑혀 학생들의 정치활동을 지도하는 입장에 서기도 했다.

졸업을 앞둔 1960년 봄, 한국에서는 이승만李承晩 정권의 '부정선거'를 규탄하는 대규모 데모가 일어났다.

"드디어 남조선 학생들이 일어났다. 이승만은 미국으로 쫓겨 갔으니 통일은 눈앞에 있다."

서울발 AP통신 기사와 사진을 반 친구들에게 보여 주면서 이렇게 흥분해서 이야기를 하던 김정일을 모스크바에 사는 동급생들은 선명히 기억하고 있다.

이승만은 자리에서 물러나 5월 미국 하와이로 망명했다. 동급생들에 따르면 김정일은 평소부터 우리는 이승만과 미제(미국)를 타도하지 않으면 안 된다며 학생들을 선동했다.

"우리도 남북통일의 전선에 나가 싸우지 않으면 안 된다."

반 친구들을 상대로 이렇게 외치기도 했다. 고등학교 졸업을 계기로 김정일은 '본격적'인 정치투쟁에 나서게 된다.

제 3 장

후계자로 가는 계단

유부녀에게 반하다

남산고등중학교를 졸업한 김정일은 1960년 9월 김일성종합대학에 진학한다. 당시 고급 간부의 자녀 대부분이 소련으로 유학을 갔지만 김정일은 유학을 깨끗이 거부했다. 김정일은 고교 재학 중이던 1959년 1월에 열린 소련공산당 제21차대회에 참가하는 아버지 김일성을 따라 모스크바를 방문했었다. 조선노동당 중앙서기실 이론담당 서기로서 여기에 동행한 황장엽에 따르면 모스크바대학을 찾았을 때 유학을 추천하는 소련 측 한국담당 과장에게 김정일은 확실히 말했다고 한다.

"평양에도 김일성종합대학이라는 훌륭한 대학이 있습니다. 나는 김일성종합대학에서 공부할 생각입니다."

이번 러시아 방문 때 김정일을 처음 접한 황장엽은 대화를 나누며 젊으면서도 이미 정권욕이 강하고 아버지를 모시는 일에 특히 관심이 많다는 점을 느꼈다고 말한다.

대학에서 김정일은 고교 선배 이종혁李鐘赫과 고교 시절부터 친구였던 이수용李洙埇 외에 최용건의 딸 등 고급 간부 자녀들과 교우관계를 가졌다.

이종혁은 충청남도 출신의 유명한 소설가 이기영李箕永의 아들로 후에 아시아태평양평화위원회 부위원장을 지낸다. 이수용은 '김정일 금고

지기'로 불리는 측근이 되어 김정은 정권에서도 외교를 총괄하는 자리에 앉게 된다.

이종혁의 형 이평李平에게는 서울 출신의 아름다운 젊은 아내가 있었다. 후에 김정일과 동거를 하게 되고 장남 김정남金正男을 낳은 성혜림成惠琳이다. 김정일은 고교 시절부터 이종혁의 집을 드나들었다. 가끔 오토바이를 타고 큰 엔진 소리를 내며 이기영의 집이 있는 길로 들어섰다. 거기서 친구의 형수인 네 살 연상의 유부녀를 은근한 눈으로 훔쳐보았다.

동생 성혜림, 어머니와 함께 서울에서 북으로 갔던 성혜랑成惠琅은 후에 쓴 책 『등나무집』에서 동생의 모습을 이렇게 묘사했다.

"북한에서는 어디서도 찾아볼 수 없는 비사회주의적인 우아한 새색시였다. 눈길 들지 않는 봉건도 이채로웠을 것이고 그(김정일)가 훔쳐보던 뒷덜미는 파마가 없이 되는 대로 틀어 올린 생머리채 밑에서 얼마나 풍성한 젊음과 여인의 가능성을 담고 있었던가."

식탁의 한쪽 구석에서 동생을 쳐다보는 김정일의 모습을 성혜랑은 몇 차례나 목격했다. 성혜랑은 동생에 대해 "그늘이 비낀 듯한 미간의 애수는 아련했고, 정숙과 부드러움은 편안한 기품을 풍겼다."라고 묘사한다.

거칠고 투박한 것이 혁명적이어서 좋다고 여겨지던 북한 사회에서 성혜림과 같은 매력은 경멸의 대상이었지만 자유분방하게 자란 데다 외국영화의 영향을 받은 김정일은 그 매력을 알고 있었다. 또한 네 살 연상의 여인이 뿜는 풍만함에 잊고 있던 모성에 대한 향수를 느꼈을지도 모른다.

김정일은 여자에게 일찍 눈을 떴다. 러시아에 사는 전 동급생에 따르면, 김정일은 대학에 들어가서부터 고교 시절의 여자 동급생 2명과 사귄 적이 있었지만 오래가지는 않았다고 한다. 김일성종합대학 러시아어과 교수로 1960년부터 2년간 근무했으며, 현재 하바롭스크에 사는 송희연宋熙淵은 이렇게 회고한다.

“김정일은 1학년 때부터 친구들과 함께 내 딸(당시 러시아어과 1학년)을 찾아와서는 보드카를 마시고 디스코풍의 댄스를 배웠다.”

이는 당시 대학에서는 금지된 일이었다.

당시 젊은이들은 새로운 조국 건설에 불타고 있었다. 1950년대에 대학을 다닌 성혜랑에 따르면 한국전쟁 후 복구 사업은 대학생 등이 ‘주전력主戰力’이었다. 성혜랑이 다니던 시절의 김일성종합대학 학생들은 서평양경기장 건설을 담당했다. 건설 현장에는 크레인이나 운송 설비는 없었고 거의 수작업으로 공사가 진행됐다.

‘나는 체중 40kg 정도의 빈약한 몸이었다. 60kg나 되는 시멘트 포대를 등에 지면 다리가 후들후들 떨렸다.’(성혜랑)

중노동을 해가면서 ‘사상투쟁’에서는 서로 공격을 했다. 성혜랑 같은 남조선 출신은 딱 좋은 공격 대상이었다. 모든 사람들 앞에 서서 “저 동무는 양키식 생활을 동경하고 있다. 우유를 마시고 간식도 먹는다. 과거 부유계급 생활 습관이 남아 있는 소부르주아적 서울 여성의 표본이다.”라는 식의 비판을 받았다.

그러나 ‘부르주아적’ 자유분방한 생활을 보내는 김정일이 비난받는 일은 없었다. 한번은 대학 2학년 때 동급생 중 한 사람으로부터 “자네는 자네 아버지의 발뒤꿈치도 못 따라가네. 자네는 아버지의 후광 덕분에 존재하고 있다는 사실을 잘 명심하게.”라고 충고를 받은 적이 있었다. 아무리 자유로운 기풍이 남아 있었다 해도 학교 안에서 ‘수상의 아드님’

이라고 불리는 존재를 매도하는 일은 일어날 수 없는 '일대 사건'이었다. 그 동급생은 김정일과 같은 경제학부에서 학생들을 통솔하는 조선민주청년동맹 학생서기였지만 즉각 퇴학 처분을 받았고 그 후 행방이 알려지지 않는다.

북한에서 편찬한 『김정일 전기』에는 김정일이 대학 시절 '모범적인 학생'이었다고 쓰여 있다. 아버지와 숙부 김영주의 엄격한 감시 하에서 겉으로는 착한 학생을 연기했던 듯하다.

대학 1학년 때에는 '1만 페이지 독서운동'을 제창했다. 어느 날 김정일은 『김일성 선집』 등을 가득 담은 박스들을 차에 싣고 기숙사를 찾았다. 학생들과 마주 앉아 이렇게 주장했다.

"(김일성) 수상의 저서를 기본으로 연간 1만 페이지씩 읽는 것을 목표로 하는 독서운동을 강력히 전개해 나가는 것이 좋다고 생각합니다. 대학 재학 중 수상의 혁명 사상을 체계적으로 깊이 체득해야 할 것입니다."

김일성 '절대화'를 캠퍼스에 들여온 것이다. 독서운동은 전교에 파급됐다. 김정일은 '수령(김일성)의 혁명 사상을 가슴에 새기자'는 가사로 시작되는 '1만 페이지 독서운동'의 노래를 만들자고 제안해 스스로 지휘했다고도 한다. 이러한 적극적인 자세가 인정을 받아서인지 그는 1학년을 마칠 때인 1961년 7월 22일 노동당에 가입한다.

북한에서 출세의 첫째 관문은 당원 자격을 얻는 것이다. 일반적으로 오랜 관찰 기간을 거쳐 예비당원이 되고, 그 후 1년 이상 관찰 기간을 거쳐 정식 당원이 되지만 '수상의 아드님'이 당 규약에 구속될 필요는 없었다. 당시 노동당의 대학 책임서기였던 박수동朴壽東은 대학 경영보다 김정일 대우에 더 신경을 쏟았다. 그의 누나도 관저의 요리장으로서 김정일을 접할 기회가 많아 남매가 김정일을 모신 셈이다. 그런 보람이 있어 박수동은 그 후 김영주가 한때 부장을 지냈던, 당 인사를 한손에 쥔 조직지도부 부부장에 발탁된다.

군사훈련은 빠진 채 영화 삼매경

김정일은 김일성종합대학 기숙사를 이용하지 않고 수상 관저에서 학교를 다녔다. 재학생은 전원 기숙사에서 생활하는 것이 교칙이었지만 김정일은 특별 대우를 받았다. 대학에서는 김정일의 생활과 학업을 전담하는 교수를 지정하고, 김정일이 배우는 주요 과목에는 그 분야 최고 권위자를 뽑아 관저에서 개인수업을 하도록 했다. '당투쟁사'는 장성택의 형 장성엽張成燁, '경제학'은 과학원(후에 국가과학원) 산하의 경제학 연구소장 김광진金洸鎭, '조선혁명사'는 김일성대학 역사학부장 박시형朴時亨, '어학'은 과학원 산하 어문학연구소장 김병제金秉濟 등이 각각 맡았다.

김정일의 사생활은 자유분방 그 자체였다. 대학에서 러시아어를 가르친 송희연은 "김정일은 아버지로부터 받은, 호치민의 얼굴이 문자판에 새겨진 롤렉스 시계를 차고 오토바이로 평양 시내를 질주하는가 하면 술을 취하도록 마시는 등 청춘을 만끽했다."라고 말한다. 손목시계는 베트남 건국의 아버지 호치민이 김일성에게 선물한 것이다.

아무도 제어할 수 없는 아들의 행동에 신경이 쓰였는지 김일성은 동생 김영주에게 아들의 생활을 감시하도록 부탁했다. 한국으로 망명한 강명도에 따르면 감시 역인 숙부 앞에서 김정일은 고양이 앞의 쥐 같았다고 한다.

김정일이 대학에 진학한 1960년 9월 김영주는 노동당 간부 인사와 생사여탈권을 한 손에 쥔 조직지도부장에 취임했다. 권력 내부에서는 김영주가 후계자가 되는 것은 아니냐는 소리도 흘러나왔다.

남자들은 모두 평균 10년 이상 군대에서 복무하지 않으면 안 되는 북한에서 김정일에게는 군 경력이라고 말할 수 있는 것이 없다. 대학교 2학년 말인 1962년 8월 하순부터 10월 초순의 짧은 기간 동안 평양 북동부 용성龍城 구역의 어은동御恩洞에서 군사훈련을 받은 것이 전부다. 군사훈련은 대학생의 필수과목이었다. 어느 날 김영주는 김정일이 거의 훈련소에 있지 않았다는 보고를 받았다. 이 사실이 김일성의 귀에 들어가면 큰일이라고 걱정한 김영주는 주위 사람에게 김정일이 어디 있는지 찾아내라고 명령했다.

그 시간 김정일은 중앙영화보급소에 몰래 들어가 영화 삼매경에 빠져 있었다. 보급소에 가면 얼마든지 외국영화를 볼 수 있었다. 당시 보급소 직원의 딸로, 현재 모스크바에 살고 있는 김 니리아는 "어머니가 집에 돌아오면 오늘도 수상의 아들이 왔다."라고 말했다 한다. 그는 거의 매일 보급소에 왔다고 증언했다. 처음 보급소 직원들은 '몇 편 보면 질리겠지.'라고 가볍게 생각했지만 김정일은 밤낮으로 영사실에 틀어박혔다. 그래서 김정일 전용의 특별 영사실을 만들 정도였다. 김정일은 북한 현실과는 전혀 다른 은막의 세계에 빠져들었다. 김영주는 훈련을 태만히 하는 조카를 찾아내 자신의 사무실로 끌고 와 두들겨 팬 후 훈련을 받겠다는 약속을 받고 훈련소에 돌려보냈다.

북한의 문헌에 따르면 어은동에서 김정일은 군사 지식과 지휘 능력을 몸에 익히도록 (동급생들을) 지도하셨다고 돼 있으며 젊었을 때의 고생은 돈을 주고 사서라도 한다지만 돈보다도 귀한 청춘 시절은 바쳐야 할 것이 병사의 생활이라고 큰소리쳤다고 한다. 어은동에는 김성일의

'군 경력'을 증명하는 사적관까지 만들어져 있지만 실제로는 40일 정도의 훈련조차 제대로 받지 않았던 것이다.

탈북한 전 고위 관리 신경완의 수기 『곁에서 본 김정일』에 따르면 정권지도부인 당 중앙정치국 멤버들은 김정일의 대학 교육에 관해 논의하기 위해 정기적으로 회합을 가졌다고 한다. 유력한 후계자로 하마평에 오르던 김영주 자신도 포함해 언젠가는 김정일이 후계자가 될 것이라고 생각하고 있었다는 증거이기도 하다.

북한이 편찬한 『인민의 지도자 김정일 서기』에는 "대학 시절 김정일 서기는 가끔 현지 지도에 나선 김일성 주석을 수행해 전국 방방곡곡을 방문했다."라고 기술하고 있다. 아버지의 과거 전우들도 당 · 정 · 군의 주요 회의에 김정일을 데리고 다녔다. 대학교 2학년 때부터 김일성은 당 중앙정치국 회의에 참관인으로서 김정일을 참석시켜 정책 토론의 현장을 실제로 체험시키기도 했다.

김정일이 대학에 들어갈 무렵 북한은 국가건설 열기에 휩싸여 있었다. 표면상으로는 모든 것이 잘 진척되고 있는 듯이 보였지만 사회는 조금씩 경직되기 시작했다. 김일성은 사회 전체를 개조하려 했다. 1958년 시작한 '천리마작업반 운동'은 주민들에게 하루 천 리(약 400킬로미터)를 달리는 말의 기세로 일을 하고 사상을 개조하도록 요구했다.

김정일 본인도 주위의 기대에 신경을 쓴 듯하다. 이 '천리마 운동'에서 두각을 나타내려 했다. 『인민의 지도자 김정일 서기』에는 이런 일화도 보인다.

어느 날 밤, 김일성은 아들에게 공사가 어렵다고 평가된 연지동蓮池洞과 용성 사이의 도로 확장 공사를 어느 기관에 맡기면 좋을지에 대해 물었다. 그러자 김정일은 청춘 시절을 후회 없이 보내고 싶으니 그런 곤란한 과제는 우리 대학에 맡겨 달라고 대답했다. 김정일의 이런 씩씩한 모습에 대해 전기는 이렇게 쓰고 있다.

"상의를 벗어 제치고 하루 종일 해머를 휘두르고, 멜대가 휠 정도로 흙을 가득 담은 삼태기를 졌다. 그래도 성이 차지 않아 작업 3일째부터는 3인 2조로 삼태기를 메자고 제안했다."

3명이 2개의 삼태기를 져서 4인분의 일을 하자는 것이다. 능률이 오를 리 없지만 김정일은 멜대를 한 번도 어깨에서 내리려 하지 않았다고 묘사돼 있다.

김정일은 부어오른 어깨의 통증에 잠을 자지 못하고 새벽녘 꾸벅꾸벅 졸다가 베갯머리에 서 있는 아버지를 보고 벌떡 일어나 이런 대화를 나눴다고 한다.

김일성: 어떠냐? 뼈가 부러질 것 같지?

김정일: 괜찮습니다.

김일성: 젊었을 때 고생은 황금으로도 바꿀 수 없다. 이번 기회에 확실히 체험을 해보는 것도 나쁘지 않을 것이다.

이 일화는 과장돼 있는 것이겠지만 아버지에게는 머리를 들지 못하는 아들의 모습이 엿보인다.

'수상의 아드님'으로 불린 김정일은 대학 총장 인사를 좌우한 적도 있다. 대학에는 총장을 정점으로 하는 행정조직과 당 책임서기 박수동을 정점으로 하는 당위원회가 있었다. 당 조직으로는 교원 당위원회와 학생 당위원회가 있지만 김정일은 학생 조직뿐만 아니라 당위원회 운영 전반에도 간섭을 했다. 김정일은 자신의 일거수일투족을 김일성에게 보고하는 당시의 총장을 싫어했다. 그래서 김일성 서기실 사람이 새 총장으로 내려왔는데 그가 바로 황장엽이다. 황장엽은 후에 "이 교체는 그때 학생이었던 김정일의 추천에 의한 것이었음이 밝혀졌다."라고 회고록에서 밝혔다.

23세에 장관들을 지휘

대학 졸업 직후인 1964년 4월부터 5월까지 김정일은 황해남도와 황해북도, 평안남도와 자강도의 각 시·군을 찾아다닌 후, 6월 19일 정권 중추인 노동당 중앙위원회에 첫 출근을 한다.

넥타이를 맨 젊은시절의 김정일
(김일성종합대학 시절)

북한에서는 이날을 김정일의 '당 사업 개시일'로 기념하고 있다. 북한에서 편찬한 『김정일전』에는 그의 사업 개시일에 대해 기록하고 있다.

인민무력부에 근무하는 혁명투사가 문을 두드리고 집무실로 들어왔다. 그는 "정일 동무가 당중앙위원회에서 활동하게 되어 모든 항일혁명투사들이 기뻐하고 있습니다."라고 말했다.

김정일은 이렇게 대답했다.

"인민군이 맡고 있는 중대한 사명을 잊지 않고 오로지 당과 호흡을 함께하며, 당을 충실히 따라 주기 바란다. 당은 늘 인민군을 굳게 믿고 있으며 강력한 군대가 있기 때문에 당과 인민이 안심하고 있다."

출근 첫날 정말로 이런 대화가 오갔는지는 논외로 하고 김일성과 항일전을 함께한 전우들, 즉 군인 그룹이 김정일의 당중앙 근무를 기뻐했음을 부각시키려는 일화로 보인다.

김정일은 우선 숙부인 김영주가 부장으로 있는 당중앙의 조직지도부에서 일하게 된다. 『곁에서 본 김정일』에서 신경완은 "그는 처음에는 내각부문을 담당하는 지도원이 됐다. 23세의 김정일은 일약 내각 산하 기구의 당위원회 서기나 장관, 차관급을 상대로 그들을 지도하는 입장이 됐다."라고 지적한다.

지도원은 과장보다 낮은 직급이지만 국가 지도자의 아들인 김정일에게는 문제가 되지 않았다. 김정일은 통상 당 부장급이 수행하는 김일성의 현지 지도나 장기 출장에 자주 동행했으며, 지도원 수명을 이끌고 직접 중앙부서 여러 곳을 시찰하기도 했다. 이 당시 수상은 김일성, 제1부수상은 김일이었다. 1년 후 김정일은 김일의 내각참사실 일을 맡아 후계자 수업을 쌓기 시작한다. 바로 그때 당중앙 내부에서 후계자 문제를 둘러싸고 파벌투쟁이 일어난다.

1966년 김일성은 '경제와 국방의 병진 노선'을 내세웠지만 박금철朴金喆을 중심으로 한 갑산파는 '군사 우선의 중공업 정책이 아닌 인민 경제 우선'을 요구하며 반대 입장을 표명했다. 박금철은 함경남도(현재는 양강도) 갑산군甲山郡 출신으로 그들 그룹을 갑산파라고 부른 것은 여기서 비롯된 것이다. 박금철은 1937년 중국 국경 근처 주재소 등을 습격한 보천보전투에서 김일성에게 안내역을 파견하는 등 협력을 했다. 그 다음 해 일본 경찰에 체포돼 무기징역형을 받았지만 해방과 함께 석방돼 김일성 아래서 요직을 맡아 왔다. 정권 수립 후 갑산파는 중국공산당

쪽으로 기운 연안파延安派, 그리고 소련파를 숙청할 때 김일성을 도와 주었다. 이런 일 때문에도 정권 내에서 갑산파의 힘은 김일성도 무시할 수 없었다.

1966년 10월 제2차 당대표자회의 마지막 날 열린 제4기 14차 회의에서 김일성은 갑산파를 견제하기 위해 조직 개편을 단행하고 당중앙위원회에 신설된 서기국의 조직담당 서기 겸 정치위원회 후보위원에 김영주를 지명했다. 김일성의 동생이 명실공히 김일성 다음가는 권력자로 부상한 것이다. 갑산파는 이에 강하게 반발했다. 김영주가 문자 그대로 당 조직을 통괄하는 조직담당 서기가 되면 조직담당 부수상인 박금철의 직책이 허울뿐인 존재로 전락할 수밖에 없기 때문이다.

"우리가 눈보라 속에서 얼어붙은 감자를 깨물면서 항일투쟁을 하고 있을 때 김영주는 무엇을 하고 있었는가?"라고 갑산파는 불만을 터뜨렸다. 경력에 의심스러운 구석이 많은 김영주를 후계자로 인정할 수 없다고도 주장하며 동생을 중용하려는 김일성에 노골적으로 반대했다.

김정일의 존재는 당시 갑산파의 안중에 없었다. 김정일을 후계자로 내세우려는 공개적인 움직임은 아직 없었던 시기였기 때문이다.

김영주는 세 형제의 막내였다. 1916년생인 차남 김철주金哲柱는 10대 후반에 항일 빨치산 부대에 참가해 1935년에 전사했다. 1920년생인 김영주는 부모를 일찍 잃고 만경대에 사는 조부모 집에서 소년 시절을 보냈다. 항일무장투쟁에 투신한 큰형 김일성에게는 동생을 돌봐 줄 여유 같은 것이 없었다.

김영주는 1938년 가을, 일본 관헌에 체포된다. 그 전해 일어난 보천보 주재소 습격 사건의 주모자가 김일성으로, 김영주의 형이라는 사실을 경찰이 알아냈기 때문이다. 김일성의 비서실장을 지낸 고봉기高鳳基

의 증언에 따르면, 체포 후 김영주는 경찰의 위협과 회유를 견디지 못하고 전향하겠다는 글을 신문에 발표했다고 한다.

김영주는 1941년에 소련으로 건너간다. 소련의 훈련 캠프에 몸을 의탁하고 있는 형의 알선 덕분일 것이다. 김영주는 모스크바대학 정치경제학부를 다니고, 소련공산당 고급당학교에서 공부를 한 후 1953년 말 귀국했다. 같은 시기 모스크바대학에 유학했던 황장엽은 이렇게 회고한다.

"당시 (소련) 유학생 당 조직은 김영주가 책임자였다. 김영주는 사람도 좋았지만 경험이 풍부해서 나는 그를 존경했다."

김영주는 한국전쟁 발발 직후 김정일 형제가 중국 지린에서 피난 생활을 하는 것을 돌봐 주었는데 일시 귀국했던 때로 보인다. 귀국 후에는 조직지도부의 지도원으로서 정치 세계에 발을 들여 1957년에는 조직지도부 과장, 1960년에는 부장으로 순식간에 권력의 계단을 뛰어 오른다. 황장엽에 따르면 당시만 해도 주위에서는 모두 김영주가 김일성의 권력을 이어받을 것으로 생각하고 있었다고 한다.

한편 김정일은 1966년 10월 조직지도부 중앙기관지도과 책임지도원으로 승진했다. 김일성을 제외하고는 유일하게 중앙기관의 모든 간부들을 임의로 조사할 수 있는 자리다. 당시 권력 서열은 김일성, 박금철, 최용건, 김일의 순이었다. 갑산파는 박금철을 차세대 지도자로 옹립하려 획책했다. 이 움직임에 동조한 것은 대남담당 서기 이효순李孝淳, 선전담당 서기 겸 선전선동부장 김도만金道滿, 부수상 고혁高赫, 국제부장 박용국朴容國, 과학교육부장 허석선許錫宣 등이다. 선전부문을 통괄하는 김도만은 박금철을 미화한 〈일편단심〉이라는 제목의 영화를 제작해 지도자의 한 축으로 박금철을 밀어 올려놓으려 했다.

박금철의 주장에 찬동하는 움직임에 김일성은 곧바로 반응했다. 1967년 당중앙위원회 제4기 15차 회의를 소집했다. 회의는 외부에 공개하지 않고 비밀리에 열렸다. 박금철 일파를 숙청하기 위해 단단히 준비를 한 끝에 열린 회의였다. 선두에 선 것은 김영주와 김정일이다. 갑산파와의 권력투쟁을 신호탄으로 후계자 자리를 둘러싸고 두 사람은 김일성에 대한 충성 경쟁을 시작하게 된다.

'김정일식' 문화대혁명의 회오리

갑산파 숙청을 결의한 1967년 5월의 노동당 중앙위원회 제4기 15차 전체회의는 북한 체제가 김일성 '유일 체계'로 변질해 가는 출발점이 된다. '유일 체계'라는 단어가 처음으로 등장했으며 김일성을 '수령'이라고 부르게 된다.

숙청의 중심에 선 것은 체계상으로는 당 조직지도부였지만 실질적으로 지휘한 것은 26세의 김정일이었다. 조직지도부 중앙지도과 중앙기관담당 책임지도원의 입장에서 대상을 정하고 임의로 조사해 그 결과를 김일성에게 직접 보고했다. 최고위 간부 누구를 조사하고, 어떻게 처리할지를 결정하는 권한을 쥐고 있었다.

"아부의 기본은 아부 대상의 적을 인위적으로라도 만들어 내 그 적을 공격하는 것으로부터 시작한다."

이론담당 서기로서 김일성의 연설문을 썼던 황장엽은 이렇게 설명한다. 자신이 가장 충성스럽다는 것을 보여 주기 위해 김정일은 김일성 측근들 중 점찍어 놓았던 인물들을 충실하지 않다는 꼬리표를 붙이거

1991년 10월, 조선 사회주의 노동청년동맹 제7차 대회에 출석하는 김정일(중앙). 오른쪽에 보이는 사람은 오진우(북한 간행물 『김정일 지도자』에서)

나, 사상이 의심스럽다거나, 무능하다는 구실로 용서 없이 공격하고 배제해 나갔다.

"김정일은 이미 정치적 영향력을 행사하고 있었다. 숙부인 김영주도 제거하려는 듯한 인상을 받았다."(荻原遼 옮김, 『黃長燁の回顧録 金正日への宣戦布告』)

김정일은 아버지에게 충실한 오진우에게 박금철을 필두로 한 갑산파를 타도할 선봉에 서달라고 부탁했다. 전체회의에서 사회를 본 것은 최고인민회의 상임위원회 위원장 최용건이었다. 그는 이렇게 말을 꺼냈다.

"지금부터 박금철 동무에 대한 비판을 시작하고자 합니다. 토론하려는 동지는 없습니까?"

오진우가 틈을 주지 않고 일어섰다.

"당의 유일사상체계가 똑바로 확립돼 있지 않기 때문에 김일성 동지의 교시와 정책이 생각대로 집행될 수 없는 것입니다. 박금철 동지 등이 책임을 지지 않으면 안 됩니다."

오진우는 바로 얼마 전 인민군 총정치국장에 취임한 상태였다.

화가 난 박금철은 이렇게 대꾸했다.

"자네는 누구를 믿고 그런 말을 하는가?"

김일성이 입을 열었다.

"오진우 동무는 당을 믿고 있다. 오 동무는 항일무장투쟁에 참가한 빨치산 출신이다. 비판할 자격이 없다고 하는 건가?"

김일과 외무장관 박성철朴成哲, 3월까지 군 총정치국장을 지낸 허봉학許鳳學, 김영주 등이 잇따라 박금철 비판의 대열에 섰다.

"박금철 동무는 일본 경찰에 체포돼 동료들을 밀고한 배신자입니다. 배신자인 그를 당과 수령님은 관대하게도 포용했는데 그는 종파를 만들어 당내의 단결을 파괴하려고 했습니다. 그의 반당적인 행동을 도저히 용서할 수 없습니다."

고향에 호화로운 저택을 짓고 영화에서 자신의 아내를 위대한 혁명가로 선전했으며, 비석까지 세웠고 지위를 이용해 지방 책임자에 자신의 측근을 앉혔다는 등 비판이 끊이지 않는 가운데 회의장으로부터는 "박금철을 끌어내라.", "반당 종파분자 박금철을 처단하라."는 소리가 터져 나왔다.

"박금철 동무는 서대문형무소에 있었지만 (무사히) 걸어 나왔다."

김일성은 이렇게 말문을 연 후 결정타가 될 한 마디를 했다.

"(같은 혐의로 체포된) 박달朴達 동무는 고문을 받아 두 다리로 걸을 수 없게 되지 않았는가? 박금철 동무는 배신자임이 틀림없다."

박금철과 그를 지지하는 당서기 이효순은 지방의 농기계 작업소로 추방돼 노동자로 전락했으며, 얼마 후 수용소로 보내졌다. 동조자들도 같은 운명에 처했다. 갑산파 숙청은 2년간 계속됐다. 갑산파 적발은 지방 구석구석에서도 행해져 지방 중견 간부직의 3분의 2가 공석이 될 정도로 광범위하게 진행됐다.

당시 평양에서 외국어혁명학원을 다녔고, 그 후 외교관이 됐지만 1991년 한국에 망명한 고영환高英煥은 "학생 시절 가장 인상에 남는 것은 1967년의 반종파투쟁(갑산파 숙청)이었다."라고 수기에 썼다. 외교관을 양성하는 이 학교에는 고위 간부의 자녀들이 다니고 있었다. 그들 중 다수도 무사하지 못했다.

"수업 중에 선생님이 교실로 와서 학생을 불러 데리고 나가면 그날부터 그 학생은 행방불명이 됐다. 거의 3개월간 계속해서 동급생들이 사라져 갔다."

박금철 사건이 일단락된 후인 9월 김정일은 당 선전선동부 문화예술지도과장에 취임했다. 이 사건에 연좌돼 숙청된 김도만을 대신해 선전선동부 부장이 된 것은 중진인 김책의 아들 김국태金國泰였지만 건강이 좋지 않아 대부분의 시간을 병원에서 보냈다. 선전담당 서기 양형섭楊亨燮도 주로 교육과 과학 분야를 맡았으며, 김정일의 눈치를 보는 소심한 사람이었기 때문에 선전선동부는 사실상 과장인 김정일이 좌지우지했다.

북한 정치는 자동차의 두 바퀴처럼 조직지도부와 선전선동부가 움직인다고 말할 수 있다. 김정일과 조직지도부장 김영주가 숙명적으로 라이벌 관계가 됐고 어느 쪽이 김일성 개인숭배를 더 잘 하느냐는 경쟁이 벌어지게 된 것이다.

1967년은 북한이 국가 운영의 방향을 '좌'로 튼 시기이기도 하다. 좌파 진영 가운데 소련의 '우경 수정주의'와 중국의 '좌경 수정주의' 모두에 반대해 중립의 입장을 취하는 듯 보였지만 김정일은 많은 면에서 중국의 문화대혁명을 모방하기 시작했다. 중국에서 유행하고 있던 마오쩌둥毛澤東 배지를 본 따 '김일성 배지'가 등장한 것도 이때다.

6월 20일 김정일은 선전선동부 간부들을 소집해 '반당 반혁명 분자의 사상적 독소를 일소하고 당의 유일사상체계를 확립할 것에 관하여'라는 제목의 연설을 했다. "수령 이외에는 누구도 모른다는 확고한 신념으로 사상과 행동을 통일해 나가지 않으면 안 된다."라고 강조하며 김일성 사상 이외의 다른 어떤 것도 배제하려는 뜻을 표명한 것이다.

문화대혁명의 회오리가 불어 닥치던 당시 중국에서는 '홍위병'이라 불리는 젊은이들이 '모든 것을 타도하라'는 슬로건을 내걸고 절이나 고미술품을 파괴하고 옛날 서적을 불태웠다. 문화대혁명이 영향을 끼쳤는지는 분명치 않지만 김정일의 지휘 아래 북한도 비슷한 일대 광란에 휩싸였다.

당시 14세였던 고영환에 따르면 8월 어느 날 집합하라는 지시를 받고 학생들이 운동장에 나가 보니 책과 음악 테이프가 산더미처럼 쌓여 있었다. 간부가 목소리를 높였다.

"이런 테이프나 책에는 수정주의, 부르주아 사상이 기록돼 있다. 지금부터 불태워 이 세상에서 매장해 버리자!"

그렇게 말하며 불을 붙였다고 한다. 해외에서 출판된 사전이나 그림책, 소설 등이었다.

"그 자리에서 여학생 몇 명이 울었다. 수만 권이 넘는 영국, 프랑스,

스페인, 아랍어 등의 교과서와 소설, 테이프가 다음 날 아침까지 불에 탔다."(고영환의 『평양 25시』에서)

가정에서 갖고 있던 문학이나 철학, 역사책은 물론 레코드 등도 모두 압수, 소각했다. '도서 정리 사업'이라고 김정일이 이름 붙인 분서焚書의 '광란의 춤'은 1974년까지 계속된다.

영화로 아버지 세대의 환심을 사다

박금철을 중심으로 한 갑산파 숙청 후에도 노동당 선전선동부장이었던 김도만이 숙청 전 박금철의 부부애를 테마로 만든 영화 〈일편단심〉의 영향은 쉽게 사라지지 않았다. 박금철을 추종하는 세력이 문화예술 분야에 상당수 포진하고 있었기 때문이다. 1960년대 북한에서는 영화가 큰 인기를 끌고 있었다.

1967년 9월 김일성은 '박금철, 김도만의 반당적 독소의 나머지를 깨끗이 청산하기 위해' 당중앙 확대 정치위원회를 평양예술영화촬영소에서 소집했다. 정치위원회를 현장에서 여는 것은 이례적이다. 선전선동 부문의 장악을 노린 김정일이 꾸민 것으로 보인다. 당시 선전선동부에 있었던 신경완에 따르면 김일성은 회의 서두에 〈일편단심〉을 맹렬히 비판한 후 이렇게 질문했다.

"동지들, 영화를 당의 혁명적 예술로 발전시키지 않으면 안 됩니다. 누군가 대책을 갖고 있는가?"

김정일이 곧바로 손을 들었다.

"제가 책임을 지고 해볼까 합니다."

소년 시절부터 영화에 일가견을 갖고 있던 김정일의 자천에 이의를 제기할 사람은 없었다. 아버지에게 능력을 인정받고 싶은 김정일에게 있어서 좋은 기회이기도 했다. 회의에서 김정일은 정식으로 선전선동부 문화예술지도과장으로 지명됐다.

김정일이 처음 시작한 일은 '사상 검열'이었다. 약 1개월간 작가와 연출가, 배우를 비롯해 스태프 전원에게 밤낮을 가리지 말고 '사상투쟁'을 하라고 지시했다. 그것은 모든 사람이 모인 자리에서 한 사람씩 '자신의 과오'를 반성하는 동시에 동료들을 비판하는 것을 말한다. 사상적으로 문제가 있다고 여겨지면 모든 사람들 앞으로 끌려 나오게 되는데 이를 '비판대에 선다'고 표현한다.

당시 촬영소의 분위기에 대해 여배우였던 성혜림의 언니 성혜랑은 『등나무집』에서 다음과 같이 쓰고 있다.

성혜림은 많은 영화에서 주연을 맡은 중견 여배우이지만 아버지는 남한에서 지주였기 때문에 출신 성분이 좋지 않다는 이유로 '비판대'에 섰다.

"혜림과 (어머니가 일본인인) 최부실崔部實이 없었으면 비판대회(사상투쟁)가 성립하지 않았을 정도였다."(성혜랑)

그러나 얼마 후 김정일이 성혜림에게 관심을 갖고 있다는 사실을 주위 사람들이 눈치채자 성혜림에게 '공훈배우'의 칭호가 주어졌고 해외의 영화제에도 파견된다.

김정일은 자기의 장기인 영화를 이용해 아버지의 우상화에 열을 올렸다. 김일성으로부터 당의 요직에 앉혀진 김영주 이상으로 아버지의 신임을 얻기 위해 하루라도 빨리 성과를 낼 필요가 있었다. 김정일은 예술부문에 '속도전'을 도입했다. 김정일은 작가나 예술가들은 최단 시간

영화 〈조선의 별〉 촬영 현장에서

에 당과 수령이 요구하는 최고 수준의 작품을 만들어 내야 한다고 요구했다. 항일 유격대의 투쟁과 생활을 내용으로 한 작품만이 혁명적인 대작이 될 수 있다고 말한 것으로 전해진다.

김정일은 1968년 4월 항일 빨치산 부대의 고난에 찬 시절을 영화화하는 작업에 착수했다. 첫 작품이 〈피바다〉다. 각본에서 음악, 배우의 선정까지 모든 것에 관여했다. 〈피바다〉는 1930년대 김일성이 항일 게릴라전을 벌인 만주 동부의 산촌이 무대다. 빨치산 대원을 숨겨 주었다가 일본인 순사에게 아들이 죽음을 당한, 한 어머니의 마을이 일본군의 습격을 받아 피바다가 돼 버린다. 이를 겪은 후 혁명 활동에 몸을 던지는 어머니의 모습을 그린 것이다.

김일성과 그의 전우들에게 있어 이는 옛날 생각을 하게 만드는 것이었다. 원래 이 작품은 김일성이 1930년대 항일부대 참가를 독려하기 위

● **김정일의 지도하에 제작된 북한에서 '5대 명작'으로 불리는 영화**

제작 연도	제목	스토리
1968년	유격대 5형제	5형제가 항일 유격대원으로 성장하는 과정을 묘사
1969년	피바다	남편과 아들이 일본군경에 의해 죽임을 당하자 그 어머니가 혁명 활동에 눈을 뜨게 된다.
1970년	한 자위단원의 운명	일본군의 끄나풀이었던 청년이 전향해 항일무장투쟁에 나선다.
1972년	꽃 파는 처녀	지주의 착취로 괴로워하던 소녀의 운명을 통해 혁명의 필연성을 호소
	밀림아 말하라	마을 이장의 신분에서 항일부대를 돕는 지하공작원으로 변신한 남자의 활약상을 묘사

해 만든 15분 정도의 연극이었다. 북한이 편찬한 『김정일전』에는 김정일의 어머니 김정숙도 당시 한 집안의 딸로 출연해 그녀의 비통한 노랫소리에 관객들이 적에 대한 증오심으로 불타 자원입대했던 것이 지금도 눈에 선하다고 김일성이 김정일에게 말해 주었다고 돼 있다. 그것을 김정일이 영화화한 것이다.

〈피바다〉가 처음 상영된 것은 1969년 12월. 강명도의 『평양은 망명을 꿈꾼다』에는 당시의 상황이 다음과 같이 쓰여 있다.

2천 석 규모의 평양대극장에 모인 김일성, 김일, 오진우, 최용건 등 혁명 1세대는 눈물을 줄줄 흘렸다. 고난을 극복하고 청춘을 바쳐 싸웠던 시절을 생생하게 묘사해냈기 때문이다. 상영된 후 김일성은 자리에서 일어나 독특한 제스처로 아들에게 아낌없는 박수를 보냈다고 한다.

영화의 성공은 김정일에 대한 빨치산 세대의 신뢰를 높이는 결과로 이어졌다. 김정일은 〈한 자위단원의 운명〉, 〈꽃 파는 처녀〉, 〈밀림아 말하라〉 등 일련의 영화를 제작했다. 그것을 뒤에서 받쳐준 것은 1968년 제작된 〈유격대 5형제〉의 시나리오를 쓴 최익규崔益奎와 백인준白仁俊이었다. 북한이 최고 걸작이라고 말하는 〈꽃 파는 처녀〉도 원작은 김일성이라고 돼 있지만 시나리오는 백인준이 쓴 것이다.

〈꽃 파는 처녀〉는 지주의 착취로 어려운 생활을 꾸리는 한 집안을 중심으로 그려진다. 주인공 꽃분이는 병이 든 어머니의 약값을 벌기 위해 꽃을 파는 처녀다.

김정일이 이 영화에 얼마나 힘을 들였는지를 말해 주는 일화가 남아 있다. 꽃분이 역을 찾기 위해 촬영소 여배우들만이 아니라 지방 예술 단체 소속 여자들의 사진도 거의 전부 살펴봤으며 면접도 봤지만 만족할 만한 여자를 찾을 수 없었다. 백인준과 함께 지방의 경연대회도 찾아갔다. 그러던 중 자강도慈江道에서 마침내 한 소녀를 만난다. 슬픈 표정 뒤에 숨은 강인한 의지를 느끼게 하는 얼굴 생김새, 순박하면서도 청초한 분위기는 김정일이 이미지한 주인공 바로 그 자체였다. 당시 14세로 이름은 홍영희洪英姬. 후에 북한 돈 1원짜리 지폐의 모델로도 된다.

신경완은 이렇게 말한다.

"모든 배역은 김정일이 결정했다. 주제가를 부를 가수를 뽑기 위해 가극단 대표 가수 5, 6명을 불러 차례로 부르게 했다. 엄숙한 분위기는 무슨 종교행사를 치르는 것 같았다. 노래를 듣고 만족스럽지 않은 부분도 세세하게 지적했다."

재일본조선총연합회(조총련)의 자금 지원으로 영화 자재도 대량 구입했으며, 촬영소도 대폭 확장했다. 영화 제작에 대해 배우기 위해 연출가와 배우를 소련에 보내는 한편 그들의 대우도 개선했다. 문화예술가들을 위한 전용 상점도 만들고, 배우와 감독, 음악가 등 스태프에게 외국제 시계와 TV, 외국제 의복이나 식품 등을 나눠 주었다.

김정일은 후에 선물 공세로 측근들의 충성심을 사고는 했지만 이미 촬영소 스태프들에게 이런 인심 장악술을 구사하고 있었다. 김정일은 촬영소에 상주하면서 그들의 사기를 높이기 위해 영화예술인 체육대회를 개최하고 '영화'라는 이름의 서커스팀까지 만들었다.

이때부터 문화예술부문 종사자들 사이에서 김정일은 '영명한 지도자', '친애하는 지도자'로 불리게 된다.

유명 여배우를 빼앗다

1967년 영화부문을 담당하게 되면서 김정일은 예쁜 여배우들과 보내는 시간이 많아진다. 평양의 조선예술영화촬영소에는 북한 전역에서 고르고 고른 미녀들이 모였다. 김정일이 고교 시절 경탄의 눈으로 훔쳐본 친구의 형수, 성혜림도 그중 한 명이었다.

성혜림은 당시 30세. 열한 살 된 딸이 있었지만 꾸민 곳이 없는 듯한 그녀에게서는 독특한 분위기가 흐르는 듯했다.

"그 애는 화장할 줄도 몰랐다. 늘 뒷전에만 숨고 말도 잘 안 했다. 미장원에 가는 법도 없이 생머리를 동여매고 뒤통수에 올려 큼직한 핀을 질러 놓아 수탉 꼬리처럼 머리끝이 너풀거렸다."(『등나무집』에서)

서울 태생인 성혜림에게는 북한에서 바람직하게 여기는 '거친 혁명성'은 조금도 없고 오히려 연약하게 보였다. 늘 뒷전에 숨어 있었고, 말도 별로 없었다고 한다. 그래도 주위의 눈길을 끌었다. 정기적으로 서로를 비판하는 '사상총화회'에서는 반드시 표적이 돼 '비판대'에 섰다.

성혜림에 대한 괴롭힘이 최고조에 오른 바로 그때 예술부문을 총괄하는 김정일이 촬영소에 나타났다. 고교 시절 반했던 젊은 유부녀와 재회한 순간 김정일이 보인 반응을 확인할 기록은 없지만 아무튼 두 사람은 급속히 친해졌다고 한다.

성혜랑은 수기에 이렇게 쓰고 있다.

"혹시 그들이 보통 사람들이었다면 사이좋게, 재미있게 살아갔을 것이다. 그들은 감성, 예술적 센스, 기지가 서로 같아 손뼉이 짝짝 맞듯이 잘 어울려 서로 감각을 공유하며 즐겁게 살 수 있는 친구 같았다."

두 사람이 언제부터 동거를 시작했는지는 성혜랑도 몰랐다고 한다. 다만 1968년이 되자 주위 사람들이 알 정도로 깊은 사이가 돼 있었다.

김정일보다 네 살 연상인 성혜림은 1937년 서울 종로구 계동에서 태어나 세 살 때 성동구 왕십리로 이사했다. 아버지 성유경成有慶은 손꼽히는 양반 가계의 후손으로 대지주였다. 어머니 김원주金源珠는 당시 여성으로 보기 드문 일본 유학생 출신의 지식인이었다. 결혼 전부터 좌익사상에 경도돼 있었던 이들은 1945년 12월 '남조선노동당(남노당)'에 가입했으며 조상 대대로 물려받은 광대한 토지를 모두 소작인에게 나누어 주었다. 헌신적인 당원이 돼 자신들의 집을 남노당 간부의 은신처로 제공했다. 북한에 넘어가 부수상 겸 외무장관을 지낸 박헌영이나 김일성종합대학 총장을 지낸 허헌許憲 등 거물들이 그 집을 드나들었다. 후에 일본공산당 제1서기가 된 노사카 산조野坂參三도 종전 후 중국 연안延安에서 일본으로 돌아가던 도중 그의 집에서 묵기도 했다고 한다.

성혜림은 한국전쟁 발발 후인 1950년 9월 어머니를 따라 월북했다. 서울 풍문豊門여중에 다녔고 북한에서는 평양제3여자중학교를 다녔다. 성혜랑은 중학교 시절 "혜림은 길 가는 사람들이 걸음을 멈추고 돌아볼 정도로 빼어난 미모와 날씬한 몸매의 소녀였다."라고 한다.

졸업 후 잠시 김일성종합대학 예비과에 다녔지만 신설된 평양예술학교로 전학을 갔다. 졸업과 동시에 김정일의 친구 이종혁의 형이며 소설가 이기영의 아들인 이평과 결혼했다. 겨우 18세 때였다. 성혜림 모녀처럼 월북한 이기영은 '조선의 고리키'로 불리는 문단의 중진으로 널리 알려져 있었다.

결혼 다음 해 성혜림은 여자아이를 출산한다. 그 후 교육에 관심이 많던 어머니 김원주의 권유로 1958년 평양연극영화대학에 진학한다. 북한에서 기혼 여성이 대학에 다니는 것은 드문 일이었지만 딸을 위해 '혁명 간부'이기도 한 어머니가 관계자들을 두루 설득한 덕분이었다.

성혜림은 졸업을 앞둔 1962년 극영화 〈분계선 마을〉에 주연으로 출연해 전형적인 조선 여성의 모습을 모범적으로 연기해 보였다는 절찬을 받았다. 일약 스타로 떠오른 것이다. 그러나 김정일의 눈에 띄기 전에는 부모가 지주였기 때문에 성분이 나쁘다는 이유로 늘 비판 대상이 됐다.

김정일과 동거를 시작한 것은 1969년경으로 보인다. 김정일이 전 남편으로부터 그녀를 빼앗아 함께 살기 시작한 것은 최대의 '극비 사항'이었다. 촬영소 내에서는 성혜림이 공작원으로 뽑혀 어딘가에 갔다고 설명됐지만 성혜랑에 따르면 지도자(김정일)가 그녀를 빼앗아 동거하고 있다는 소문이 비밀리에 나돌았다고 한다.

"그러나"라고 성혜랑은 말한다.

"혜림이 타산적으로 김정일을 받아들였는가고 묻는다면 나는 그렇지 않다고 대답한다. 두 사람은 서로가 잘 맞는 한 쌍이었다."

더 나아가 혜림은 밖에서는 수줍어해도 집에서는 기지가 넘치는 데다 유머가 넘치는 여자였다고도 쓰고 있다.

김정일과 성혜림 사이에 장남 김정남이 태어난 것은 1971년 5월 10일. 자동차에서 기다리고 있던 김정일은 아기가 태어났다는 알림을 받고 새벽임에도 불구하고 병원 안이 떠나갈 정도로 크게 경적을 울렸다고 한다.

김정일이 아들을 얼마나 사랑했는지는 어린 시절 김정남의 교육담당이기도 했던 성혜랑의 수기 곳곳마다 적혀 있다.

"(김정일은) 칭얼거리는 아기를 포대기에 싸서 엄마처럼 업어 재우기도 하고, 울음을 그칠 때까지 안고 있기도 하고, 달래려고 말을 걸며 함께하기도 했다."

가족들에게 보이는 김정일의 이런 얼굴과 밖에서 보이는 얼굴은 전혀 달랐다. 후에 한국에 망명한 전 외교관 고영환은 재직 중 몇 번인가 김정일을 만났지만 웃는 얼굴을 본 적은 없고 늘 딱딱한 표정을 짓고 있었다고 한다.

"김정일이 방에 들어오면 나이 먹은 정치국위원까지 허리를 90도 굽혀 인사를 한다. 그는 알았다고 하는 듯이 머리만 조금 끄덕이며 방 안을 죽 둘러보는데 그 시선에 모두가 압도당했다."

고영환의 수기는 계속된다.

"(김정일은) 인사를 하는 사람의 얼굴을 쳐다보지도 않고 차가운 표정으로, 손에 힘을 주지 않고 건성으로 악수를 한다. 마치 앞에 있는 사람들은 사람도 아니라는 듯이 취급한다."

성질이 급한 사람이라는 증언도 많다. 담당자가 전화로 현장의 보고를 받아 적고 있는 와중에도 김정일은 기다리고 있으니 빨리 보고하라고 재촉했다고 한다. 또한 김정일로부터 전화가 걸려오면 그 부서는 벌집을 쑤신 듯이 전원이 법석을 떨었다는 것이다.

원로들을 농락하다

김정일이 아버지 김일성의 후계자로 가는 계단을 착착 밟아 올라가고 있을 무렵, 또 한 명의 후계자 후보로 지목되던 숙부 김영주는 지병 치료를 위해 요양소를 전전하는가 하면 소련과 루마니아로 가서 치료를 받는 일도 잦아졌다. 『곁에서 본 김정일』의 저자 신경완에 따르면 "(김영주는) 평상시에도 아무 일도 없이 갑자기 혼수상태에 빠지는 일이 잦았으며 자율신경실조증을 앓고 있었다."라고 한다.

성격이 원만하고 지식인 타입인 김영주는 주위 사람들로부터 평은 좋았지만 그 반면에 치열한 권력투쟁을 벌일 만한 뻔뻔함은 없었다. 형

1984년 북한에서 간행된 전기 『시대의 별』에 게재된 집필 중인 김정일.
'친애하는 지도자 김정일 동지'라는 설명이 붙어 있다.

김일성으로부터 일에 대한 의욕이 없다는 말을 들으면 당장 병을 핑계로 집에 틀어박혀 나약한 모습을 보였다.

1970년 여름, 김영주는 치료차 루마니아로 떠났다. 11월 개최 예정인 노동당 제5차 대회 준비는 당 조직지도부장인 그의 책임이었지만 3개월간이나 평양을 비워야 했다. 그사이 그를 대신해 당내의 실무를 처리한 것은 같은 해 9월 선전선동부 부부장 겸 조직지도부 부부장에 취임한 김정일이었다.

김정일은 조직지도부 제1부부장 박수동과 콤비를 이뤘다. 김정일의 추천으로 김일성대학 당위원회 서기에서 당내 업무를 총괄하는 가장 중요한 자리로 일약 승진한 박수동은 김정일에게 절대적인 충성심을 보일 필요가 있었다. 배운 것이 별로 없는 항일 빨치산 출신자가 많은 당중앙위원회에서 젊고 의욕적인 김정일의 활약은 눈에 띄었다. 중앙위원회 전체회의에 제출될 사업총괄보고서 작성은 정치적인 수완이 필요한 작업이었다. 통상 당총서기인 김일성이 초안을 잡고, 그것에 기초해 전문가 팀이 수개월 동안 토의를 거듭해 완성시켜 왔다.

김정일 아래에서 당 5차 대회 준비를 도운 신경완은 "김정일은 모든 일을 완벽히 처리했다. 보고서를 작성하는 과정에서는 전문가로부터 토론 내용을 듣고 안건을 수정 보완했다."라고 회상했다.

이 대회를 계기로 김정일의 당내 입지는 보다 단단해졌다. 김정일을 그때까지 '부부장 동지'로 부르던 간부들이 '지도자 동지'라고 부르게 된 것도 이 시기이다. 당대회가 끝난 후부터 대극장이나 영화촬영소에는 '친애하는 지도자 동지의 말씀을 실천하자'는 슬로건이 걸린다. 조선예술영화촬영소 당위원회는 '친애하는 지도자 동지'를 공식적인 호칭으로 할 것을 만장일치로 의결했다. 주위 사람들이 차세대 '지도자'로 보는 분위기가 만들어져 가는 중이었지만 김정일은 간부들의 마음을 사로잡기 위한 노력을 아끼지 않았다.

신경완은 "(김정일은) 어떤 간부의 자녀가 외국어를 공부하고 있다고 들으면 테이프레코더를 선물했다."라고 증언한다. 다른 사람은 말할 것도 없이 신경완도 선물을 받은 사람 중의 한 명이다.

"김정일이 선전선동부문을 담당하고 있을 무렵 영화나 보도부문의 경우 손목시계나 TV, 냉장고 등을 받지 못한 간부는 없었다."

설날에는 부내 담당자들을 위해 연회를 베풀고 '돌아갈 때는 꿩 3마리와 돼지고기를 선물로 주었다고 한다.

여덟 살 때 어머니를 잃고 계모와 엄격한 아버지 아래에서 소년 시절을 보낸 김정일은 주위의 환심을 사는 데 능했다. 적이라고 생각되는 사람은 가차 없이 처벌하는 한편 필요로 하는 사람이나 부하에게는 상대가 황송해할 정도로 선물 공세를 폈다. 아버지의 전우였던 빨치산 세대 원로 전원의 생일을 기록해 놓고 선물을 보내고 성대하게 축하해 주었다. 빨치산 세대들은 빈틈없는 '연출'을 얄미워하면서도 마음을 주었다. 당 5차 대회를 전후해 제1부수상 김일과 당중앙위 부위원장 최용건, 민족보위상 최현 등 중진은 공식 석상에서 김일성에게 "김영주 동지가 완치될 수 없는 병을 앓고 있다면 그의 직책은 다음 세대에게 넘겨야 한다."라고 말하게 된다. 약효가 즉각 나타난 것이다.

1971년 4월 당 제5기 2차 대회 종료 후 열린 중앙위 정치위원회에서 후계자 문제가 정식 의제로 올랐다. 이 자리에서 김영주가 김정일을 조직, 사상 담당 서기 자리에 추천한 것으로 돼 있다. 김영주가 정권 내의 기류를 알고 김정일을 추천하는 모습을 보인 것인지, 형 김일성의 의중을 시험해 볼 생각으로 마음에도 없는 말을 한 것인지는 불분명하지만 제안은 부결된다. 김일이나 최용건, 최현 등은 지지를 표명했지만 인민군총참모장 오진우가 태도를 보류했다. 김일성이 "조금 더 상황을 보자."라고 발언했다. 이 자리에서는 김정일을 후계자로서 공식 추천하기 전에 우선 김영주가 지휘해야 할 업무의 일부를 정식으로 김정일이 책임지기로 합의했다.

그 후 잠시 후계자 문제는 봉인됐지만 1971년 9월 김일성에게 충격을 주는 사건이 중국에서 일어났다. 중국공산당 중앙위원회 주석 마오쩌둥毛澤東의 '가장 친밀한 전우이며 후계자'로 알려진 부주석 린뱌오林彪가 "마오쩌둥을 암살하려다 실패, 소련으로 도망가던 중 비행기가 추락해 사망했다."라는 발표가 있었던 것이다.

이 사건을 계기로 김일성은 후계자 문제를 진지하게 생각하지 않으면 안 되었다. 후계자를 둘러싸고 혼란이 생기는 것을 염려한 빨치산 출신들도 이 문제를 당면한 가장 중요한 과제로 인식해 정치위원회에서 여러 차례 후계 문제를 논의했다. 김일성은 그 당시 59세로 젊었지만 목 뒤에 생긴 혹이 서서히 커지면서 건강을 염려하는 말도 들렸다. 그러나 빨치산 그룹 중에서는 태도를 확실히 표명하지 않는 사람도 있었다. 군부에서 절대적인 영향력을 행사하는 오진우는 김정일의 계모 김성애의 친척들과도 친했다. 오진우는 김성애가 난 김정일의 이복동생 김평일에게 호감을 가지고 있었다.

1972년 4월 환갑을 축하하는 잔치가 끝난 뒤 어느 날, 김일성은 빨치산 그룹 원로들을 한자리에 모았다. 김일, 최용건, 최현, 오진우, 김영주 등 최고 간부들이었다.

김일성은 "동지들, 해방을 맞은 것이 어제 같은데 벌써 30년 가까이 지나려 하고 있다. 오늘은 후계자 문제에 대해 의견을 듣고 싶다."라고 말을 꺼냈다.

"소련이나 중국을 봐도 (후계자 문제는) 강 건너 불이 아니다. 하루라도 빨리 대책을 세우지 않으면 안 된다. 누구를 후계자로 하면 좋겠나?"

최현이 입을 열었다.

"수령님, 그건 당연히 장손(일가의 뒤를 이을 장남)이지요. 모두 그렇게 생각하지 않습니까?"

김정일을 후계자로 하자는 제안에 표면적으로 반대의 목소리를 내는 사람은 없었다. 그렇다고 아직은 적극적인 호응을 얻은 것도 아니었다.

후계자를 잘못짚은 한국

1970년대 초 북한 권력 내부의 상황이나 각종 증언을 종합해 보면 김일성은 우선 동생 김영주에게 배턴을 넘긴 후 서서히 장남 김정일에게 권력을 이양해 간다는 구상을 하고 있었던 것으로 보인다. 그러나 계획은 궤도 수정을 할 수 밖에 없었다. 김영주의 건강 문제가 원인이었다.

한국의 중앙정보부(현재의 국가정보원) 내부 기록에는 당시 박정희朴正熙 대통령의 밀명을 받고 1972년 5월 평양을 방문한 이후락李厚洛 중앙정보부장과 북한 수상 김일성이 두차례에 걸쳐 가진 비밀 회담의 내용이 담겨져 있다. 두 차례 모두 김영주의 건강 상태가 화제에 올랐다.

5월 4일 심야인 0시 15분부터 김일성의 수상 관저에서 행해진 첫 번째 회담에서 이후락은 노동당 조직지도부장으로서 남북 비밀 접촉 북한 측 책임자였던 김영주의 서울 답방을 강하게 요구했다.

김일성: 지금 조직부장(김영주)은 와병 중입니다. 이번에는 내가 네가 나가지 않으면 안 된다고 말해서 회담에 나간 것입니다. 과로도 했기 때문에 치료 중입니다. 반나절 정도밖에는 일을 할 수 없습니다. 거짓말이 아닙니다. 긴장하면 일을 못합니다.

회담에는 김영주도 동석했다. 그러나 말을 거든 흔적은 없다.

이후락: 반나절이라도 좋습니다.

김일성: 병명이 자율신경실조증이라고 했던가? 병중임에도 불구하고 내가 말했기 때문에, 그게 당의 명령이기도 해서 이번에 이 부장과 만나게 된 겁니다. (서울에) 가는 것은 병이 나은 후로 합시다.

이후락은 그래도 김영주를 파견해 달라고 우겼지만 김일성은 화제를 바꿔 버린다. 같은 날 오후 1시부터 시작된 두 번째 회담에서도 이후락은 김영주 부장을 서울에 보내 달라고 한다.

이후락: 하루라도 좋으니 김영주 부장을 보내 주십시오. 박 대통령님께도 김영주 부장이 온다고 말씀드렸습니다.

김일성: 박 대통령도 이해할 겁니다. 다른 것도 아니고 신경병(정신질환)이라…

이후락은 그래도 끈덕지게 달라붙었다.

이후락: 와서 아무 말도 안 해도 좋습니다. 하루라도 와준다면 오고 가는 것이 관례가 만들어져서….

김일성: 다른 이유는 아무것도 없습니다. 다만 병 때문입니다. 의사들도 염려하고 있습니다. 그러니 사업(일)을 안 하려는 것이 아니라 못 하는 것입니다. 이번은 어렵습니다.

진의를 파악하지 못한 이후락은 건강 상태를 알아볼 생각으로 그날 밤 북한 측이 주최한 연회에서 김영주에게 집요하게 술을 권했다. 현장에 있던 적십자사 책임자 정홍진鄭洪鎭에 따르면 술을 마신 김영주는 그 자리에서 졸도해 혼수상태에 빠졌다고 한다.

회담을 통해 한국 측은 김영주의 병상을 알게 됐지만 북한 정권 내부에서 무슨 일이 일어나고 있는지 정확히 이해하지 못하고 있었다. 1천2백 쪽에 이르는 회담 기록에 김정일에 관한 언급은 전혀 없었다.

회담에서 한국 측 실무를 담당한 정홍진은 다음과 같이 증언한다.

"우리는 수집 가능한 정보를 모두 모아 분석해 김일성 다음가는 실력자는 김영주라는 결론에 이르렀다. 우리는 교섭 상대로서 김영주를 보내 주기 바란다고 요구했고 북측도 그것을 받아들였다."

실력자를 회담에 끌어내려고 김영주를 지명한 한국 측으로서는 북한 정책 결정에 영향력을 행사하는 사람이 김영주가 아니라 김정일이라는 사실을 알 까닭이 없었다.

김영주가 남북회담에 매달려 있는 와중에 김정일은 당 조직 장악에 매진하고 있었다. 1972년 7월 남북 공동성명이 발표되는 데까지 발전한 고위급 회담은 뒷전으로 한 채 김정일은 6월 양강도 혜산시惠山市를 방문하고 있었다. '보천보전투 승리 35주년' 기념행사를 주최한 것이다. 일부러 평양에서 멀리 떨어진 혜산의 행사에 참석해 대대적으로 선전을 한 데에는 이유가 있었다. 항일 빨치산 출신 원로들의 향수를 자극해 혁명 전통을 중시하는 '후계자'로서 자신의 모습을 과시하려는 의도가 있었던 것으로 보인다. 이때 김정일은 남북관계의 추이보다 자신의 장래에 집착하고 있었다.

평양에서는 12월 당중앙위원회 제5기 6차 대회가 열렸다. '사회주의 헌법' 최종안을 심의하고 당원증의 재교부를 결정했다. 김정일은 새 당원증까지 자신이 디자인하고 제작을 지휘했다. 새 당원증에는 김일성 사진을 곁들이고 겉표지를 파란색에서 붉은색으로 바꿨다. 김정일이 당원증 재교부 사업에 힘을 쏟은 것은 이것이 당 조직 장악을 위한 절호의 찬스라고 봤기 때문이다. 당원증의 재발행은 단순한 실무 작업이 아니었다. 재교부를 위해 당원들은 엄격한 심사를 통과하지 않으면 안 되었다. 김일성이 제창했다고 하는 '주체사상'에 대한 이해와 조직생활이나 사생활에 문제가 없는지를 세밀하게 점검하고 당원 자격의 가부를 재판정했다. 중앙위원회를 포함한 핵심기관이나 지방조직, 각 기업소, 협동농장의 말단까지 전 당원을 대상으로 한 '검열'은 그 후 6년간이나 계속됐다.

김정일은 마음에 드는 간부에게는 자신의 사인이 든 당원증을 주었지만 심사에서 문제가 있다고 판정된 당원은 용서 없이 당에서 쫓아냈다. 북한의 경우 당에서 쫓겨난다는 것은 모든 것을 잃는 것을 의미한다.

이때 김정일은 '주체사상'의 해석을 둘러싸고 공공연히 숙부인 김영주를 비판했다. 숙부의 생각이 마르크스주의 이론에 교조적으로 달라붙어 있다고 공격했다.

권력의 핵심에서 김정일이나 김영주 모두와 접할 기회가 많았던 황장엽에 따르면 "김정일과 김영주의 권력투쟁은 심각하게 전개되고 있었다. 김일성이 동생보다 자식 쪽의 손을 들어주는 듯한 인상을 받자 김영주는 병이 나서 드러누워 버렸다."라고 한다. 요양소에 들어 간 것은 그 때문이었다.

김영주나 김정일 모두 '주체사상'의 원리보다도 김일성이 무엇을 생각하고 있는지에 관심을 쏟았다. 황장엽은 회고록에 이렇게 쓰고 있다.

"김영주가 요양소로 간 뒤 얼마 지나지 않아 김정일로부터 전화가 왔다. '숙부가 계속 주체사상에 반대하고 있는데 황 선생이 가서 설득해 주십시오.'"

황장엽은 요양소에 있는 김영주를 방문했다. 3일간 함께하면서 주체사상에 관해 설명했지만 김영주의 고민은 철학에 있는 것이 아니었다. 김영주는 황장엽에게 이렇게 말했다.

"우리 집안에서는 아마도 김정일을 후계자로 결정한 모양이야…."

김영주가 의기소침해서 요양소에 틀어박혀 있는 사이 김정일은 당내에서 착착 기반을 굳혀 갔다.

앞길을 가로막은 계모

1970년대 초까지는 아직 김정일이 후계자로서 그 자리가 확실했다고 이야기할 수 없다. 숙부인 김영주 외에도 계모인 김성애가 가로막고 있었다. 막 태어난 김정남을 두고 벌어진 일화는 김정일과 김성애의 험악한 관계를 말해 주고 있다.

김정남이 태어난 곳은 김씨 일가나 최고급 간부들만이 이용할 수 있는 평양 봉화烽火진료소다. 병원 측은 소아과에 별도의 출입구를 만들어 김정남 전용의 병동을 만들었다. 성혜림의 언니 성혜랑에 따르면 남의 눈을 꺼리기보다는 김성애에게 알려지는 것이 무서웠기 때문이라고 한다. 성혜랑은 수기에 이렇게 쓰고 있다.

“어느 날 병원이 벅적하며 김성애가 소아과를 순찰하러 나온다고 의사, 간호사들이 긴장하여 돌아갔다. (정남) 할머니는 밀실에서 아기를 감춰 가지고 치료하는 중(생후 대장염을 앓고 있었다)이었다.”

성혜랑은 김성애가 돌연 소아과를 시찰한 이유에 대해 김일성 다음가는 권력자인 그녀가 눈엣가시처럼 미워하는 전처의 아들 김정일의 사생활을 조사해 증거를 잡아 김일성에게 보고하기 위해서였을 가능성을 들고 있다.

태어난 후 김정남을 돌봐 준 것은 성혜림의 어머니 김원주였다. 느닷없는 시찰에 그녀는 당황해서 포대기에 아기를 감추고 병원 뒤 포플러나무 숲에 몸을 숨겼다고 한다.

김정일은 1970년 9월 노동당 선전선동부 부부장 겸 조직지도부 부부장으로 승진해 당내에서 가장 중요한 부서의 권력을 손에 쥐고 있었다. 그러나 그래도 김성애의 권력에는 미치지 못했다. 당중앙 여성동맹 위원장이라는 공식 직함 이상으로 그녀에게 권위를 부여하고 있는 것은 남편 김일성이었다. 김성애는 김일성의 절대적인 신뢰를 받고 있었다.

1971년 1월 김일성은 전국농업대회에서 “김성애는 나와 같다. 김성애의 지시는 나의 지시로 알라.”라고 말했다. 김일성의 교시는 ‘무조건’이며 ‘절대적’으로 집행되지 않으면 안 된다는 원칙을 만든 것은 김정일이다. 아이러니컬하게도 이 원칙 때문에 아버지의 한 마디에 속박을 당하게 된다. 김정일의 곁에서 권력 핵심의 움직임을 보았던 신경완은 “김성애는 최고 권력을 좌우할 정도였다. 조선시대 왕비처럼 친척을 중용해 분파를 만들고 차츰차츰 남들은 안중에 없는 듯이 행동했다.”라고 증언한다.

그러나 김성애는 결정적인 미스를 범하고 만다. 특별 배급인 항일 빨치산 세대에 대한 특전을 없애려 한데다 김일성의 어머니 '강반석 여사를 따라 배우자'는 운동을 전개한 것이다. 각 직장에 '김일성 동지 혁명 사상 연구실'과 함께 '어머니 교양실'을 만들어 〈강반석 어머니를 따라 배우자〉는 소책자를 만들어 배포했다. 전 국민을 대상으로 '소책자 100번 읽기 운동'도 펼쳤다. 목적은 점차 커지고 있는 김정일의 생모 김정숙에 대한 숭배운동을 멈추게 하려는 것이었다. 김정일에게 호의적인 빨치산 세대를 견제하는 측면이 강했다. 빨치산 세대를 적으로 돌렸음을 의미하는 것이다.

당시 북한은 소련과 중국의 권력 동향을 상세하게 소개하는 내부 자료를 발간하고 있었다. 따라서 1971년 9월에 일어난 마오쩌둥에 대한 후계자 후보 린뱌오의 암살 미수 사건은 권력 내부에서도 화제가 되었다. 김일성은 후계자 문제를 진지하게 생각하기 시작했다.

남편의 속마음을 누구보다 잘 아는 김성애는 권력 내부에서 세력 확대에 분주했다. 아들 김평일은 고등학생에 불과했지만 크게 기대를 걸고 있었다. 그만큼 최대의 라이벌인 김정일을 미워했다.

남편의 위광을 빌어 김성애는 군을 제외한 당·정 분야에 영향력을 행사했다. 지시를 따르지 않는다는 이유로 지방 군 책임자급 4명을 포함한 많은 간부들을 사임시켰고, 정권 핵심에 친척이나 자신을 따르는 간부를 밀어 넣었다. 동생 김성갑金聖甲을 평양시를 총괄하는 당서기에 앉히고, 그 밑의 동생 김성호金聖浩를 조직지도부 부부장으로 승진시켰다. 종종 김일성의 전용차를 타고 마음대로 시찰을 나가 경호 현장의 혼란을 초래하기도 했다.

이러한 김성애의 전횡에 반기를 든 것이 김정숙을 그리워하는 빨치산 그룹의 소장파들이었다. 소련에 도망가 있을 때부터 김정숙과 친했고, 후에 호위총국장을 지내는 전문섭이나 사회안전부상 백학림, 만경대혁명학원 출신으로 공군 참모총장이었던 조명록 등이다. 그들은 김성애의 부정을 폭로하자고 김정일을 꼬드겼다.

김정일은 조직지도부에서 일을 배우기 시작한 매부 장성택에게 호위국(후에 호위총국)과 사회안전성을 동원해 김성애의 뒷조사를 철저히 하라고 명령했다. 이런 움직임을 눈치채지 못한 김성애는 공식 석상에서 김정일을 '정일이'라고 부르는 등 행동을 해 주위 사람들을 당황스럽게 만들었다.

그동안 계모를 비판하는 언동을 자제해 왔던 김정일은 마침내 1972년 4월에 열린 아버지의 환갑 축하 연회 석상에서 계모에 대한 반감을 노골적으로 드러냈다. 환갑 축하 연회에 참석했던 신경완에 따르면 김정일은 그날 아버지와 계모에게 생모 김정숙의 사진을 기념으로 선물했다. 여동생 김경희는 한국의 관습에 따라 아버지에게 술을 따른 후 큰절을 올리고는 갑자기 큰소리로 "어머니~"라고 부르며 엉엉 울기 시작했다. "어머니가 오늘 여기 계셨다면 좋았을 텐데…"라고 절규하기도 했다. 참석했던 소련 시절 김정숙의 동료인 나이든 여자들도 모두 "정숙아~"라고 부르며 큰소리로 울기 시작했다. 최용건, 김일 등 정권 중추의 전 빨치산 대원들도 덩달아 모두 울었다.

김정일 남매의 행동은 김성애에 대한 무언의 항의였다. 김정일은 이미 정권 내 중요 포스트 일각을 점하고는 있어도 아버지의 신뢰를 방패로 삼고 있는 계모의 권력을 없앨 만큼의 힘은 없었다.

후계자 후보의 한 사람인 숙부 김영주의 입장도 같았다. 권력의 핵심인 조직지도부 부장이면서도 김성애에게는 손을 댈 수가 없었다. 그날 김영주는 형 김일성의 소매를 잡고 눈물을 흘리며 이렇게 말했다고 한다.

"형님, 이 자리에 형수님이 없는 것이 원통합니다."

김영주는 원래 형과 김성애의 재혼에 반대했다. 중학교밖에 못 나온 김성애는 형수가 될 자격이 없다고 퍼뜨리기도 했다. 형에게 소련 유학을 다녀온 여자를 소개한 적도 있다고 한다.

김성애는 가족과 주위 사람들로부터도 소외된 존재가 돼 있었지만 그래도 김정일이 참을 수밖에 없었던 것은 계모의 문제를 잘못 다루었다간 역으로 아버지의 신뢰를 잃을 위험이 있었기 때문이다.

김정일은 꾹 참고 기회를 기다렸다. 결정적인 기회가 온 것은 1973년 여름이었다.

아버지와 계모의 틈을 찌르다

김일성의 후처 김성애는 애초부터 자신이 권력을 차지할 생각은 없었다. 모든 것은 아들 김평일을 위한 것이었다. 남편의 환갑 전까지 정권 내의 분위기는 김성애가 바라는 대로 되어 가는 듯이 보였다.

당시 김성애의 기세는 엄청난 것이었다고 한국에 망명한 전 외교관 고영환은 수기 『평양 25시』에 쓰고 있다.

"그녀의 기세가 최고조에 이른 1970년대 초기에는 김일성의 활동 소식보다 김성애의 활동 소식이 훨씬 크게 보도되고 '김성애 여사께서는'이라는 수식어가 문장마다 붙었다."

일반 가정에 김일성의 초상화와 함께 김성애의 초상화가 걸렸던 것도 이 시기였다. 김성애의 권위는 부동의 것인 듯이 보였다. 그러나 사소한 부부싸움을 계기로 그동안 들여온 공이 수포로 돌아간다.

1973년 여름의 어느 날, 김일성은 간부들을 데리고 평양 시내 시찰을 나갔다. 거기서 우연히 자신이 국립도서관에 해당하는 '인민대학습당'을 지을 생각으로 남겨 놓은 부지에 집이 한 채 서 있는 것을 보았다.

"누가 함부로 이곳에 집을 지었냐?"

김일성의 질문에 한 수행원이 "김성갑 동지의 저택입니다."라고 대답했다. 당시 평양시 책임자로 노동당위원회 책임서기였던 강성산이 지시해 김성애의 동생 김성갑을 위해 지은 것이었다. 김일성의 장모인 김성애의 어머니도 동거하고 있었기 때문에 문제가 되지 않을 것으로 본 것이다. 1970년대 전반 김성갑의 아이들 가정교사를 하다 1992년 한국에 망명한 평양사범학교(현재 김형직사범대학교)의 전 교수 김현식은 이 사건으로 김일성 부부의 관계가 소원해지기 시작했다고 설명한다.

김일성은 집무실로 김성갑을 불러 간부들 앞에서 호통을 쳤다. 김현식이 어머니로부터 들은 이야기로는 그날 저녁 김일성 부부간에도 말다툼이 있었다. 집으로 돌아간 김일성은 낮에는 화가 나서 조금 심했다고 딸 김경진에게 말을 붙이며 얼버무리려 했지만 김성애는 화가 풀리지 않은 상태였다.

"오늘 강성산은 모르는 체했다지요? 그 사람 탓이에요. 그런데도 책임은 다른 사람에게 돌린 것이라고요. 그런 것도 모르고 성갑이만 못살게 굴고…."

그러다 말이 더 격해졌다.

"그 애(김성갑)가 자신만 잘살려고 집을 지은 줄 아세요? 어머니를 위해서예요."

화를 삭이지 못해 해서는 안 될 말까지 해버렸다.

"당신 부모님의 묘는 그렇게 대대적으로 해놓고는 내 어머니는 좋은 집에서 살아서도 안 되는 겁니까?"

"뭐라고?"

더 이상 참을 수 없었던 김일성이 아내의 얼굴을 주먹으로 때리려고 한 순간 곁에 있던 아들 김평일이 차마 볼 수 없어서 사이에 끼어들었다.

"어머니도 좀 참으세요. 내가 대학을 졸업할 때까지 좀 참아요."

김성애가 감정적이 된 것에는 이유가 있었다. 환갑 축하연을 계기로 남편은 김정일의 말을 더 중하게 여기는 듯했다. 이복동생들에게 냉담한 김정일에게 남편의 신뢰가 옮겨가 버리면 자신의 지위가 곧바로 흔들릴 것을 무엇보다 두려워한 것이다.

당시 김평일은 대학 2학년. 1954년 8월생으로 김정일과는 비교가 안 될 정도로 혜택받은 환경에서 자랐다. 김일성은 젊은 아내 김성애가 낳은 김평일을 매우 사랑했다. 김정일보다 열세 살이나 어렸지만 고교 시절 이미 약 180센티미터의 당당한 체격으로 김일성이 자랑하는 아들이었다. 그는 우리 집에 장군이 나왔다고 주위에 으스대기도 했다.

마이클 리의 증언에 의하면 "김정일은 아버지와 닮은 김평일을 질투했다. 김정일은 어머니 김정숙을 닮았다는 말을 들었으며 평생 외모와 신장에 콤플렉스를 느꼈다."라고 한다.

당 고급 간부 자제들이 다니는 남산중학교 재학 중에도 김평일은 인기를 독점했다. 스포츠와 음악을 비롯해 과목 전반에서 최우수 성적을 거뒀다. "당시 남산중학교 전체가 휘둘릴 정도로 매력적인 학생이었다."(김현식의 수기)라고 한다. 중학교 시절 김평일은 고급 간부에게만 지급되는 소련제 고급 자동차로 등교했다. 김정일은 구형 볼가를 타고 있었다. 김일성의 의중을 잘 모르는 많은 간부들은 당연히 김평일도 후계자 후보의 한 사람으로 취급했다.

중학생이던 1966년 5월 김평일은 아버지를 따라 소련을 방문했다. 동행한 김일성 전 경호대장 오진우는 김평일을 자세히 관찰한 후 군의 재목(인재)으로 기르고 싶다고 김일성에게 진언했다. 오진우의 차남이 김평일의 동생 김영일과 사이가 좋아 오진우는 김평일에 대해 자세히 듣고 있었다. 이런 사정 때문에 1970년대 초까지 오진우는 김정일보다 김성애의 편을 들어 그녀의 권세를 지탱해 주는 하나의 축이 됐다.

김정일은 아버지와 계모 사이에 균열이 생기는 것을 호시탐탐 노리고 있었다. 앞서의 부부싸움이 김성애의 권세를 깎아 낼 절호의 찬스를 제공했다. 김현식에 따르면 김성갑의 저택 문제로 김일성 부부가 말싸움을 한 다음 날 김정일은 화가 풀리지 않은 김일성을 찾아가 곧바로 "수령님, 지금 상황이 조금 이상합니다."라고 말을 꺼냈다.

"여성동맹이 김성애 위원장을 받들어 당 조직을 무시하고 '이렇게 해라', '저렇게 해라' 하고 있습니다. 김성애 위원장의 활동연구실을 수령님 역사연구실보다 더 화려하게 꾸미고 있습니다."

김정일은 칼날을 평양시 당위원회 서기에서 해군을 관할하는 요직으로 자리를 옮긴 김성애의 동생에게 향했다.

"문제는 김성갑입니다. 그는 매일 마약 주사를 맞아 마약 없이는 살 수가 없게 된 지 상당히 오래전입니다."

그 말을 들은 김일성은 노발대발하며 "그런 형편없는 놈이 해군사령부 정치위원을 하고 있다니, 즉시 조치해."라고 말했다. 그리고 김정일에게 이렇게 덧붙였다.

"지금부터는 여성동맹이나 평양시당위원회에 관한 문제가 있으면 즉각 나에게 보고해."

최고 지도자로부터 언질을 받은 김정일은 김성애를 추종하는 세력을 한꺼번에 없애 버릴 행동에 나섰다. 당 조직지도부와 호위국의 간부 20명으로 만든 사찰팀을 평양시당위원회에 파견하고, 5개월간에 걸쳐 김성갑의 재직 중 비리를 철저하게 뒤졌다. 조사는 1974년까지 계속돼 그해 6월 김성애의 가족과 관계가 있는 간부는 한 사람도 남기지 않고 탄광이나 농촌으로 추방됐다. 김성갑은 해임돼 연금 상태에 놓였다. 간신히 여성동맹위원장 자리를 유지한 김성애는 남편으로부터 평양 근교 자모산慈母山 별장에서 반년간 칩거하도록 명령을 받았다.

북한에도 '홍위병'이 있었다

1973년은 김정일에게 있어서 공적으로나 사적으로나 모두 많은 것을 이룬 한 해였다. 동거하던 영화배우 출신인 성혜림과의 사이에서 장남 김정남을 얻었으면서도 또 다른 여자와 결혼을 해 정식으로 아내를 갖게 된다.

"어느 날 성혜림이 세 살 된 아기(김정남)를 업고 정원의 복숭아나무 아래에 있는데 김정일의 누이동생 김경희가 오빠를 데리러 왔다."

새 신부를 맞던 날, 김정일의 모습을 성혜랑은 수기 『등나무집』에서 이렇게 쓰고 있다.

"그날이 결혼식 날인줄 알고 있었을 텐데도 김정일은 여동생에게 등을 향한 채 잠만 잘뿐이었다. '가자요. 오빠. 가자요.' 시누이(김경희)는 대답도 않는 오빠를 흔들어 깨워 데리고 갔다. 혜림이는 아이를 업고 나무 아래에서 멍한 표정으로 서성거리고 있었다."

다른 여자를 맞는 김정일과 성혜림의 미묘한 심경이 엿보인다.

새 신부는 김정일과 법적으로 정식 관계를 맺은 김영숙이었다. 청진시에서 태어났으며 청진공산당대학 부학장을 맡고 있는 노동당 엘리트 간부의 딸이다. 지방 관청의 교환수로 일하다 평양 당중앙위 조직지도부 간부과로 옮겨 근무하던 중 김정일과 만났다고 한다. 성혜랑에 따르면 1973년 10월 김정일과 김영숙의 결혼은 '김일성의 지시'에 따른 것이었다. 후계자의 지위를 확실히 하기 위해 전력질주하고 있던 때이기도 하다.

김정일은 당내의 권위를 확고히 하기 위한 대규모 프로젝트에 착수했다. 바로 '3대 혁명 소조운동'이다. 그해 2월 '사상, 기술, 문화 등 3개 분야에 걸친 대혁명'을 벌이자며 시작된 운동으로 이를 권력 장악에 최대한 활용한 것이다. 김정일은 경제관리부문과 대학, 기업소의 과학자나 기술자로부터 미혼 남녀를 선발해 분야마다 '소조(소그룹)'를 편성했다. 그리고 20~50명으로 이루어진 이 '소조'를 각 기관과 공장, 협동농장에 파견해 현장을 감독, 지도하도록 명령했다. '소조원'으로 선발된 청년들은 '김일성'의 이름이 적힌 신분증을 지니고 파견된 곳에 상주하며 간부와 당원들의 사생활을 포함해 현장에서 일어나는 모든 문제들에 관하여 '자료'를 작성한 후 매월 '중앙당 3대 혁명 소조본부'에 보고했다. 김정일은 소조원으로부터 올라오는 보고서를 당 조직 재편에 철저히 이용했다. 나이든 간부들 상당수를 교조주의와 경험주의에 물들어 있다며 처분하고 자신을 추종하는 젊은 간부들로 차례로 교체했다.

'홍위병'이라는 완장을 낀 젊은이들이 방약무인하게 날뛰어 중국 사

평양 만수대 언덕에 있는 김일성 동상 앞에 선 김정일(『시대의 별』에서)

회를 혼란에 빠트린 문화대혁명처럼 북한에서도 최고 지도자의 권위를 등에 업고 거리낄 것이 없이 행동하는 소조원들은 각지에서 소동을 일으켰다. 소조원의 권한이 얼마나 대단했는지는 전직 외교관 고영환의 수기에 소개된 에피소드를 참고할 수 있다.

1973년 말, 국제관계대학에도 3대 혁명 소조원이 파견됐다. 소조의 책임자는 25세의 여성이어서 학장이 그다지 상대를 해주지 않자 소조원들이 학장실로 몰려갔다. 여성 책임자가 학장은 술에 취해 직무를 전혀 돌보지 않고 있다는 보고를 김정일에게 올렸고 이에 처분이 내려온 것이다. 사태의 심각성을 눈치챈 학장이 당서기 김영남에게 도와 달라고 요청했고, 김영남이 김정일을 찾아가 사정을 얘기하고 빌어 겨우 처벌을 면했다고 한다.

1973년 7월 당중앙정치위원회에서 김정일의 선전선동부장 취임이 결정됐다. 1개월 후 정치위원회 확대회의에서는 당중앙위 서기로 추천하는 안건이 토의됐다. 9월에 열려 거의 2주 계속된 당중앙위 제5기 7차 회의에서 김정일은 조직지도부장 겸 조직·사상 담당 서기에 선출됐다. 김정일은 선전선동부와 조직지도부의 수장, 2개의 당서기라는 당 중추의 가장 중요한 포스트들을 독점하게 된 것이다.

그러나 토의 내용은 물론 서기 취임 사실도 공표되지 않았다. 32세의 김정일에게 권력이 너무 집중된 데 대한 반발이 나오는 것을 우려한 듯하다. 서기 취임 직후 김영숙과의 결혼식이 거행됐다. 대외적으로 결혼을 해서 가정을 이룬 안정된 모습을 보여 줄 필요가 있었을 것이다.

후계자 발표에 앞서 당중앙위원회는 전국 규모의 '정지 작업(整地, 기초 준비 작업)'에도 착수했다. 우선 전 당원 앞으로 가장 중요한 사항을 비공개로 통보하는 통칭 '붉은 편지'를 보냈다. 그동안 별로 보낸 적이 없는 이 통보에는 중앙위 명의로 '후계자를 선출하는 의의'가 쓰여 있었

● **김정일이 후계자로 공인받기까지의 전 과정**

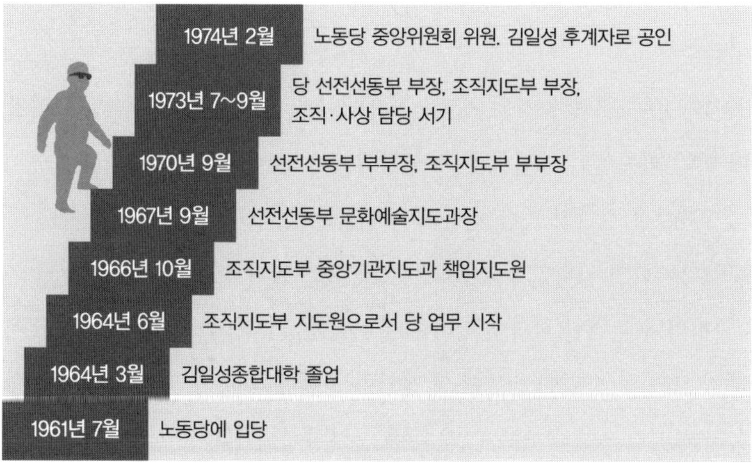

다. 그 후 당원들의 활동 거점인 '세포조직'에 김정일을 유일한 후계자로 추대하는 것을 지지하는 결의문을 작성하도록 하고, 당원마다 후계자에게 충성을 맹세하는 편지를 써서 중앙당에 보내도록 지시했다. 이처럼 공을 들이는 한편 조직적으로 '정지 작업'을 전개한 후 김정일은 당중앙위의 정책 결정 멤버인 정치위원회 위원에 취임하는 최후의 관문에 도전했다.

북한이 편찬한 『김정일전』은 김정일을 당 정치위원에 추천한 것은 오진우와 최현을 비롯한 항일 빨치산 출신의 원로 간부였다고 썼다. 김정일이 빨치산 부대 찬양 영화를 시작으로 매일처럼 원로들을 추켜올리는 작업을 벌여 온 노력이 결실을 맺은 것이다. 빨치산 출신의 정무원(내각) 총리 김일은 김일성에게 주석은 10대에 혁명의 길에 나섰고, 20대에 항일 유격대를 만들었으며, 30대에 조국을 해방시키고 당과 인민을 현명하게 이끌었다며 김정일을 정치위원으로 받아들이라고 건의했다고 한다.

"친애하는 김정일 동지는 당시 주석과 같은 30대입니다. 수령님께 제안하는 것은 이 김일이지만 이는 우리 항일혁명투사와 인민 모두의 뜻입니다."

1974년 2월 당중앙위 제5기 8차 대회가 열렸다. 『김정일전』에 따르면 회의 최종일인 13일 오진우가 일어서서 발언했다.

"김일성 주석의 뜻을 훌륭히 구현하고 있는 김정일 서기 동지를 당중앙위원회 정치위원으로 선출할 것을 제의한다."

회의에 출석한 황장엽(인터뷰)에 따르면 이 자리에서 김일성은 후계자 후보의 한 사람이었던 동생 김영주를 활동 의욕이 없고 나를 충분히 돕지 않았다며 힐책했다. 그런 다음 출석자에게 선언을 하듯 말했다.

"지금부터 당 활동에 관한 문제는 김정일 동지에게 집중시켜 해결해 나가도록 하라."

김영주는 아무런 권한이 없는 부총리로 강등됐으며, 김정일은 아버지에 다음가는 권력을 손에 넣었다. 정책 결정자가 된 김정일을 가리키는 '당중앙'이라는 특별한 호칭이 북한 언론에 등장한 것은 이때부터다.

제 4 장

공작 기관 장악과 납치

성혜림에게 총을 들이대다

김정일은 아버지 김일성의 신뢰를 얻는 데 성공해 정권 내에서의 지위를 다질 수 있었지만 사생활에서는 고민을 안고 있었다. 본처인 김영숙과 결혼할 때, 성혜림과의 사이에서 태어난 장남 김정남은 두 살 반으로 아장아장 걷고 있었다. 아버지의 사랑에 굶주리며 컸던 김정일은 장남에게 보통 이상의 애정을 쏟았다. 재롱을 피우는 정남을 식탁 위에 앉혀 놓고 귀여운 몸짓을 바라보며 밥을 먹기도 했다.

성혜림의 언니 성혜랑의 아들로 김정남의 소꿉친구였던 이한영(李韓永, 본명 李一男)이 서울로 망명한 후 출판한 『김정일 로열패밀리』에서 '빈 병에 아기 김정남의 오줌을 받는' 김정일의 모습을 담은 비디오를 본 적이 있다고 쓰고 있다.

김정남이 자람에 따라 김정일은 그를 어떻게 다뤄야 할지 골머리를 앓았다. 김정남이 다섯 살이 될 때까지 김일성은 성혜림 모자의 존재를 모르고 있었다. 1973년경 김정일은 자주 김일성의 눈을 피해 추종자들과 함께 밤늦게까지 술자리를 가졌다.

성혜랑의 수기 『등나무집』에 따르면 성혜림은 김정일을 불쌍하게 여겨 왔다. 성혜림은 어려서 어머니를 잃고 마음을 붙일 만한 곳도 없이 큰 데다, 아버지의 절대적인 권력 아래에서 고독하게 방황하는 남편을 가련한 동생처럼 생각하고 있었다는 것이다.

김정일은 성혜림과 동거 후인 1970년경 평양시 중구역中區域 중성동中城洞에 '15호 관저'라고 불리는 100평 정도의 '조그만' 집을 지었다. 그 전까지는 평양 중심부 보통문普通門 근처의 '5호 관저'에서 김경희 등과 함께 살았다. 단층의 단독주택인 15호 관저는 김정남이 탄생하자 1973년과 1978년 두 차례에 걸쳐 증축돼 김정남 전용의 오락실만도 300평이나 됐다.

"(오락실) 안에서는 전기 자동차를 타고 이동했다. 기둥이 없는 방이었기 때문에 운동장처럼 넓게 느껴졌다. 포켓볼 대가 있고 전자 오락기도 진열돼 있었다."(이한영의 수기)

김정일은 매년 세계 각지에 김정남을 위한 '생일 선물 구매단'을 파견해 100만 달러어치의 장난감 등을 사들였다. 세 번째 생일부터는 소련에 특별히 주문해 만든 어린이용 '장군복'을 입히고 관저에서 일하는 경비병과 종업원들을 모아 열병식도 했다. 바깥세상과 완전히 격리돼 살고 있는 장남의 응석을 최대한으로 받아 준 것이다.

그러나 성혜림 모자가 마음 편히 '외출'을 할 수 있는 장소는 평양 동부의 '85호 관저'와 '창광산蒼光山관저' 등뿐이었다. 85호 관저에는 연못과 낚시터가 있고 백두산과 금강산에서 가져온 기암괴석이 배치된 인공 폭포까지 있었다. 이한영에 따르면 거대한 정원에는 백두산에서 잡아온 사슴이 뛰놀고 있었다고 한다. 온갖 사치를 다 부린 관저이기도 했지만 사방이 4미터가 넘는 담과 그 위에 쳐진 고압선으로 둘러싸여 있었고 담 밖에는 15미터 간격으로, 그 안에는 30미터 간격으로 경비병이 배치돼 있었다. 성혜림 모자가 외출하는 일은 거의 없었다. 외출 시에 타는 소련제 승용차의 앞면을 제외한 모든 창이 짙은 커튼으로 가려져 창밖의 풍경을 즐길 수가 없었다.

아들이 자람에 따라 성혜림은 "이런 생활은 싫어요. 정남이를 빨리 아버님(김일성)과 만나게 해줘요." 하고 남편을 졸라 대기 시작했다.

"조금만 기다려. 지금은 때가 좋지 않다."

이처럼 달래는 김정일에게 성혜림은 "안 된다면 내가 직접 아버님에게 말씀드리러 갈게요." 하며 아이를 데리고 집을 나가려 한 적도 있었다. 이한영이 어머니 성혜랑에게 들은 바에 따르면 김정일은 달래도 듣지 않는 성혜림에게 권총을 꺼내 쏴 죽이겠다고 협박을 한 적도 있었다고 한다. 후계자로 막 공인된 김정일에게 있어 남의 아내였던 여배우와 동거하고 있다는 추문이 아버지나 정권 핵심의 원로들에게 알려지는 것은 무슨 일이 있어도 피하고 싶었던 것이다. 노동당 엘리트 출신의 아버지를 둔 김영숙과 결혼한 것도 김일성 등의 추궁을 피하기 위한 계산에서였는지도 모른다.

김정일의 결혼을 계기로 성혜림은 신경이 더욱 날카로워졌다. 김정일 일가와 함께 살게 된 후 들은 이야기를 이한영은 다음과 같이 기록하고 있다.

어느 날 성혜림을 찾아온 김경희가 속을 긁으려는 듯 이렇게 말했다.

"언니는 우리 오빠보다 나이도 많고 한 번 결혼해서 애도 딸린 여자니까, 정남이는 내가 키울 테니 여기서 나가시오. 노후는 잘 보장해 주겠소."(이한영의 수기)

김경희에게 아이를 빼앗기는 것이 아닌가 겁을 먹은 성혜림은 "정남이는 엄마인 내가 기른다. 정남이를 줄 수는 없다. 이런 생활은 싫다." 라는 말을 남기고 아이와 함께 한때 집을 나갔다. 성혜림은 언제 아들을 빼앗길지도 모르고 언제 쫓겨날지도 모른다는 강박관념에 사로잡혀 밤에는 불안해서 잘 수도 없었다. 이런 정신질환으로 급속히 건강이 나빠진 성혜림은 마침내 치료차 모스크바에서 장기 체류하게 된다.

성혜림이 고독 속에서 병과 싸우고 있던 1974년경 김정일은 당내의 지위를 굳히기 위해 매진하고 있었다. 후계자로 지명된 후인 1974년 10월에 개최된 당 제5기 9차 회의에서 모든 문제를 나에게 집중시키고, 나의 결정에 따라 집행하는 일사불란한 지도 체계와 무조건 복종이라는 규율을 세우지 않으면 안 된다며 다음과 같이 강조했다.

"모든 것을 나에게 집중시키는 것은 (김일성) 수령님에게 집중시키는 것과 마찬가지입니다. 나의 결론과 결정, 비준은 바로 수령님의 것입니다."

아버지의 절대화가 진행되면 자신의 권력도 강화되리라는 것을 일찍이 간파한 김정일은 김일성 우상화에 정열을 쏟았다.

북한이 편찬한 『인민의 지도자 김정일 서기』에 따르면 1975년 정월 초하루 김정일은 간부들 앞에서 이렇게 말했다.

"김일성 동지가 나이가 드실수록 우리는 김일성 동지의 권위를 더욱 철저히 옹호해야 하며 그 권위를 손상시키는 일은 0.001%도 해서는 안 됩니다. 김일성 동지는 그야말로 위대한 인간, 위대한 영웅, 위대한 지도자이십니다."

'김일성 주석'을 위해서는 0.001%의 거짓말도 허용되지 않는다고 말했다지만 김정일은 첫 손자마저 감출 정도로 사생활에서는 완전히 아버지를 속이고 있었다.

누이동생과 장성택의 열애

김정일이 후계자로서 지위를 굳히기 위해 필사적으로 노력하던 시기에 그를 뒤에서 지원해 준 것은 매부인 장성택이다.

장성택이 김정일의 누이동생인 김경희와 결혼한 것은 1972년. 두 사람은 김일성종합대학 재학 중에 만났다. 혼성합창을 하는 예술 서클에서 함께 활동했다. 소속도 모두 경제학부 정치경제학과여서 강의도 함께 들었다. 나이도 같은 두 사람은 1965년 대학에 진학했다. 당시 소련의 영향을 강하게 받고 있던 북한에서는 러시아 노래와 춤이 유행했다. 학생들은 교정이나 야외 활동에서 경쾌한 아코디언의 리듬에 맞춰 가볍게 러시아 춤을 즐기는 등 젊음의 자연스러운 정열을 발산했다.

장성택은 아코디언을 멋지게 연주했고, 노래도 잘 불렀으며, 춤에도 능했다. 지금으로 말하면 '꽃미남'이기도 했다. 반듯한 용모에 날씬한 체격으로 술도 잘했고 놀기도 잘해 여학생들에게 동경의 대상이 되었다.

강의 시간이 되면 김경희는 장성택 뒤에 앉았고, 쉬는 시간에 꺾어온 버드나무 가지로 귀를 간질여서 관심을 끌려 했다. 그 당시 김일성종합대학 총장이었던 황장엽에 따르면 장성택은 공부를 특별히 잘한 것은 아니었으나 무엇보다 세상 돌아가는 데에 밝고 영리했다.

언제부터 두 사람이 연애하기 시작했는지는 황장엽도 몰랐다고 하지만 먼저 호감을 갖고 접근한 것은 김경희 쪽이었다. 김경희는 둥근 얼굴에 피부가 하얗고 활발한 학생이었다. 황장엽은 김경희는 아주 당당하고 착실한 느낌을 주었다고 회고한다.

딸이 장성택과 사귄다는 소문은 김일성 귀에도 들어갔다. 결혼 상대를 고를 때 북한에서는 '출신 성분', 즉 혈통을 가장 중요시한다. 김일성은 곧바로 장성택의 가족 관계를 조사하도록 지시했다.

장성택은 1946년 1월 강원도江原道 천내군川內郡에서 5형제 중 막내로 태어났다. 아버지는 동네에서 '인텔리'라고 불리는 '지식인'으로 일본 식민지 시절에는 사무직으로 생계를 꾸려간 것으로 알려진다. 이러한 출신은 좋은 출신으로 분류될 수 없다. 숙부 장정환張正煥은 중국 동북부에서 항일투쟁에 참가한 경력이 있었으며, 해방 후에는 인민군 장교가 됐고, 1960년대 후반에는 인민무력부에서 근무했다. 조카가 최고 학부인 김일성종합대학에 입학할 수 있었던 것은 숙부 덕분이었다.

그렇지만 숙부가 소속된 부대는 김일성의 항일부대와는 계보를 달리한 데다 아버지의 출신 성분이 좋지 않아 김일성은 딸에게 당장 관계를 끊으라고 명령했다. 황장엽에 따르면 김일성은 자신의 계열과는 다른 활동가들을 멀리하는 경향이 있어 딸의 연인이 마음에 들지 않았던 것이다.

김일성은 노동당 핵심인 조직지도부 부장으로 있던 동생 김영주를 대학에 보내 딸과 장성택을 무리하게 떼어 놓으려 했다. 김영주는 총장을 방문해 사정을 설명한 후 거의 명령조로 "두 사람이 만나지 않도록 힘써 주기 바란다."라고 말했다.

황장엽은 이렇게 회고한다.

"나는 연애 중인 남녀를 강제로 떼어 놓을 경우 더 열을 올리는 것을 보아 왔기 때문에 김영주의 지시를 적당히 집행하는 척했다. 김영주로부터는 몇 번이나 세세한 지시가 내려왔다. 장성택을 잡아 오라는 연락이 있으면 대학의 업무를 중단하고 장성택 누나의 집으로 가서 찾는 척했다. 그것을 안 김경희가 총장실을 찾아와 총장이 왜 애정 문제에 간섭을 하느냐고 항의하는 일도 있었다."

둘은 헤어지기는커녕 비밀리에 더 만나고 있었다. 보고를 받은 김일성은 김영주에게 장성택을 평양에서 쫓아내라고 명령했다. 김영주는 할 수 없이 장성택을 강원도 원산경제대학(당시)으로 보냈다. 그래도 단념할 리가 없다는 것을 김영주도 알고 있었다. 따로 떨어져 있으면 사랑하는 마음이 더욱 불타오르는 법이다. 김경희는 아버지의 관용차를 '훔쳐' 타고 아득히 먼 원산까지 애인을 만나러 갔다. 쌓인 세탁물을 빨고 방을 청소한 후 돌아오는 식이었다. 평양에서 반대편인 원산까지 향하는 도중에는 최근 최고 지도자에 취임한 김정은의 지시로 대형 스키장이 만들어진 마식령馬息嶺이 솟아 있다. 말도 쉬어 간다는 험로를 넘나들며 '장거리 연애'를 계속했다.

1946년 5월생인 김경희는 성격도 생모인 김정숙과 꼭 같았다고 한다. 김영주는 황장엽에게 경희의 성격이 너무 세서 오빠인 김정일도 손사례를 친다고 털어놓았다. 김경희는 마침내 자리에 누워 버렸다. 딸의 고집은 최고 지도자로서도 다루기 힘들었다. 여기에 도움을 준 것이 김정일이다. 어렸을 적부터 무조건 누이동생 편이 되어 준 오빠는 아버지에게 이렇게 말했다고 전해진다.

"경희를 그냥 놔두다 사고라도 치면 큰일입니다. 장성택의 출신 성분이 문제라면 신분을 좋게 만들어 주면 됩니다."

김정일의 조언이 주효해 김일성도 교제를 인정했다. 졸업을 앞둔 1969년 두 사람은 함께 모스크바로 유학을 떠났다. 장성택의 누나 장계순張桂順도 함께했다. 장계순은 후에 주쿠바 대사 김영진金英鎭의 아내가 됐으며 2013년 장성택 숙청 후 부부가 함께 처형됐다고 전해진다.

대학 졸업 후 장성택은 당의 경제담당 부서 보조지도원으로 배속되지만 곧 조직지도부로 발탁된다. 김정일의 의도였음은 말할 것도 없다. 두 사람이 결혼한 후 김정일은 장성택을 조직지도부에 앉혀 '손발'처럼 부렸다. 후에 호위총국장이 되는 전문섭이나 사회안전성의 백학림, 군부 내 추종자들과의 비밀을 요하는 연락을 전담했다. 후계자 레이스에 방해가 됐던 계모 김성애의 부정을 뒷조사한 것도 장성택이었다.

놀기를 잘하는 매부를 술자리에도 끌고 갔다. 술자리에서 간부들에게 술을 억지로 마시게 하고 누가 몇 차례나 술을 바치러 왔는지를 체크하는 것도 그의 역할이었다. 전속 요리사로서 술자리를 가까이에서 지켜봤던 후지모토 겐지藤本健二는 『핵과 여자를 사랑한 장군님, 김정일의 요리사 최후의 극비 메모』라는 책에서 처남의 하인 노릇에 철저한 장성택의 모습을 이렇게 묘사하고 있다.

"장성택은 연회 도중 일어나서 큰 소리로 이렇게 말했다. '위대한 장군님 앞에 정렬!' 그 호령에 맞춰 우리가 장군 앞에 나란히 서면 '장군님께 건배', '장군님 만세!'라고 외치며 브랜디나 와인, 보드카를 마셨다. 이런 짓을 몇 번씩이나 반복했다."

김정일은 비장의 칼을 얻은 것이다. 처남의 권위를 대변하는 이런 매부의 모습에서는 처조카 대에 처형을 당하는 비참한 말로는 조금도 찾아볼 수 없었다.

자신을 위해 아버지를 신격화

1974년 2월 노동당 중앙위 제5기 8차 전체회의에서 경애하는 영도사 김정일 동지를 위대한 수령님의 후계자로 추대하는 결정이 내려지고, 김정일에게 '공화국 영웅' 칭호가 수여된다. 김일성의 동생 김영주는 당 조직담당 서기 자리에서 쫓겨나 후계자 후보로부터 완전히 탈락된다.

김정일을 후계자로 정식으로 지명한 이 회의를 계기로 북한은 크게 요동쳤다. 회의 종료 후 김정일은 곧바로 자기가 이끌던 당 선전선동부문의 부부장을 시작으로 과장, 지도원까지 전 간부를 출석시킨 강습회를 소집했다. 김정일은 중앙위 정치위원과 조직 · 사상 담당 서기, 조직지도부장, 선전선동부장 등 당의 가장 중요한 자리 5개를 독점하고 있었다.

"김영주 동지는 병을 구실로 당의 조직 지도 사업을 태만히 해 조직을 엉망으로 만들고 말았습니다. 우리는 김영주 동지가 당에 끼친 해독을 제거하지 않으면 안 됩니다."

1974년 2월 19일부터 장장 20일간에 걸친 강습회에서 김정일은 숙부를 '반당 분자'로 부르며 이렇게 통렬히 비판했다. 그리고 북한 사회를 훗날까지 속박하게 될 지침을 내렸다.

"당의 유일사상체계를 확립하고, 10대 원칙을 새롭게 만들어 사상을 재무장해야 합니다. 말단부터 중앙에 이르기까지 모든 조직에 새로운 당사업 기풍을 확립하기 위해 사상투쟁을 무자비하게 전개해 나가지 않으면 안 됩니다."

그 후 김영주의 '해독害毒을 제거'하기 위한 사상투쟁은 1년간 계속됐다. 한편 김정일은 자신을 중심으로 한 지도 체제 만들기도 서둘렀다. 최초로 내놓은 것은 '김일성주의'의 선포였다. 강습회 첫날 김정일은 '전 세계를 김일성주의화하기 위한 당 사상사업에 당면한 몇 개의 과제에 관하여'라는 제목의 연설을 했다. 당의 이론 확립에 깊이 관여한 황장엽은 망명 후 한국에서 출판한 회고록에서 '김일성주의'를 제창한 것은 웃기는 이야기였다고 말한다.

"김정일이 김일성의 사상을 김일성주의로 선포하고 김일성이 이를 지시했다는 것은 그들이 상식에서 크게 벗어난 주관주의에 빠져 있음을 노출하는 것이다."

권력을 장남에게 나눠 주게 되자 김일성의 사고방식에도 커다란 변화가 일어났다고 황장엽은 증언한다. 그때까지는 김일성의 사상에 관한 새로운 논문을 발표하려고 제안하면 주저하면서 이렇게 말했다고 한다.

"내가 마르크스나 레닌보다 낫다고 할 수 있을까?"

그러나 김정일은 아버지의 권위를 높이고 그 위광을 빌려 자신의 지도 체계를 굳히려 하고 있었다. 이를 위해선 무엇보다 아버지를 북한의 '살아 있는 신'으로 받들어 올릴 필요가 있었다.

전국 곳곳에 김일성 동상을 세우고, 김일성의 발길이 닿았던 장소에는 사적비나 사적관을 만들고, 작은 농촌에도 김일성역사연구실을 차례차례 만들었다. 평양 인근 만수대 언덕에 높이 26미터의 김일성 동상을 세운 것은 김정일이 후계자 지명을 앞두고 있던 1972년이다. 당과 행정부문의 여러 권력을 손에 넣은 1974년 이후에는 노골적으로 김일성 우상화 사업이 본격화되었다. 전국 약 14만여 곳에 동상이나 사적관 등이 설치됐다. 김일성의 65번째 생일에 헌상한다며 약 8억 9천만 달러의 거액을 투입, 엄청난 사치를 다해서 아버지의 전용 집무실인 '금수산錦繡山의사당'(현재 김일성과 김정일의 유체가 안치된 금수산태양궁전)을 건설한 것도 후계 체제 굳히기에 매진하던 이 시기의 일이다.

그렇게까지 추어올리자 김일성의 기분도 점차 이에 도취되기 시작했다. 황장엽에 따르면 1970년대 들어 자신의 부모와 조부모의 묘를 호

주체사상탑으로 보이는 모형을 앞에 두고 김일성 사적지 건설을 지시하는 김정일(『시대의 별』에서)

화롭게 고치기 시작하고 간부들의 참배를 강요했다. 기회가 있을 때마다 항일 빨치산 투쟁 경력을 자랑하고, 옛날 소련의 유명한 원수나 장군과 친했다고 허풍을 쳤다.

아버지가 찬미 일색의 무드에 도취돼 있는 사이 김정일은 '유일사상체계' 구축에 힘을 기울였다. 목적은 한마디로 말해 당과 국가의 실권 모두를 자신에게 집중시키려는 것이었다. 김정일은 김영주가 중심이 돼 1967년에 채택한 '당의 유일사상체계 확립 10대 원칙' 쇄신에 착수했다. 10대 원칙은 김정일의 손으로 약 6천 자, 10조 65개 항목에 달하는 상세한 '계율'로 모습을 바꾸었다. 주민들이 법률을 초월하는 이 '원칙' 전문을 암기해 엄격히 지키지 않으면 안 된다는 '규정'을 정한 것도 김정일이다.

북한이 오늘과 같은 피폐한 사회가 된 것도, 그리고 역으로 아직도 통제가 행해져 붕괴되는 것을 겨우 면하고 있는 것도 다 이 10대 원칙을 전 주민들에게 주입시켰기 때문이라고 말할 수 있다.

김정일은 자신의 생각과 말을 문장화하는 당 '216호실'을 아래에 두고 차례차례 현실과 괴리된 '이론'을 만들어 냈다. '10대 원칙'은 그 목적에 대해 서문에서 '전 당과 전 사회를 위대한 김일성 동지의 혁명 사상으로 일색화하는 것'이라고 선언하고 있다. 10대 원칙은 철두철미하게 김일성 절대화가 강조됐다.

● **당 유일사상체계 확립 10대 원칙**

1, **위대한 수령 김일성** 동지의 혁명 사상으로 온 사회를 일색화하기 위하여 몸 바쳐 투쟁하여야 한다.
2, **위대한 수령 김일성** 동지를 충심으로 높이 우러러 모셔야 한다.
3, **위대한 수령 김일성** 동지의 권위를 절대화하여야 한다.
4, **위대한 수령 김일성** 동지의 혁명 사상을 신념으로 삼고 수령님의 교시를 신조화하여야 한다.
5, **위대한 수령 김일성** 동지의 교시 집행에서 무조건성의 원칙을 철저히 지켜야 한다.
6, **위대한 수령 김일성** 동지를 중심으로 하는 전당의 사상 의지적 통일과 혁명적 단결을 강화하여야 한다.
7, **위대한 수령 김일성** 동지를 따라 배워 공산주의적 풍모와 혁명적 사업 방법, 인민적 사업 작풍을 소유하여야 한다.
8, **위대한 수령 김일성** 동지께서 안겨 주신 정치적 생명을 귀중히 간직하며 수령님의 크나큰 정치적 신임과 배려에 높은 정치적 자각과 기술로써 충성으로 보답하여야 한다.
9, **위대한 수령 김일성** 동지의 유일의 영도 밑에 전당, 전국, 전군이 한결같이 움직이는 강한 조직 규율을 세워야 한다.
10, **위대한 수령 김일성** 동지께서 개척하신 혁명 위업을 대를 이어 끝까지 계승하며 완성하여 나가야 한다.

당시 김정일 밑에서 일한 신경완은 『곁에서 본 김정일』에서 이렇게 증언한다.

“1974년 말부터 1975년 중반까지 김정일은 번개처럼 여기저기에 나타나 유일 체계 확립에 박차를 가했다. 그 기간 동안 그는 (이동 중인) 기차 안에서 잠을 잔 적이 많았다.”

그런 격무 속에서도 김정일은 정권 내에서 자신을 추종하는 간부들과 술자리를 빈번히 갖고 충성심을 사들였다. 김정일의 지도 체계 만들기에 관여한 황장엽도 술자리에 불려 간 적이 있었다.

김정일이 자주 연 술자리의 광경은 상상을 초월한 난장판이었다. 그 자리에서 한 사람을 지목해 “오늘부터 네가 당 중앙위원이다.”라고 선언해 버리면 그대로 됐고 누구누구는 모가지라고 하면 그대로 집행됐다.

그런 현실을 모르고 있던 김일성은 간부들 앞에서 이렇게 말했다고 한다.

“조직 비서가 내 아들이기 때문에 이렇게 말하는 것이 아닙니다. 정일 동지는 나의 혁명 사상과 주체사상을 가장 높은 수준으로 구현하고 있습니다.”

김정일은 후계자로 정한 것은 아들이기 때문이 아니라 자신의 사상을 가장 잘 이해하고 있기 때문이라고 강변한 것이다. 김정일에 의해 술자리에 불려 간 간부들보다 훨씬 더 ‘얼이 빠진’ 것은 바로 김일성 자신이었다.

왕국 건설로 외화 고갈

김정일이 후계자로 지명되자 북한 전역에서 뜨거운 지지를 받게 된다. 1974년 2월 이후 모든 지역에서 '김정일 동지에게 마지막까지 충성을 다하자'는 결의문과 서약서가 앞을 다투듯 채택됐다. 앞서 돌린 사전 정지 작업 통지가 효과를 내며 지방조직도 민감하게 반응한 것이다.

노동당의 가장 중요한 자리 5개를 장악한 김정일이 우선 착수한 것은 당 기구의 개편과 확대였다. 김정일의 권력 장악 과정을 자세히 지켜본 황장엽은 그는 실권을 쥔 이후 직원들을 엄청나게 늘렸다고 지적한다.

배포 큰 후계자로 보이기 위해 한꺼번에 중앙청사 10개 동을 신축하고, 대남공작부서만 들어가는 멋진 '3호 청사'도 별도로 지었다. 그때까지 주요 부서가 들어가 있던 본 청사는 자신과 측근만 사용하기로 하고 내부를 호화롭게 고쳤다.

"집무실은 3층 건물이다. 3층 전체가 김정일 전용 시설이다. 2층은 측근 부부장 20여 명의 집무실이고 한 사람에게 하나의 사무실이 배당됐다."

김정일의 안내로 장남 김정남과 함께 집무실을 구경했던 처조카 이한영은 『김정일 로열패밀리』에 이렇게 썼다.

"1층에는 비서실이 있고 전속 타이피스트 10명 정도가 일하고 있었다. 보고서를 김정일의 눈이 피로하지 않게 큰 글자로 다시 타이핑했다."

이 집무실은 성혜림과 김정남이 사는 15호 관저와 지하 터널로 연결돼 있다. 15호 관저에서 엘리베이터로 지하 약 100미터쯤 내려오면 폭 4~5미터, 높이 3미터 정도의 터널이 나온다. 김정일이 좋아하는 미국 영화에 나오는 '비밀 기지' 같은 모습이다. 걸어서 6분 정도의 거리인 터널을 김정일은 매일 운동을 겸해 걷거나 자전거로 왕복했다고 한다.

김정일은 아버지 김일성의 별장에는 거의 들르지 않았다. 집무실 외에도 자신만 사용하는 초대소(별장)나 수렵장, 특각(特閣, 별장 내 집무용 건물) 등을 차례로 증축했다. 그런 '김정일 왕국' 만들기를 추진한 사람은 매부 장성택을 중심으로 한 측근들이었다. 그중에서도 장성택의 지휘로 1970년대 중반에 시작된 김정일 전용 호화 보양 시설 '피로회복관' 건설은 북한이 불법 거래에 관여하는 계기가 된다.

이 건물은 평양시 보통강 구역에 광대한 토지를 확보해 시멘트와 철강재를 제외한 모든 건축자재를 외국에서 수입해 지을 계획이었기 때문에 많은 외화가 필요했다. 그러나 1970년대 들어 북한 경제에 어두운 구름이 끼기 시작해 김정일이 후계자로 지명될 즈음에는 외화 부족에 시달리고 있었다. 그래서 생각해 낸 것이 '충성의 외화벌이'다. 황장엽은 "(김정일이) 각급 당 조직을 모체로 충성의 외화벌이 조직을 만들어 시 · 도 · 군의 당 조직에 외화벌이 임무를 부여하고, 벌어 온 외화를 당에 바치는 체제를 만들었다."라고 회고록에 썼다.

외화벌이의 선두에 선 것은 외교부였다. 외교관이었던 고영환은 『평양 25시』에서 "김정일의 특별 지시를 받은 외교부가 각 대사관에 1년간의 외화벌이로 김정일에게 바쳐야 할 달러 액수를 할당했다."라고 증언했다. 외교부가 재외공관에 부과한 목표액은 발전도상국의 조그만 대사관의 경우 수만 달러, 중진국 이상의 대사관은 20~50만 달러였다.

"주 업무가 외교인 외교관이 1년 동안 빈손으로 그만한 외화를 번다는 것은 무리한 이야기였다. 외교관들의 외화벌이는 잘 진척되지 않았다."

이에 따라 외교부가 외교관들에게 지급한 것이 코카인 등 마약이었다고 고영환은 밝혔다. 세관 검사가 면제된 외교특권을 악용해 외교관들이 수하물로 마약을 외국에 가지고 나가 주변국에 팔아 상당한 재미를 보았다고 한다.

북한 외교가 타락되기 시작한 것도 이 시기였다. 김정일의 측근으로 마약 밀매에 깊숙이 개입한 길재경吉在京, 당시 스웨덴 대사가 마약 거래 혐의로 스웨덴 당국으로부터 국외 퇴거 명령을 받은 것은 바로 '충성의 외화벌이'가 최고조에 이른 1976년이다. 길재경의 뒤에서 재외공관 외화벌이를 지휘한 것은 당중앙위 외교담당 과장을 지내던 장성택이었다.

김정일은 당 기구 개편을 핑계로 간부 자리도 대폭 늘려 추종하는 젊은 간부들을 차례로 요직에 앉혔다. 자신이 부장인 조직지도부에 그를 보좌하는 제1부부장 5명, 부부장 10여 명을 두기 시작한 것도 이 시기다. 김정일이 당사업에 손을 대면서 당 기구는 한없이 비대해졌다.

황장엽에 따르면 김일성종합대학에도 대학 당위원장이나 선전지도원 등 전임 당 활동가는 3명이었지만 단과대학마다 당서기를 두게 되면서 50명을 넘었다. 경찰 기구인 사회안전부(후에 인민보안부로 개칭)나 비밀경찰인 국가정치보위부(현재의 국가안전보위부)도 대학에 요원을 상주시켰다.

김정일이 실권을 장악한 때부터 경제는 하강곡선을 그리는 징후가 여러 곳에서 나타났다. 식량 배급권제가 도입되고, 비누나 식용유 등 자유롭게 손에 넣을 수 있던 생활필수품도 하나씩 거리에서 자취를 감췄다. 그러나 김정일의 관심은 경제에 있지 않았다. 하루빨리 그 자신을 중심으로 하는 체제를 굳히기 위해 당과 행정부문에 대한 단속을 강화했다. 스스로 강습회를 주최해 중앙과 지방의 간부들을 쉴 사이 없이 몰아붙였다.

"지금 도道 당 간부들의 수준은 낮은 상황입니다. 동무들의 지식과 경험은 모두 쑥대밭에서 얻은 낡은 것입니다. 문서를 만족스럽게 쓸 수 있는 사람도 없습니다."

1974년 6월에 행한 연설에서 지방 간부들의 능력을 이렇게 근본부터 깎아내렸다.

"간부들은 보고서 따위도 도道 당 선전선동부 간부나 신문기자들에게 써달라고 하는데 이는 정치가의 자질을 갖추지 못하고 있다는 것을 말해 주는 것입니다."

모든 것을 부정하고 새로 뜯어고치는 것으로 지도자로서의 존재감을 과시했다. 그때까지 닷새 정도 열렸던 강습회는 김정일이 주최하면서 15~20일간 계속되고 1개월간 열릴 때도 있었다. 후계자 공인 직후인 1974년 2월 28일 당 선전강습회 때 '당 활동에서 낡은 틀을 깨고 새로운 전환을 이룩하는 것에 대하여'라는 제목의 연설에서 김정일은 이렇게 말했다.

"지금부터 수령님과 나의 승인 없이는 어떤 문서도 하부 조직에 보내서는 안 됩니다."

조직지도부에 군과 행정부문마다 간부 인사를 통괄하는 간부과를 8개나 만들고, 각 부문을 임의로 사찰하는 7개의 검열과를 신설했다. 당·행정·비밀경찰 3개 라인으로부터 사흘에 한 번씩 반드시 보고를 올리도록 하는 '3선 3일 통보 체계'를 만든 것도 이 시기다. 이처럼 당 조직 전체에 정밀한 지휘명령 체계와 감시망을 만들어 갔다.

세습은 있을 수 없다… 의문의 죽음

김정일이 손에 넣은 권력은 실무 레벨에서 아버지 김일성을 능가했다. 그러나 권력 장악 과정을 가까이서 지켜본 황장엽이 회고록에서 "김정일이 당 기구를 즉흥적으로 움직이기에 이르자 그런 정치를 비난하는 소리가 높아졌다."라고 기술한 것처럼 한편으로는 독단, 전횡에 대한 불만이 당내에 부글거리고 있었다. 그런 반감을 김정일은 비밀경찰의 수를 늘려 자신을 중상 모략한다는 의심이 들면 용서 없이 체포해 처단함으로써 힘으로 눌러 버렸다고 황장엽은 회고한다.

대표적인 인물이 부총리 겸 경공업위원회 위원장 남일南日과 부주석 김동규金東奎, 대남공작담당 서기 유장식柳章植이다. 그중에서도 남일은 "공화국이라고 하는 우리 조선에서 봉건 왕조처럼 세습은 있을 수 없다."라고 김정일 후계 체제를 공공연히 반대했다. 그는 한국전쟁 당시 세계적으로 이름이 알려진 정권의 중진이었다.

소련 국적을 갖고 있었으며 소련이 북한에 파견한 사람 중 한 명인 남일은 정권 내에서도 신망이 두터웠다. 하여 간부들의 생살여탈권을 쥐고 있는 당 조직지도부장 김정일도 간단히 제거할 수 없었다. 김일성이 소련과 연계된 '소련파'를 숙청할 때도 손을 대지 못한 인물이다. 본명은 남정욱南廷旭, 그는 1913년 6월 전라남도 강진군康津郡에서 태어났다. 고향에서 초등학교까지 다닌 후 소련으로 건너가 현재의 우즈베키스탄 타슈켄트사범대학을 졸업했다. 소련군에 입대해 대 독일전에도 참전했으며 대위로까지 승진했다. 스탈린이 1946년 김일성을 지원하기 위해 파견한 한반도 출신자의 한 명으로 북한에 들어왔다. 다음 해 소련

군 대위 신분으로 미소공동위원회의 일원이 되기도 했다. 그의 이름이 널리 알려진 것은 한국전쟁 휴전회담에 북한 측 수석대표로 나온 후였다.

1951년 7월 8일 휴전에 관한 예비회담 자리에 등장한 남일의 모습을 전 세계의 신문은 대서특필했다. 대장 계급장을 붙이고 빳빳이 다린 군복을 입은 모습이었다. 금색 자수를 놓아 두 개의 선이 선명한 바지와 흰색 부츠가 독특한 존재감을 과시했다. 상아로 만든 파이프를 손에 들고 180센티미터 이상의 장신을 자랑이나 하듯이 느릿느릿 회담장에 나타났다. 부츠와 파이프는 김일성이 선물한 것임이 후일 밝혀졌다. 직책은 인민군 총참모장이었다.

"적의 수석대표는 일단은 미남자였다. 탄력 있는 근육, 햇볕에 그을린 얼굴, 통찰력을 말해 주는 눈, 강한 의지를 나타내는 듯 한일자로 굳게 다문 입이 인상적이었다."(1951년 7월 10일자 〈동아일보〉)라고 전하기도 했다. 의외로 한국 국민들도 북쪽의 '영웅'을 호기심에 가득 찬 눈으로 바라보았음을 알 수 있다. 남일은 휴전협정이 체결되는 1953년 7월까지 120회 이상이나 한국의 신문에 등장한다. 조금 거친 듯하면서도 끈질긴 교섭 전술에 유엔군 측은 크게 놀아났다.

김일성은 남일의 재능을 높이 샀던 듯 휴전협정 체결 후 대외용 간판 격인 외상에 발탁했다. 그러나 중국에서 들어온 '연안파'나 '소련파' 숙청의 계기가 된 1956년 종파사건에서 숙청은 면했지만 3년 후인 1959년 실권이 없는 부수상으로 쫓겨났다. 1966년에는 철도상, 1972년에는 정무원의 6명 부총리 가운데 한 명으로 '격하'됐다.

'신사'로 불리는 남일은 정권 내의 복잡한 일에는 관심이 없었던 듯하다. 그럼에도 김정일의 원한을 산 것은 김정일의 이복동생으로 후계자 경쟁의 라이벌로 지목되던 김평일을 지지하는 것으로 보였기 때문이다. 군 중진인 오진우가 그랬듯이 1970년대 중반 군부 내에는 김정일과 적대적인 김성애의 아들에게 호감을 가진 사람이 적지 않았다.

기회를 잡는 데 민감한 김정일은 후계 체제에 공공연히 반기를 드는 남일을 그대로 놔두면 정권 중추에도 반대 정서가 퍼질 것이라고 판단하고 그를 제거하기로 결심했다. 남일의 '사고사'가 갑자기 공표된 것은 그가 후계 체제에 반대를 표명한 후인 1976년 3월이다. 자동차가 거의 없는 큰길에서 타고 있던 벤츠가 트럭과 충돌해 사망했다는 발표를 사람들은 믿으려 하지 않았다. 홍콩 신문 〈사우스차이나모닝포스트〉는 '김일성, 남일 살해'라는 제목으로 '김일성이 창에서 떨어뜨렸다', '자동차에 치어 사망케 했다'는 등의 암살 의혹을 전했다.

남일의 죽음에 김정일이 관여했음을 의심케 하는 증언은 최근에 나왔다. 2000년대에 탈북한 전 북한 고위 관리가 말한 진상은 다음과 같다.

부총리에서 평안남도 안주安州에 있는 남흥南興청년화학공장 지배인으로 좌천된 남일은 1976년 2월 김정일로부터 호출을 받고 밤인데도 불구하고 평양으로 향했다. 남일이 타고 있던 관용 벤츠가 평양 근교 순안順安공항 부근을 통과할 무렵, 군용 트럭과 충돌하였고 그는 즉사했다고 한다.

"사고 현장에 간 사회안전부 교통조사과 부과장의 보고를 읽어 보니 의혹투성이였다."(전직 고위 관리)

사고를 일으킨 트럭은 '91'로 시작되는 번호판을 붙이고 있었다. '91'은 김정일 경호를 담당하는 호위 2국(당시) 소속 차량만이 붙일 수 있는 번호다. 사고 현장을 통제하고 있던 호위 2국 장교들은 질문을 하려는 부과장에게 이렇게 말했다.

“조용히 하고 있어. 시끄럽게 굴면 너도 나도 끝장난다.”

남일은 사라졌지만 세습 체제에 반대한 사람은 그뿐만 아니었다. 남일이 사망한 그해 6월 초, 김일성이 주최하는 당중앙정치위원회 회의에서 김동규가 김정일을 비판했다.

“김정일 동지가 당사업을 시작한 이래 남쪽에 친척이 있는 자나 남쪽 출신자가 소외되고 있다. 당의 단결을 위해서는 계급 정책을 개선해야 한다.”

또 이렇게도 지적했다.

“김정일 동지는 나이든 간부들에게 ‘노쇠’라는 꼬리표를 붙여 일선에서 후퇴시킨 후 자신을 지지하는 젊은 간부들을 대거 임용하고 있다.”

김정일이 펼치는 권력 굳히기를 위한 간부 쇄신의 급소를 찌르는 비판이었다.

“김정일 체제 만들기를 이렇게 서두를 필요는 없지 않은가. 김정일 동지의 추대는 인민이 납득할 수 있도록 시간을 갖고 추진할 필요가 있다.”

항일 빨치산 출신의 김동규는 전투 중 한쪽 팔을 잘라 내는 중상을 입은 ‘영웅’이다. 더구나 김일성과 또 다른 부주석 김일에 다음가는 넘버 3의 실력자였다. 솔직한 성격 덕분에 그를 정신적 지주로 존경하는 간부들도 많았다. 그런 ‘영웅’이 제기한 비판은 김정일에게 있어서 말할 수 없이 통렬했다.

미국 놈들에게 본때를 보여 줘라

부주석 김동규에 의한 김정일 후계 체제 비판이 터져 나온 1976년 6월의 노동당 중앙정치위회의가 끝난 지 한 달도 안 돼 김일성은 정치위회의를 다시 소집했다. 위기에 처해도 늘 김일성의 편에 서온 항일 빨치산 출신의 정권 중진인 최현과 최용건의 지지를 얻어 더 이상의 비판이 나오는 것을 차단하려는 것이었다. 최현은 인민무력부장 자리를 오진우에게 물려준 직후였다. 김동규보다 상위의 부주석인 김일은 늙어서 왕년의 힘을 잃은 상태였고 최용건은 병으로 결석했다. 최현과 김일은 김동규에게 '자기비판'을 시켜 사태 수습을 도모하려 했지만 김동규는 이렇게 말하며 강력하게 거부했다.

"나는 김정일 동무에 반대하는 것은 아닙니다. 공작 방법상 고쳐야 할 점이 있다고 말하는 것입니다."

총리에 기용된 지 얼마 안 되는 박성철 등 다른 정치위원들은 모두 침묵을 지키기로 작정한 듯 입을 다물고 있었다. 급기야 당 조직지도부 부부장으로 대외공작을 담당하는 연락부(후에 대외연락부로 개칭) 부장 유장식마저 김동규에게 동조해 김정일 비판에 나서는 역효과마저 낳았다. 유장식은 남북 분단 이후 처음으로 발표된 1972년 7월 남북 공동성명의 실무 입안자로 김일성으로부터 절대적인 신임을 받고 있었다. 그의 호방함을 1973년 5월 남북 고위급 접촉 당시 한국 측 대변인이었던 이동복李東馥이 증언하고 있다.

"(조직지도부의) 김영주 부장은 안녕하십니까?"

"모릅니다. 병이라든가 뭔가로 틀어박혀 있습니다. 어디서 뒹굴고 있는 것 아니겠습니까?"

김일성의 동생으로 상사이기도 한 김영주를 깔보는 듯한 이런 발언에 이동복은 깜짝 놀랐다.

두 번째 정치위회의에 출석한 유장식은 후보위원 자격에 불과했지만 공작 기관을 좌지우지하는 실력자였기에 간단히 무시할 수는 없었다.

유장식은 김정일의 '계급정책'을 문제로 거론했다. 자신을 중심으로 한 지도 체제를 굳히기 위해 김정일은 주민의 신분조사를 철저히 시행했다. 전 주민을 믿을 수 있는 사람과 믿을 수 없는 사람(동요 계층), 적대분자 등으로 재분류하는 '주민 요해了解 사업'을 이미 4년째 계속하고 있었으나 끝날 기미는 보이지 않았다.

"김정일 동지의 계급정책은 개선해야 합니다."라고 말하며 유장식은 단언했다.

"남한 출신자를 소외시켜 간부직에서 쫓아내는 것은 당의 단결에 불리합니다."

회의장의 공기가 김정일 비판으로 계속 기울어 가는 가운데 김일성이 입을 열었다. "정일 동무의 사업 방식에는 확실히 문제가 있다."라고 전제한 후 이렇게 계속했다.

"그러나 문제가 있다면 그때, 그 자리에서 지적해야지 왜 그 자리에서는 입을 다물다가 지금 와서 소동인가?"

김일성은 후계자의 자질에 대해 다시 문제 삼는 유장식 등에게 분노를 감출 수 없었다. 그렇다고 해서 정권 내에 결정적인 균열을 만들 수는 없어 결론을 보류했다. 그러나 이것을 그냥 두고 볼 김정일이 아니었다. 그 후 찾아오는 최대의 위기를 김정일은 기회로 삼는다.

1976년 8월 18일 남북 군사경계선의 판문점에서 세계를 뒤흔드는 사건이 일어났다. 포플러나무를 자르려는 미군 장교 2명을 북한 병사들이 도끼로 살해한 것이다.

공동 경비 구역 내의 '돌아오지 않는 다리' 근처에 있는 포플러나무들이 감시초소의 시계를 가로막는다는 이유로 한미 양국군을 중심으로 한 유엔군이 가지치기 작업을 시작했다. 옆에서 이를 보고 있던 북한군 측이 갑자기 작업 중단을 요구했다. 유엔군 측이 이를 무시하자 북한군은 일시 철수했지만 얼마 후 약 30명이 떼를 지어 몰려왔다. 그리고 "죽여라!"라는 외침과 함께 유엔군에게 달려들었다. 약 3분 동안 이들은 작업을 지휘하던 장교 1명을 도끼로 찍어 숨지게 하고 다른 1명을 곤봉으로 때려 숨지게 했다.

'도끼만행 사건'으로도 불리는 이 사건을 일으키도록 명령한 사람은 누구일까? 신경완의 증언에 따르면 경위는 이렇다.

미군이 포플러나무를 자르고 있다고 중앙에 보고가 올라온 것은 작업이 시작된 직후였다. 김정일은 "조선 사람의 본때를 보여 줘라. 총은 쓰지 말라. 미국 놈들에게 따끔한 맛을 보여 줘라."라고 명령했다고 한다. 당 · 군 · 비밀경찰의 '3선 통보 체계'에 의해 감시와 지시 망을 전국에 펼쳐 놓고 있는 김정일의 허가 없이 현장 판단으로 이런 사건을 강행하는 것은 생각할 수 없다.

사건 후 한국에서는 고도의 방위 준비 태세에 돌입해 '데프콘3'가 한국전쟁 후 처음으로 발령됐다. 사흘 후인 8월 21일 한미 양국군은 체면을 살리기 위한 포플러 벌목 '작전'에 착수했다. 도끼를 든 미 공병대 16명과 호위소대 30명, 한국군 특수부대 64명이 공동 경비구역에 들어갔다. 상공에는 헬기 27기와 B-52 전략폭격기, 전투기가 출동하고 한반도 연안에는 항공모함 미드웨이호를 중심으로 한 기동부대까지 전개돼 있었다. 제2차 한국전쟁으로 이어질 수도 있는 일촉즉발의 긴장이 흐르는 가운데 포플러나무는 절단되었다. 한국군은 즉각 철수하지 않고 북한군의 초소를 두드려 부수기 시작했다. 북한군은 그대로 추이를 지켜봤다.

같은 시각, 김일성은 김정일에게 분노를 쏟아부었다.

김일성: 누구의 명령이냐?

김정일: 미국 놈들이 일부러 한 짓입니다. 전쟁을 일으키기 위해 도발한 것이겠지요.

미군이 '제대로' 보여 준 임전 태세에 간이 오그라든 김일성은 포플러 벌목 작전이 끝난 지 한 시간도 채 지나지 않아 '유감의 뜻'을 표하는 친서를 유엔군에게 보냈다.

사태는 사흘 만에 수습됐지만 김정일은 이 위기를 오히려 호기로 삼아 정적 제거에 나섰다. 북한 전역에 준전시체제를 선포하고 총동원령을 내려 군부대에 전투태세를 갖추라고 명령하고 전쟁에 대비한다는 명목으로 평양 시민을 대거 소개疏開하는 작업을 시작했다. 그때 김정일은 남한 출신자와 지식인을 포함한 '불순분자' 약 20만 명을 평양에서 강제 퇴거시켰다. '소개 작업'이라고 이름 붙인 이 추방은 매부인 장성택의 지휘 하에 비밀경찰인 국가정치보위부(후에 국가안전보위부)가 수행했다.

준전시체제는 다음 해 여름까지 계속됐으며 김정일은 이를 기회로 김동규와 유장식을 쫓아내는 데도 성공했다. 1977년 10월의 당정치국 회의에서 김동규는 민심을 어지럽힌 죄와 함께 배반자로 낙인찍혔다. 유장식은 간첩죄가 씌워져 김동규와 함께 북부 지역 산속에 감금됐다. 김정일의 주도로 조작된 조사 자료가 증거로 제시됐고 소개 작업이 혼란스럽게 진행된 책임까지 뒤집어씌웠다. 두 사람에게 동조한 많은 군 간부들도 숙청됐다. 인민무력부 부부장 지병학池炳學, 같은 부부장으로 장성택의 숙부인 장정환, 당 검열위원장 지경수池京洙가 보위부에 연행됐다. 가혹한 추궁이 계속되는 가운데 지경수와 지병학은 차례로 사망했다. 과거 장성택을 비호한 장정환마저 해직돼 자강도로 추방됐다.

발각당한 도청 장치

군부는 군 경력이 없는 김정일을 쉽사리 따르려 하지 않았다. 그 대표적 인물이 인민무력부장을 지낸 오진우다.

군부에도 자신의 지시를 관철시킬 '유일 체제'를 구축하기 위해 김정일은 우선 군 내부 노동당 조직의 장악에 나섰다. 군 내부에서 김정일 지도 체제를 적극 지지하고 나선 것은 김일성의 사촌 누이동생의 남편 이용무李勇武였다. 이용무는 항일 빨치산 출신이 아닌 데다, 오진우와 같은 카리스마도 없었다. 눈에 띄는 군사적 공로도 없었음에도 불구하고 출세는 빨랐다. 주위에서는 김일성의 눈에 들었기 때문이라고 수군거렸다. 이용무의 인척이기도 한 강명도의 『평양은 망명을 꿈꾼다』에 따르면 부대 시찰을 나온 김일성이 이용무에게 이렇게 말을 걸었다고 한다.

"자네는 아직도 정치위원에 머물러 있는가?"

제2중앙정치학교를 졸업한 이용무가 사단 정치위원을 하던 1964년 경의 일로 보인다. 이 발언이 군 내에 알려지면서 같은 해 6월 인민군 총정치국 제1부국장으로 승진했다.

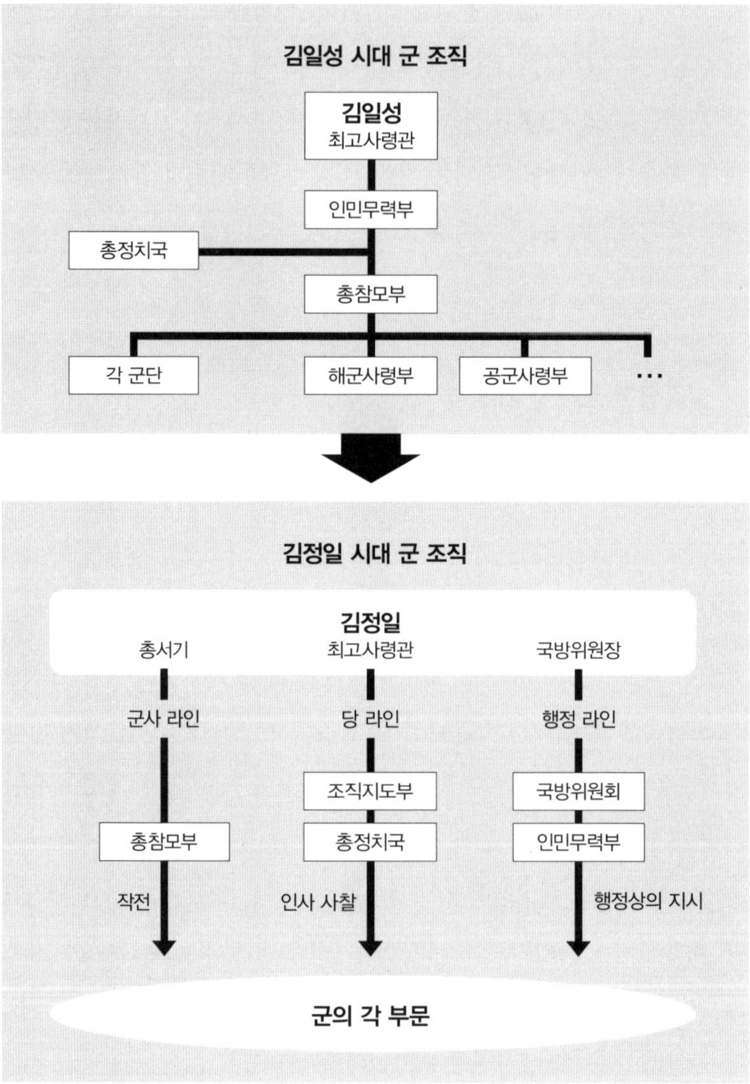

당 조직지도부의 영향권 안에 있는 총정치국은 군부 인사를 장악하고 있는 데다 '조직 생활'이라는 이름을 붙인 정기회의 등을 통해 군 간부들을 언제라도 사찰할 수 있는 기관이기도 하다. 김정일은 우선 군 내 조직 중 당 계통 아래에 있는 이 권력 기관에 손을 댔다.

조직지도부장 취임을 한 달 앞둔 1973년 8월, 김정일은 주요 보직에 대한 인사를 단행하였다. 그는 이용무를 총정치국장으로 기용하고 군 내의 사상 교육을 담당하는 인민무력부 선전부장에 측근인 박중국朴重國을 앉혔다.

이용무는 화려하게 노는 것을 좋아해 김정일과 기호가 비슷했다. 총정치국장에 취임하자 김정일에게 잘 보이기 위해 평양의 중심 창광산 기슭에 있는 인민무력부 소유의 웅장한 초대소(별장)에 군 협주단에서 뽑은 스무 살 전후의 젊은 여성을 데리고 와 접대하게 했다.

"두 사람 모두 여자를 좋아하는 공통점이 있었다. 당시 새로 나온 벤츠300 5대와 링컨 콘티넨털 등을 교대로 타고 다니며 전국 각지의 별장에서 호사를 마음껏 누렸다."(강명도의 수기)

이용무는 초대소에서 측근들을 모아 자주 주연을 베풀며 직권을 주저 없이 남용하는가 하면 군 산하의 예술단으로부터 젊은 여자들을 불러들였다. 술자리를 흥겹게 한 여자에게는 상으로 입당을 허가해 주고 김일성의 이름이 새겨진 스위스제 '김일성 시계'를 쥐어 주었다. 김일성 시계는 원래 사단장 이상이나 특별한 공을 세운 군인에게 수여됐으며, 받은 사람은 연금과 특별 배급이 죽을 때까지 보장됐다. 이런 여자들이 후에 술자리에서 간부들을 접대하는 '기쁨조'의 효시라고 강명도는 말하고 있다.

"어이, 저기."

이용무는 열세 살이나 아래인 김정일을 사적인 자리에서 이렇게 부를 정도로 우쭐거렸다. 김정일이 그를 너그럽게 옆에 두어 온 것은 오진우 등 군에서 등뼈가 자란 군 간부들을 견제하기 위해 어쩔 수 없었기 때문이다.

오진우가 1976년 5월 국방장관에 해당하는 인민무력부장에 취임하면서 김정일과 오진우의 대립은 최고조에 달했다. 동부전선에 배치된 제1군단장 인사를 둘러싸고 일어난 갈등이 이를 말해 준다. 바로 이 군단 사령관을 지낸 오진우가 빨치산 출신의 혁명 1세대를 기용하려고 한 데 대해, 이용무는 김정일을 추종하는 인물을 밀었다. 이용무가 군의 중진에게 정면으로 맞선 것은 뒤에 김정일이 있는 데다 그해 6월 정권의 핵심인 정치위원이 되는 데 성공했기 때문이었다. 1970년대 중반까지 군단장을 포함한 부장급 이상의 인사는 정치위의 결의를 거칠 필요가 있었다. 이 때문에 오진우와 이용무의 대립은 자연히 정치위원회 안건에 올라 김일성도 알게 됐다.

정치위 멤버는 당시 김정일과 이용무를 제외하면 전원 빨치산 출신이었다. 대립은 '김정일파 대 혁명 제1세대'의 양상을 띠었다. 마침 김정일이 원로들을 '노쇠'했다고 지적한 발언이 물의를 일으킨 지 얼마 되지 않은 때여서 아무리 김정일이라고 해도 이용무의 편을 들 수 없었다. 할 수 없이 이용무를 잘라야 했다.

1977년 10월에 열린 정치위 전체회의에서 이용무는 총정치국장에서 해임돼 자강도 임업사업소로 좌천됐다. 총정치국장의 자리를 오진우에게 주는 대신 김정일은 소년 시절부터 형처럼 사귀어 온 오극렬을 군부참모총장으로, 측근인 박중국을 인민무력부 부부장에 앉혔다.

박중국은 인민무력부 선전부장 시절 김정일의 개인숭배를 추진했던 인물이다. 『김정일 어록』을 작성해 군부대에 배포하고 다른 정치 기관에 앞서 군부대의 숙소와 학습실에 김정일의 초상화를 걸게 했던 인물이다.

한편 비슷한 시기, 군사분계선 판문점에서 미군 장교 2명이 살해되는 '포플러 사건'(1976년 8월)이 일어나 군부대에 대기명령이 내려진 가운데 오진우의 집무실에 도청기가 설치된 사실이 발각됐다. 김정일이나 그의 매부 장성택의 짓이라고 의심한 오진우는 비밀리에 조사를 진행한 결과 바로 인민무력부 부부장 박중국의 '범행'임을 알아냈다. 박중국이 김정일과 장성택이 마련한 술자리에 자주 초대됐던 것을 오진우는 알고 있었다.

신경완에 따르면 분노를 참지 못한 오진우는 김일성에게 달려가 "수령님 더 이상 인민무력부장을 못 해 먹겠습니다."라고 호소했다.

"내가 반동이나 된다는 말입니까? 남쪽의 스파이입니까? 내 방에 도청기를 설치한 자가 있습니다."

"그게 정말이냐?" 하고 놀라 반문하는 김일성에게 오진우는 "이 오진우가 수령님에게 거짓말을 한 적이 한 번이라도 있습니까? 부부장인 박중국이 한 모양입니다."라며 다시 한 번 못을 박았다.

"이 오진우를 무력부장에서 쫓아내든가 박중국을 쫓아내든가 수령님이 알아서 해주십시오."

결국 박중국은 쫓겨나게 되지만 김정일의 주선으로 쿠바 대사로 영전했다. 이용무와 박중국이 군을 떠난 후 총정치국장을 겸임하는 오진우에 대해 김정일은 참모총장으로 승진한 오극렬을 통해 감시를 계속했다. 전용 팩스를 이용해 군 내부의 사소한 일까지 매일 2차례씩 보고받았다. 오진우는 이를 알면서도 겉으로 문제를 삼지 않았지만 어느 날 장교들이 모인 장소에서 오극렬에게 분통을 터뜨렸다.

"이봐, 인민무력부에 주인이 몇이라고 생각하는가?"

김일성으로부터 절대적인 신뢰와 군에서의 압도적인 신망을 받고 있는 오진우를 제거할 방법이 김정일에게는 없었다. 마침내 군을 일거에 장악하기를 단념한 김정일은 군 최고 중진과의 대결을 피하고 그를 자기편으로 포섭하는 쪽으로 전략을 바꾼다.

좋아하던 스파이 영화를 현실로

1976년 후반까지 김정일은 인민군을 제외한 거의 모든 권력기관을 자신의 영향력 아래 두는 데 성공한다. 이를 가능케 한 것은 손발이 되어 준 국가정치보위부(후에 국가안전보위부)라는 특수기관의 존재였다.

영화를 통해 아버지 김일성과 원로들의 환심을 사 권력을 손에 넣었지만 '예술'만으로는 지위를 유지할 수 없다는 점을 그는 누구보다도 잘 알고 있었다. 그래서 눈을 돌린 곳이 공작 · 정보 부문이다. 김정일에게 있어서 공작 활동은 영화 속 세계 바로 그것이었다.

"북한이 납치나 암살, 폭파 등의 테러를 저지른 것은 김정일의 엽기적인 영화 취미와 관계가 있다."라고 미 CIA에서 대북 정보활동을 담당한 마이클 리는 증언한다.

"그는 스파이 영화를 특히 좋아했다."

김정일은 '유일 체제'를 지키기 위해서는 소련의 국가보안위원회(KGB)와 같은 비밀경찰이 없어서는 안 될 것이라고 아버지 김일성에게 자주 역설했다. 1973년 2월 15일 경찰 기구인 사회안전부(후에 인민보안

● **북한의 경찰 기구**

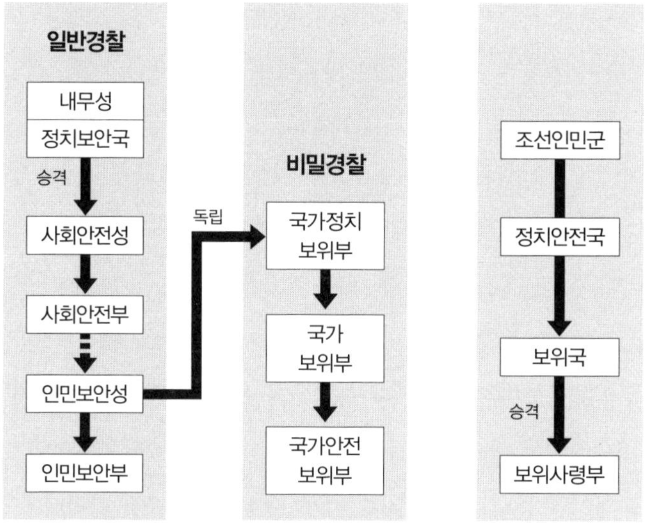

부)의 한 부서에 불과하던 정치보위부를 독립시켜 국가정치보위부로 발족시켰다. 초대 부장으로 김병하金炳河가 취임했다.

김병하는 호위부국장이던 1965년 4월 김정일이 경호 책임자로서 김일성의 인도네시아 방문에 동행했을 때 경호 실무를 담당했다. 일행이 자카르타의 대통령궁을 방문하기 직전 스카르노 대통령을 노린 폭탄 테러가 일어났다. 그때 김병하가 대통령궁에 들어가는 시각을 늦춰서 김일성 등은 간발의 차로 목숨을 건졌다.

김병하는 김정일로부터 절대적인 신임을 받아 사회안전상으로 약진했다. 그 후에는 초대 보위부장 등으로 순조롭게 출세해 김정일과 밀접한 관계를 유지했다. 그는 김정일이 유일 체제를 저해한다고 지목한 사람은 지위 고하를 막론하고 가차 없이 처단했다.

보위부에서 근무하다 한국에 망명한 백명규(가명)에 따르면 보위부는 김일성 절대화를 위해 김정일이 제정한 '10대 원칙'에 반하는 것으로 보이면 아무리 사소한 행위라도 적발해 냈다.

"무심코 말을 흘린 사람이나 〈노동신문〉 종이로 담배를 말아 피운 사람도 모두 정치범 수용소로 끌려갔다."

김정일은 김병하를 이용해 보위부 외에도 사회안전부나 군의 비밀 경찰부문인 보위국(현 보위사령부)마저 좌지우지할 수 있었다. 그렇게 함으로써 후환을 없앤 뒤 공작 기관 장악에 나섰다.

김정일이 각 부문을 장악하는 수법은 언제나 동일했다. 당중앙위원회에서 일했던 신평길이 쓴 『김정일과 대남공작』이란 책에 따르면 처음에는 대대적인 사찰을 벌여 문제점을 척결한 후, 인사를 쇄신하고 마지막으로 자신을 중심으로 한 지휘 체계를 만드는 수순을 밟았다고 한다.

1975년 6월 공작부문을 대상으로 한 집중 사찰이 시작됐다. 당 조직지도부의 사찰부문에서 32명을 선발했다. 중앙에 연고가 없는 지방 간부였던 서윤석徐允錫을 책임자로 한 검열팀을 연락부(후에 대외연락부)와 조사부(후에 대외정보조사부) 등 당 공작 기관과 산하 연구소에 보냈다.

"대남공작의 실무를 사찰하는 것이 목적이 아니라 모든 사람의 정치적 성향과 사상 문제를 검토하는 것이 목적이었다."(신평길)

사찰은 매일 거의 20시간씩, 그것도 5개월간 계속됐다. 김정일은 진척 상황을 하나씩 체크했다. 필요에 따라서는 현장을 시찰하고, 그 자리에서 간부를 처리하는 결정을 내리는 경우도 있었다고 한다. 당내에서는 동요가 커졌다. 신평길에 따르면 정신적인 문제를 일으킨 간부도 있었다. 조총련에서 활동하다 북한에 건너온 간부 한 사람은 단순한 실수가 정치 사상적 문제가 돼 엄격한 추궁을 받자 참을 수 없어 자살했다.

가혹한 사찰은 그것으로 끝나지 않았다. 사찰이 끝난 후인 그해 10월

1974년 5월 북한 북동부 함경북도를 시찰하는 김정일(1994년에 북한에서 간행된 『김정일 지도자』에서)

25일부터 11월 3일까지 검열 내용을 총괄하는 '총화회總和會'가 열려 김정일 자신도 4일간에 걸쳐 참석했다. 첫날 서윤석이 5시간 반에 걸쳐 보고를 행했다. 그때까지의 모든 대남 공작 활동을 전면 부정하는 것이었다. 대남공작과 관련한 70여 개 과에서 약 130명이 참가해 아침부터 밤 12시까지 '자기비판'과 '상호비판'을 거듭했다.

최종일에는 대남사업을 총괄하는 당의 담당 서기 김중린金仲麟이 공작 자금을 함부로 쓴 '과오'에 대해 자기비판을 했다. 무역업자로 가장해 북한을 출입하던 서울의 한 언론 매체 전직 종사자에게 김중린이 독단적으로 40만 달러의 공작금을 건넸다. 이 인물은 한국 군부와 정·관계의 인맥을 이용해 쿠데타를 일으키겠다고 호언장담했지만 후에 완전히 거짓인 것으로 판명됐다.

"베트남에서 북베트남 측이 승리할 시기가 다가왔다. 조국 통일 사업에서도 결정적인 전기를 만들기 위해 했던 일이다."

이렇게 말하며 빠져나가려는 김중린에 대해 회의장에서는 끌어내라는 고함소리가 쏟아졌다. 신평길은 김중린은 가혹한 비판에 눈물을 줄줄 흘리면서 3차례나 토론(자기비판)을 다시 하지 않으면 안 됐다고 회상한다. 김중린은 이렇게 말을 맺었다.

"(김일성) 수령님을 기쁘게 하기 위해 한 짓입니다."

"어린애 장난이라고 말하자는 것인가!"

잠자코 있던 김정일이 입을 열었다. 김정일은 한국에 뿌리박고 있는 '20만 당원'이 한국전쟁 발발과 동시에 파업과 폭동을 일으켜 한꺼번에 혁명을 일으킬 것이라고 했다는 박헌영의 말을 거론하며 "결국 아무것도 일어나지 않았다. 그것과 김중린 동무의 허위보고는 같은 것이 아니냐?"라고 질책했다. 박헌영은 항일독립운동가로 북한에서 부수상 겸 외상을 지냈지만 한국전쟁 후 김일성에 의해 숙청됐다. 그 박헌영과 마찬가지라고 지목된 만큼 김중린의 운명은 이미 결정된 것이었다.

김정일은 이렇게 결론지었다.

"50년대 이래의 대남공작은 한 마디로 말해 0점입니다."

그 후 행해진 3시간에 걸친 연설에서 김정일은 그때까지의 대남전략을 철저히 깎아내렸다.

'이것은 내 견해가 아니라 수령님이 내린 결론'이라고 강조한 뒤 이렇게 말했다.

"과거의 공작 활동은 모두 백지화해야 합니다. 새로운 전략 전술적 방침을 가지고 새로운 각오로 시작하지 않으면 안 됩니다."

총화회가 끝났어도 '자기비판'은 다음 해 4월까지 계속됐다. 그 결과 대남공작을 맡던 '대남사업총국'은 폐지되고, 대남담당 서기를 중심으로 공작 관련 각부 간부들이 모여 공작 전략을 논의하던 회의체인 '조직위원회'도 해체됐다. 김중린은 산하 단체의 하나인 '남조선연구소' 소장으로 좌천됐다. 김정일은 대남담당 서기를 겸하며 공작 기관의 지휘권도 손에 쥐었다.

미모의 스파이를 책임자로 발탁

노동당 대남공작을 통괄하는 담당 서기를 겸하게 된 김정일은 공작 부문의 인사에 손을 댄다. 당내 인사를 통괄하며 각 부서를 마음대로 사찰할 수 있는 조직지도부 부장과 조직담당 서기의 자리를 모두 손에 넣은 김정일은 독단적인 인사마저 가능했던 것이다.

대남공작의 핵심이 되는 연락부의 책임자로는 대남담당 서기에서 해임된 김중린 대신 여성 공작원으로 암약한 정경희鄭慶姬를 발탁했다. 해외에서 납치와 암살, 테러 공작을 지휘하는 조사부(후에 대외정보조사부) 부장에는 측근인 이완기李完基를 앉혔다.

한국 정보 당국도 그 정체를 거의 알지 못했던 정경희지만 북한 공작원 사이에서는 '영웅'으로 알려져 있었다. 최근 탈북한 한 공작원 출신자는 "한 마디로 말해 전설적인 여자 스파이였다. (공작원을 양성하는) 김정일정치군사대학 출신으로 정경희를 모르는 사람은 없었다."라고 말한다. 정치군사대학 부학장을 지낸 신도현으로부터 한국 잠입 시에 노파로 보이기 위해 자신의 이빨을 전부 뽑아 버렸다는 등 여러 가지 '전설'을 들었다고 한다. 신도현은 1960년대 말 한국에 잠입 중 중상을 입은 정경희를 구출한 경험이 있는 사람이다.

1928년 경상북도에서 태어난 정경희는 조선공산당원으로서 활동 중 체포돼 서울 서대문형무소에서 복역했다. 한국전쟁 중 인민군에 의해 석방돼 북한으로 건너갔다. 그 후 공작원을 양성하는 금강金剛정치학원(후에 김정일정치군사대학)에서 교육을 받고 연락부 과장을 거쳐 1975년 부부장으로 승진했다.

조사부장으로 기용된 이완기는 본명이 이창선李昌善으로 문화예술부장이라는 공개 직책을 맡고 있었다. 정경희와 마찬가지로 해방 후 북으로 넘어가 김일성 호위병이 됐다. 김일성의 신뢰를 얻어 일찍부터 공작부문에서 대남 테러 전문가로서 많은 모략활동을 벌인 것으로 알려졌다.

인사와 함께 공작 기관의 지휘 계통도 변했다. 김정일 밑에서 일했던 신평길은 『김정일과 대남공작』에서 "대남 사업에 관한 모든 일은 빠짐없이 김정일에게 보고하지 않으면 안 되는 시스템으로 변했다."라고 증언한다. 공작 활동 자금은 1달러 단위까지 김정일의 사인이 필요해졌고 공작원의 잠입 경로에 이르기까지 보고해 김정일의 판단을 받아야만 했다고 한다.

● 북한 노동당 공작 기관의 변천

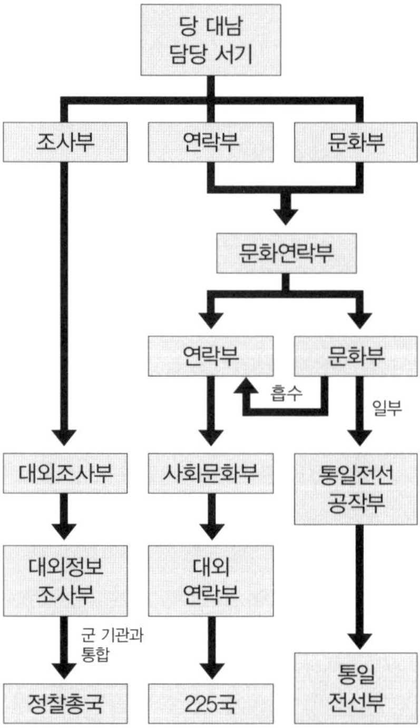

이처럼 공작부문에서 '김정일 유일지도 체계'가 확립

된 후에도 한국을 포함한 서방측 정보 당국은 김정일이 갖고 있는 권력이나 인물 됨됨이를 거의 파악하지 못했다.

김정일은 1978년 1월 막 납치해 온 한국의 여배우 최은희를 위해 연연회에서 그녀에게 이렇게 말을 걸었다.

"남조선 애들은 내가 식물 상태 인간이라고 떠들고 있다고 하지요. 어떻습니까. 최 선생이 볼 때?"

한국에서는 동정이 전해지지 않는 이 북한 최고 지도자의 장남에 대해 '병상에 있고 식물 상태'라는 소문도 돌고 있었다. 그러나 실제로는 그 당시 이미 '위대한 지도자'로서 활동하고 있었던 것이다.

아내인 최은희와 같은 시기에 납치된 영화감독 신상옥申相玉은 최은희와 공동으로 쓴 수기 『김정일 왕국』에서 다음과 같은 에피소드를 소개하고 있다.

1978년에 납치돼 북한에 도착한 지 3일째 되던 날, 만수대예술극장으로 안내됐다. 공연 후 거대한 스크린에 김일성과 김정일이 비춰졌다. 객석의 맨 앞자리에 앉아 있던 사람이 일어서자 배우들이 토끼처럼 팔짝팔짝 뛰면서 "친애하는 지도자 만세! 만세!" 하고 기성을 지르기 시작했다고 한다. 일어선 인물이 손을 흔들며 극장을 나가기까지 '팔짝팔짝'은 계속됐다. 멋지게 생긴 고령의 배우도 젊은 사람들과 함께 뛰면서 기성을 지르는 것을 보고 있자니 추하고 애처로워졌다고 한다.

손을 흔들던 인물은 김정일이었다. 공작 기관도 완전히 장악해 공적으로나 사적으로나 절정기를 맞고 있었다.

1977년부터 1978년에 걸쳐 한국만이 아니라 일본 호쿠리쿠北陸와 규슈九州 해안에서 아베크족 등이 홀연히 자취를 감추는 사건들이 연이어 일어났다. 1977년 11월에는 니가타新潟현에서 13세의 중학생이었던 요코다横田 메구미가 하교 도중 행방불명이 됐지만 그 당시에는 북한의 '범행'임을 알 수 없었다.

같은 시기 김정일은 측근들과 마음대로 먹고 마시는 비밀 파티를 매주 금요일마다 벌이고 있었다. 연회의 단골손님은 납치를 기획한 공작기관의 책임자들이었다.

『김정일 왕국』에 따르면 최은희가 참석한 파티에는 김정일의 매부인 장성택과 연락부장 정경희, 조사부장 이완기, 조사부 부부장 김주영 등 10여 명 정도가 모였다. 그중에는 또 다른 조사부 부부장 강해룡姜海龍도 있었다. 오사카大阪 중국요리점에 근무하고 있던 하라 다다아키原敕晁 등 여러 명의 일본인 납치를 지휘한 것으로 알려진 인물이다.

최은희는 '불모의 땅'에 끌려가 연금돼 있을 때 자신을 불러내 빙당하게 놀던 김정일의 주연에 대해서도 상세히 기록하고 있다.

납치된 지 얼마 안 된 1978년 2월 연회장에서 "최 선생, 소개합시다."라는 김정일의 말에 돌아보니 모르는 여자가 서 있었다. 김정일은 연락부장 정경희라고 소개했다. 서울에서 '정경희'라는 여성 스파이가 등장하는 실화에 기초한 극을 본 적이 있는 최은희는 뜨끔했다고 한다.

"치마저고리를 입고 안경을 쓰고 있었지만 날씬하고 예쁜 얼굴이었다. 나이는 40대 후반이었을까?"(최은희)

"만나서 반갑습니다."라고 인사를 하는 최은희에게 정경희는 "잘 오셨습니다. 혁명을 위해 노력합시다."라고 대답했다. 최은희의 손을 가볍게 쥐고 부드럽게 말했지만 정경희는 "여자의 날카로운 감각으로 나를 관찰하고 있는 느낌이었다."라고 최은희는 회고했다. 연거푸 술을 한꺼번에 마시기는 했어도 마지막까지 흐트러지지 않았다고 한다.

미 CIA 재직 중 최은희의 남편 신상옥이 북한에서 탈출하는 것을 뒤에서 지원한 마이클 리는 이들의 납치를 김정일이 기도하게 된 동기는 신상옥이 제작한 〈사랑방 손님과 어머니〉라는 영화였다고 증언한다.

"순수하기 그지없는 한국적인 애정 이야기를 영화에서 처음 보고 김정일은 감동한 것이지요. 특히 어머니 역의 최은희에게 반한 것입니다."

리는 이렇게 분석하면서 납치의 내막에 대해 이렇게 말했다.

"이 영화를 보고 연락부 부부장 임호근에게 최은희를 데려오라고 납치를 지시했다고 들었습니다."

임호근은 홍콩에서 최은희 납치를 직접 실행한 인물이다. 그 '범인'이 태연히 김정일이 주최하는 파티에 모습을 나타냈던 것이다.

납치 후 일본인으로 변신하라

공작 기관을 장악한 김정일은 공작원의 대우를 개선시켜 주었다. 공작원의 생활비를 대폭적으로 인상하고 일반인과 격리된 '마을'에 살게 했다. 그들의 생필품 일부는 외국 제품으로 지급했다. '915병원'으로 불리는 전용 의료 시설도 정비해 공작원마다 주치의까지 붙여 주며 사기를 높이려 했다.

'915병원'은 1987년 11월 대한항공 여객기를 공중 폭파한 김현희金賢姬가 일본인 납치 피해자 다구치 야에코田口八重子와 면회했다고 증언한 병원이다. 일본의 경찰 관계자가 일본어를 가르쳐 주었다는 '이은혜李恩惠 선생'이 누구인지 묻자 김현희는 제시된 15명의 일본인 사진 가운데 주저 없이 다구치의 사진을 가리켰다.

"사진은 평소 알고 있던 그녀보다 조금 뚱뚱했다. 그러나 그녀가 허리가 아파 915병원에 입원하고 있을 때의 약간 살찐 모습 그대로였다." (김현희의 수기 『이제 여자가 되고 싶어요』)

김현희는 1981년 7월부터 1983년 3월까지 다구치와 함께 살았다.

1970년대 후반, 오스트리아의 수도 빈에서 근무한 미 CIA의 전 요원 마이클 리는 1970년대까지 북한은 아직 생기가 있었고 공작원들의 사기도 높았다고 설명하면서 이렇게 회고했다.

"그들은 빈을 중심으로 한 유럽과 홍콩, 싱가포르, 일본의 주요 도시에 거미줄과 같은 조직망을 구축하고 맹렬한 공작 활동을 벌였다."

그는 또 유럽에서 암약한 '저명한' 북한 공작원으로 김대송, 김유철 등 수 명의 이름을 들었다고 했다.

이 시기 북한의 공작 활동은 한국에 '폭력 혁명'이나 '체제 전복'을 일으키는 데 주안점이 있었지만 김정일 개인의 취미를 만족시키기 위한 활동에도 많은 인원이 투입됐다. 빈을 중심으로 군수물자 조달을 담당한 공작원 김정률金正律은 1994년 현지에서 망명하기까지 20년간 김정일을 위해 세계 최고급 사치품과 고급차, 전자기기를 사들이느라 분주했다. 김정일의 별장을 꾸민 고급 양탄자나 실크 벽지, 체코제 샹들리에, 이탈리아제 가구 등을 돈 아끼지 않고 사들여 컨테이너 50개분을 북한에 보내기도 했다.

"사들인 것의 80%는 김정일과 그 주변 인물들을 위한 것으로 정비공 4명과 함께 메르세데스 벤츠사에서 연수를 받은 적도 있다."(김정률의 『독재자를 고발한다』에서)라고 한다. 김정일이 타고 다니는 벤츠의 정비에 필요한 타이어 압력 측정기나 배터리 측정기, 스패너까지 모두 구입했다. '100호 물자'로 불리는 영화 필름의 조달도 재외 공관에 있는 공작원의 큰 임무였다.

각종 공작을 전개하는 데 있어 서방 당국으로부터 쉽게 체크되는 북한 여권은 '불편'한 것을 넘어 오히려 '장애'가 됐다.

1980년 6월 미야자키宮崎시 해안에서 중국집 점원이었던 하라 다다아키를 납치했던 공작원 신광수辛光洙는 잠입 목표인 한국에서 1985년에 체포되었다. 그는 당시 국가안전기획부의 조사에서 납치 목적이 '아예 일본인이 되기 위해서'였다고 진술했다. 안기부의 조사 자료 등에 따르면 신광수는 대남공작을 지휘하는 '3호 청사'에 불려가 이런 명령을 받았다고 한다.

"일본인을 납치해 북으로 데려와라. 그 인물의 신상기록을 완전히 암기해 완벽한 일본인으로 변신한 후 대남공작 임무를 계속 수행하라."

그 자리에서 암호해독용 책자 2권과 사라진 문자를 되살리는 시약 한 세트, 현금 1만 달러를 받았다. 신광수에게 직접 지령을 내린 것은 김정일 본인이었다는 기록도 있다.

1970년대 후반 남북한의 체제경쟁은 치열하기 그지없었다. 한국에서는 경제 발전에 따른 민주화 요구가 높아졌다. 학생 데모가 격렬함을 더해 가는 가운데 계엄령이 선포되고 정국은 혼란했다. 미군이 철수한 베트남에는 1976년 7월 사회주의공화국이 수립되는 등 국제 정세는 북한에 유리하게 움직이고 있는 듯 보이기도 했다. 김정일은 이것을 호기로 삼아 한국 '와해 공작'을 독려했다.

1976년 1월 대남공작부문 간부회의에서 김정일은 "공작원의 현지화 교육을 철저히 시행하라. 이를 위해 현지인을 데려와 교육을 담당토록 하라."라고 지시한 것으로 돼 있다. 공작부문의 전권을 장악하는 최종 단계를 맞고 있던 지도자 스스로가 공작원들로 하여금 공작 대상 지역의 사람처럼 되라며, 이를 위해서는 수단 방법을 가리지 말라고 명령한 것을 의미한다. 세계 각지에서 북한의 소행으로 보이는 납치 사건이 빈발한 것은 그 이후부터다.

같은 해 7월, 몽골을 여행하고 싶다며 일본을 떠난 당시 24세의 후쿠도메 기미코福留貴美子의 소식이 두절된 후 북한에 있다는 사실이 판명된다. 다음 해 7월 현재의 크로아티아 수도 자그레브에서 북한 공작원에 의한 한국인 여배우 윤정희尹靜姬 부부의 납치 미수 사건이 일어난다.

북한으로 돌아간 친척을 인질로 삼아 재일동포를 포섭, 협력시키려는 것은 상투적인 수단이었다. 1977년 9월에는 이시카와石川현 노토能登반도에서 경비원이었던 구메 유타카久米裕가 납치된다.

납치 실행범으로 2003년 국제 수배된 공작원 김세호金世鎬는 일본에 불법으로 입국한 후 도쿄에서 건설회사와 금융회사를 운영하고 있던 재일동포 경영자에게 접근했다. 북한에 사는 누이동생의 사진과 육성 녹음테이프를 내밀며 협력하지 않으면 신상에 좋지 않다고 협박했다. 공작원으로 포섭된 이 경영자는 1977년 8월 김세호를 통해 일본인을 북한에 납치시키라는 지령을 받았다. "능력을 불문한다. 45살부터 50살 정도의 일본인으로 독신 남성을 대상으로 하라."라는 내용이었다. 그 인물의 신분을 가지고 완전히 그 사람으로 위장하는 '등타기'가 목적임이 분명했다.

이 경영자는 돈을 빌려 간 손님들 가운데 구메를 타깃으로 골라 9월 19일 이시카와현 노토 마을의 우시츠宇出津 해안으로 데리고 갔다. 여관에서 저녁을 먹던 중 두 사람은 한 마디도 나누지 않았다. 식사 후 해안으로 향하는 두 사람을 수상히 여긴 여관 주인이 경찰에 신고했지만 구메는 이미 절벽으로 둘러싸인 강 하구에서 남자 4명이 멘 상태로 고무

보트에 실려 어둠 속으로 사라졌다. 북한은 '김세호'의 존재를 부인하고 있다. 그러나 마이클 리는 '공작원이 본명을 밝히지 않는 것은 상식'이라고 지적한다.

그리고 1개월 뒤인 10월에는 돗토리鳥取현 요나고米子시에서 봉제공장 종업원 마쓰모토 게이코松本京子가, 11월에는 니가타시에서 중학교 1학년생인 요코다 메구미가 북한 공작원에 의해 납치된다.

<007>을 재현한 납치 사건

1970년대 후반부터 1980년대 초에 걸친, 북한의 소행으로 보이는 납치 사건이 세계 도처에서 빈발했다. 그 가운데는 '대남공작의 수행'이라는 목적만으로는 설명할 수 없는 사건도 적지 않다. 대표적인 것이 중학교 1학년생이었던 요코다 메구미를 납치한 사건이다. 북한에 의한 납치는 공작을 총지휘한 김정일의 퍼스낼리티를 분석하지 않으면 해명될 수 없다.

"김정일은 제임스 본드의 〈007〉 시리즈 영화는 빼놓지 않고 입수해 몇 번씩 보았다. 그는 공작 기관을 자신의 것처럼 움직였다. 자신의 힘을 과시하기 위해 현실을 영화처럼 연출하려고 한 것은 아닐까 생각한다."

주한 미군의 정보부문과 CIA에서 약 40년간 450명 이상의 탈북 고위 관리와 공작원 등을 심문한 마이클 리는 북한 공작에 영향을 준 김정일 특유의 취미에 대해 이렇게 분석했다.

"그는 무엇보다 스파이 놀이를 좋아했다."

김정일의 영화 취미는 잘 알려져 있었지만 그가 1960년대 종반부터 1980년대까지 800편 이상의 영화를 '제작'했다고 북한 공식 미디어가 전하고 있는 것은 그다지 알려져 있지 않은 듯하다.

납치 사건이 빈발하던 1978년경 김정일이 '북한판 007'이라고 불리는 시리즈 영화 〈이름 없는 영웅들〉의 제작을 총지휘했다. 당시 김정일의 관심이 무엇인지를 말해 주고 있다. 전 20편에 걸쳐 북한 공작원의 활약을 묘사하고 있다. 일본에 돌아온 납치 피해자 소가曾我 히토미의 남편인 미군 탈주병 찰스 젠킨스도 출연한 영화의 스토리는 이렇다.

한국전쟁 발발 후 홍콩을 거점으로 공작 활동을 하고 있던 주인공 유림은 영국 신문사 기자를 가장해 한국에 잠입하라는 명령을 받는다. 유능하고 신사적인 주인공은 미국 정·재계에 영향력을 미칠 정도로 거물이 되고, 한국군 장군에게 접근해 미군의 작전 계획을 입수해 전쟁을 승리로 이끈다는 결말이다.

유림과 여성 스파이 순희의 애정 관계를 곁들여 진짜 〈007〉을 흉내 낸 것으로 보이는 스토리 전개도 눈에 띈다. CIA에 근무하는 순희는 자신의 진짜 정체가 북한 공작원이라는 사실을 모르고 적대시하는 유림을 몇 번씩이나 뒤에서 도와주고 위기의 순간에도 신분을 밝히지 않는다. 아름답고, 기지가 넘치는 여자 공작원은 북한만이 아니라 사회주의권 청년들을 매료시켰다.

영화는 1970년대 말 중국에서도 TV로 방영돼 베이징에서 대학을 다니던 필자도 푹 빠졌었다. 방영 시간에는 학생들 대부분이 학교 구내에 몇 대밖에 없는 TV 앞에 모여 작은 브라운관에 시선을 빼앗겼다. 서양의 진짜 〈007〉 영화를 본 적이 없는 중국 학생들은 북한 공작원의 세계에 빠져 순희와 유림을 동경했다.

영화는 이 시기 북한이 얼마나 공작원의 세계를 미화하고 자랑했으며, 유능한 공작원에게 얼마나 큰 기대를 걸고 있었는지를 말해 준다. '스파이를 좋아한' 김정일의 취미가 반영돼 있다는 사실은 그 당시만 해도 알 수가 없었다.

김정일은 시나리오와 캐스팅, 연기, 음악에 이르기까지 모든 것을 '총지휘'했다고 한다. 시나리오를 쓴 작가 이진우李振雨에게 공작 기관의 사령탑이라고 할 수 있는 '3호 청사'의 도서실을 자유롭게 쓰게 했다. 수입해 온 외제차를 촬영에 제공하고, 전투 신에 인민군 1개 사단을 동원하는 등 파격적인 협조를 했다. 김정일은 "혁명전사라고 해서 과장된 연기는 하지 않아도 좋다. (공작원은) 과묵하고 조용하게 연기하는 쪽이 좋다."라고 직접 주인공 연기 지도를 맡기도 한 것으로 전해진다.

성혜림의 언니 성혜랑은 수기에서 당시 김정일에 대한 인상을 이렇게 기록하고 있다.

"(김정일이) 가난하고 세도 없는 집안에서 태어났다면 예술가가 되었을 것이다. 정치에 바빴던 그의 아버지는 아들을 방임하였으며 교육을 시키지 않았다. 그는 무제한적인 권한과 호사 속에서 어머니의 사랑도, 걱정도, 그 누구의 간섭도 없이 본능만 성장하였다."

'위대한' 아버지의 그림자에 가려 김정일은 권력의 뒤에서 맴돌며 측근들을 상대로 권력과 호사스러움을 과시하는 것으로 자기만족을 얻으려 했고 충성심을 얻으려 했다. 영화 제작은 주위에 자신의 전지전능함을 과시하는 수단이기도 했다. 그러나 영화라는 가상의 세계를 만드는 것은 웬만한 감독이라면 다 할 수 있는 일이다. 김정일이 그들과 다른 것은 '현실 세계'를 '영화처럼' 보이게 하는 데 있었다.

김정일을 만난 경험이 있는 세계의 여러 연구자, 기자, 망명자를 인터뷰하고 그의 정신구조를 분석한 전 미국 애리조나주립대학 교수 조영환은 저서 『매우 특별한 인물, 김정일』에서 김정일이 대한항공기 폭파 사건을 일으킨 것은 자신이 영화와 같은 세계를 현실 세계에서도 재현할 수 있는 능력이 있다는 것을 보여 주려 한 것이라고 적고 있다.

"키가 작고, 체격도 왜소한 김정일은 무의식적으로 외모에 대한 열등감을 감추기 위해 굽이 높은 구두를 신고 큰 괴성을 지르며 웃는다. 보통 사람은 깜짝 놀랄 정도로 통이 크다는 것을 연기하려는 경향이 있다."

● **북한의 소행으로 보이는 각국의 납치 사건 피해자 수**

국적	피해자 수
한국	517 (한국전쟁 휴전 이후)
일본	17 (일본 정부 인정)
말레이시아	4
레바논	4
프랑스	3
이탈리아	3
중국(마카오)	2
네덜란드	2
태국	1
싱가포르	1
요르단	1
루마니아	1

※ '스쿠우 카이(救う会)' 등 단체의 조사에 따름

공작부문을 장악한 김정일은 그때까지의 공작 기관은 할 수 없었던 것을 해보일 필요가 있었다. 무차별적 외국인 납치는 프로 스파이가 보더라도 참으로 '비현실적'이었다. 북한에 납치됐다가 탈출한 최은희는 수기에서 상식적으로는 헤아릴 수 없는 김정일의 언동을 소개했다. 납치된 지 약 1개월이 지난 1978년 2월 16일 김정일은 자신의 생일에 불러낸 최은희에게 아들을 소개하는 등 대범한 태도를 보이며 영화에 화제가 미치자 이렇게 말했다.

"최 여사가 출연한 영화는 모두 갖고 있습니다. 〈저 눈밭에 사슴이〉

라는 영화가 있지요? 최 여사는 본처 역이고 윤정희는 첩 역이었습니다. 최 여사가 얼마나 속상해했을까? 하하하. 윤정희는 진짜 얄미울 정도로 귀여웠지. 하하하."

윤정희는 최은희가 납치되기 반년 전 유럽에서 납치하려다 실패한 한국 여배우다. 김정일이 '얄밉다'는 말을 사용한 것은 납치에 실패한 데 대한 아쉬움이 담겨 있었을 것이다. 최은희에게 '동정적'이었다는 것은 이미 자신의 손안에 있어 원한다면 언제든 눈앞에 데려올 수 있다는 우월감을 표시하고 싶었던 것이라고 생각된다.

마이클 리는 이렇게 지적한다.

"김정일은 엽기적인 취미를 만족시키기 위해 공작원을 움직였다. 외국에서 납치해 온 사람도 그에게 있어서는 '조달품'의 하나였는지도 모른다."

납치를 '문화 교류'라고 억지

김정일은 생후 곧바로 소련의 유격대 훈련 캠프의 탁아소에 맡겨져 어머니로부터 충분한 애정을 받을 여유가 없었다. 유소년 시절 김정일에게 자기 젖을 먹였다는 리짜이더(베이징 거주)는 "어릴 적 김정일은 욕구불만 때문이었는지 언제나 우리 딸을 괴롭히고 달려들어 울렸다."라고 회상한다.

김정일의 정신 구조를 연구한 조영환 교수 역시 그의 저서에서 "김정일은 모성애 결핍증과 함께 그 반작용으로 인한 왜곡된 성격을 갖고 있다."라고 분석한다. 최고 지도자의 장남이라는 입장에서 우월감을 갖고 있으면서도 이복동생들에게 열등감을 안고 성장해 필요 이상으로 자기 현시욕과 과대망상증을 보이는 일이 많은 것으로 돼 있다.

대한항공기 폭파범인 전 공작원 김현희의 수기에 따르면 북한에 납치된 다구치 야에코는 "(김정일) 최고 지도자 동지의 탄생일 축하연에 나도 참석했다."라고 자신에게 털어놓은 적이 있다고 한다. 많은 예술가와 납치된 것으로 보이는 일본인 부부도 출석한 파티에서 유명 여가수가 '옷 벗기' 게임을 보여 주기도 했다고 한다. 최은희도 그런 종류의 파티에 불려 나간 한 사람이었다.

"내가 (당신을) 데려 오라고 지시했다."

김정일은 그녀에게 얼굴을 맞대고 그렇게 자랑하기도 했다. 납치라는 범죄의 피해자인 그녀들을 파렴치한 술사리에 초대하고, 사기가 범행을 지시했다고 거리낌 없이 말을 한 것이다.

최은희가 납치된 것은 1978년 1월. 수기 『김정일 왕국』에는 그 납치 상황이 생생하게 묘사돼 있다.

최은희는 한국에서 경영하던 영화학교 이전 문제와 자금 문제로 어려움을 겪고 있었다. 그때 홍콩의 영화회사 간부라는 남자로부터 다시 없이 좋은 제휴 요청이 들어왔다. 홍콩에서 만난 인물 중에는 신상옥이 경영한 영화회사 '신필림'의 홍콩 지사장을 맡았던 최규화崔奎華의 모습도 있었다. 도착한 지 나흘째 되던 날 최규화가 소개한 최은희의 팬이라는 '이상희李像姬'라는 한국인 여성의 안내로 학교 문제에 관해 이야기하면 도와줄 것이라는 사람과 만나기로 했다. 구불구불한 산길을 택시로 약 한 시간 달려 찾아간 곳은 홍콩 남부의 해변. 이상희는 만날 사람이 있다는 '건너편 해안의 별장'으로 가자고 최은희를 다그쳤다. 바닷가에는 3, 4명의 남자가 있었고, 흰색 모터보트가 대기하고 있었다.

주저하는 최은희에게 이상희는 10분도 걸리지 않는다며 배에 타라고 재촉했다. 그러자 갑자기 옆에 있던 장발의 청년들이 최은희를 업고 보트에 태우려 했다. 뿌리치려 했지만 이미 늦었다. 최은희를 태운 보트는 점점 바다 쪽으로 나아갔다.

금품을 빼앗으려는 목적인가 하고 불안해하는 순간 "최 선생" 하고 누군가가 뒤에서 불렀다. 돌아보니 마지막에 탄 중년 남자가 빙긋이 웃고 있었다. 후에 판명됐지만 이 남자는 김정일이 측근들과 함께한 파티에 얼굴을 내민 임호근이라는 공작원이었다.

어디로 가느냐고 묻자 임호근은 엄숙한 표정으로 이렇게 말했다.

"우리는 지금 김일성 장군님의 품으로 향하고 있습니다."

억지로 자리에 앉혀진 순간 얼굴에서 핏기가 가시며 정신을 잃었다. 신상옥의 부하이어야 할 최규화는 북한 측에 매수돼 있었던 것이다. 신상옥 자신도 아내가 납치된 지 반년 후 북한에 끌려갔다. 두 사람이 탈출에 성공한 1986년까지 8년간 김정일의 '제멋대로의 행동'에 농락을 당하게 된다.

북한 탈출 후 두 사람은 베일에 싸여 있던 김정일의 실상을 폭로했다. 김정일의 육성을 녹음한 4개의 테이프도 있었다. 그중에는 1983년 10월 집무실에서 김정일이 이들 부부를 상대로 90분 이상 혼잣말을 계속하는 것도 포함돼 있다.

"에, 에, 에. (신상옥이) 자신의 발로, 자신의 의사로 이렇게 뜻을 가지고 찾아와 주는 형식을 취한 것은 불가능할까라고. 그래서 우리 동지들과 토론해 본 결과 에, 이전에 홍콩의 거점에서 연락이 와서…."

기관총처럼 말을 늘어놓지만 거의 제대로 된 문장이 아니었다

"에, 에…. 그럼 그 사람(신상옥)을 한번 데려와야 겠는데, 그 사람 데

려오는 걸, 남자를 데려오는 건 무리다. 그래 무린데 남자를 데려오지 말고, 신 감독을 유인 유혹하자면 뭐가 필요하냐. 그래서 나는 최 선생을 이렇게 데려다 놓았습니다. 하, 하, 하."

"그때 우리, 에… 남북교류에서 첫 번째가 뭔가 하면 우선 문화 교류다, 문화 교류 합작이다, 그렇게 하는데 내 타산(생각)이, 내 타산이 그렇습니다. 이왕 사람들이 가고 오고 하는데 (신 감독이) 자기 발로 자기 뜻대로 이렇게 뜻을 가지고 오는 형식을 취할 수 있는 방도가 없느냐?"라고 토론한 결과 최은희를 이용하여 유인하기로 했다고 말한다. 그리고 납치는 '문화 교류'를 위한 것이라고 자기 정당화를 하고 있다. 거칠게 다룬 것은 부하들의 탓이라는 듯한 발언도 있지만 죄의식은 거의 없는 듯 보인다.

최은희 납치에 앞서 같은 한국의 여배우 윤정희 부부 납치 미수 사건이 일어났었다. 전 CIA 직원 마이클 리 등에 따르면 최은희 납치 사건과 마찬가지로 달콤한 말로 유인하려 했다.

"스위스 취리히의 대부호가 늙은 부모를 위해 여는 음악회에 초대하고 싶어 한다."

파리에 사는 윤정희와 피아니스트인 남편 백건우白建宇에게 이렇게 말을 걸어온 것은 이들의 결혼을 중매한 인물의 아내였다. 그 여자는 북한 동조자였다. 윤정희 부부에 가까운 인물을 이용해 접근한 것도 최은희 납치 사건과 같은 수법이다.

생후 5개월 된 딸을 데리고 두 사람이 취리히에 도착하자 초대한 사람의 노부모는 자그레브 근교의 별장에 있다며 당시 사회주의국가였던 유고슬라비아의 도시로, 지금은 크로아티아의 수도인 자그레브로 가자고 꾀었다. 그러나 만찬회를 준비해 놓았다는 주택에 나타난 '대부호'가

동양인인 것을 백건우는 수상쩍게 생각했다. 기회를 봐 두 사람은 그대로 달아나 미국 공관으로 달려감으로써 위기에서 벗어났다. 이날 납치를 지휘하기 위해 빈의 북한대사관에는 공작 기관 '연락부'의 책임자인 정경희까지 대기하고 있었다고 한다.

사건 후 유고 정부 측은 당시 북한 대사 정광순鄭光淳에게 사정 설명을 요구했다. 정광순은 이렇게 변명했다.

"이번 납치 사건은 현지(자그레브) 주재 외교관과는 아무런 관계가 없고 평양에서 파견된 공작팀의 소행입니다."

북한 대사가 사건은 '본국의 공작 부대'가 저질렀다고 인정하는 결정적인 발언을 한 것이다. 그러나 이 발언은 국제사회에 공개되지 않았고, 그 후 계속된 일본인 납치도 당시로서는 북한과 연결시킬 만한 것이 없었다. 김정일이 일본 총리 고이즈미 준이치로小泉純一郎에게 납치를 인정하며 사죄한 다음 해인 2003년에야 크로아티아 정부가 보관하고 있는 외교문서에서 증언이 '재발견'된다.

재일동포 무용수에 반하다

김정일은 권력을 바라던 대로 손에 넣었지만 가정 문제에서는 머리를 앓고 있었다.

본처인 김영숙과 결혼을 한 1973년 말경부터 영화배우였던 성혜림은 정신불안과 우울증이 생겼다. 김영숙에게서 딸이 태어난 사실을 안 후인 1975년경부터 증상은 심해졌다. 1976년 5월부터는 장기 치료를 위해 모스크바로 건너갔다.

성혜림이 낳은 장남 김정남은 당시 다섯 살. 교육을 받아야 할 나이에 가까워지고 있었다. 성혜림의 어머니 김원주와 언니 성혜랑 일가가 대신 김정남을 돌보았지만 김정일은 장남의 존재를 감추고, 그들의 행동 범위를 엄격히 제한했다. 엄마가 없는 집에 갇힌 김정남을 불쌍하게 여긴 김원주는 김정일의 허가를 받아 평양 교외에 데리고 나가는 적도 있었다. 그러나 김정남은 바깥 세계를 이상하게도 무서워했으며, 같은 또래의 어린이들과 나누는 말조차 알지 못한 상태로 자랐다.

성혜랑의 수기에 따르면 "어머니는 정남이를 데리고 교외에 가서 소나 염소를 보여 주고 뛰노는 아이들 근처에 가보라고 했지만 멀리서 어린애들을 소나 말 보듯이 바라만 볼 뿐 가까이 가려 하지 않았다."라고 한다.

김일성은 자신의 아버지 김형직이 쓴 시에서 '설송雪松'이라는 글자를 따서 손녀의 이름을 지어 줄 정도로 김정일이 본처와의 사이에서 난 손녀를 귀여워했다.

"남산의 저 푸른 소나무가 눈서리에 파묻혀서 천신만고 괴로움 받다가…"

이렇게 시작되는 시는 북한에서 아버지가 아이에게 눈 속의 소나무처럼 강하게 자라 주기 바란다는, '혁명 전통'을 부탁하는 시로 알려져 있다. 최고 지도자가 그 '전통'을 첫 손녀에게 부탁하는 것을 보는 성혜림의 마음이 얼마나 쓰라렸을지는 쉽게 상상할 수 있다.

김정일도 딸을 귀여워했다고 하지만 장남인 김정남과도 어떻게 하든 식사 시간이나 식후에 잠시나마 함께 지내려 했다. 그러나 다른 한편으로는 권력과 술, 여자에 빠져 밖에서 밤을 새우는 일도 많았고, 걸핏하면 화를 냈다고도 한다.

"두껍고 큰 유리창이 저렁저렁 울릴 만큼 큰소리를 쳤다. 1970년대 말부터 더 심해진 그의 이런 짜증은 밖에서 벌어지는 권력 역학의 반영이기도 했을 테지만 아마도 이 당시 새로운 여자가 나타났기 때문인 듯도 했다."라고 성혜랑은 수기에 썼다.

'새 여자'가 바로 후계자 김정은을 낳은 재일동포 출신의 무용수 고용희高容姬다. 김정일은 성혜림을 모스크바에 보내기 얼마 전부터 고용희와 동거를 시작한 것으로 알려져 1976년경에는 세 명의 '아내'와 세 곳에서 동시에 살림을 하고 있었던 셈이 된다.

김정일이 고용희에게 관심을 보인 것은 1971년경으로 보인다. 북한 에서 최고라고 하는 가극단 '만수대예술단'이 같은 해 제작한 가무극 '조국의 진달래'의 주연으로 평양음악무용대학에 재학 중이던 10대의 고용희가 발탁됐다. 재일동포 출신이 만수대예술단에 입단한다든지 그것도 주역을 맡는다든지 하는 것은 이례적인 일로 예술부문을 통괄하는 김정일의 재가를 받지 않고는 불가능한 일이었다. 김정일이 만수대에 머물며 연기를 지도할 정도로 가극에 정열을 불태우던 시기이기도 했다.

1970년대 북한의 그림엽서에 등장한 고용희로 보이는 무용수

고용희는 김정일이 좋아하는 타입이었음은 확실한 듯하다. 김정일과 예술에 대해 쓴 북한의 책에 따르면 김정일은 무용수는 인물이 아름답고 키가 크고 목이

길고 허리가 가늘어야 한다고 말했다고 한다. 이 조건에 고용희는 정확히 들어맞았다. 북한이 일본용으로 만드는 사진잡지 〈조선화보〉 1973년 4월호에 게재된 고용희로 보이는 치마저고리 차림의 아름다우면서도 수줍어하는 듯한 여성을 보면 눈과 코가 단정하고 목이 길며 날씬한 체격이 눈에 띈다.

고용희는 1952년 6월 26일 오사카의 쯔루하시鶴橋 부근에서 태어났다. 북한 정보를 전하는 〈데일리 NK 재팬〉 편집장으로 고용희의 경력을 추적해 온 고영기高英起에 따르면 고용희가 태어났을 때의 이름은 '희훈姬勳'이었다. 후에 '영자英子'로 바꿨다가 1973년 일본 공연을 전후해 '용희容姬'로 개명했던 것으로 알려진다.

아버지 고경택高京澤은 1929년 제주도에서 돈을 벌기 위해 일본으로 건너가 군복 등을 봉제하는 오사카시 공장에서 일했다. 일가가 북한으로 건너간 것은 1962년으로 고용희가 열 살 때였다. 이들은 함경북도의 공업지 명간(明澗, 지금의 化成)군에서 살기 시작했다. 평양에서 멀리 떨어진 곳에 살던 고용희가 평양음악무용대학에 입학해, 그것도 만수대예술단에 채용된 것은 하늘의 별따기와도 같은 행운이었다. 예술단에 들어가기가 얼마나 어려운지는 예술단 출신자로 탈북한 신영희申英姬의 수기 『나는 김정일의 무희였다』에서도 읽을 수 있다. 예술단 일원으로 선발됐을 때의 감격을 이렇게 기록하고 있다.

"믿을 수 없었다. 무용가의 최고 꿈인 만수대에 가게 됐다니! 날개를 단 듯한 기분이었다. 지금 당장이라도 하늘을 날 것만 같았다."

만수대예술단은 김정일이 노동당 선전선동부 과장으로 있던 1969년 평양가무단을 해체하고 '강화'해 발족된 것이다. 김정일이 영화나 대형가극을 제작해 원로들의 환심을 얻기 위해 필사적이던 시기와 겹친다.

'1호 행사'로 불리는 김일성 관련 공연을 담당하는 전문 예술 단체를 조직한다는 명목으로 김정일이 기존의 단체들로부터 각각 최고의 무용수나 연주자, 가수, 작가 등 모두 100여 명 정도를 모았다. 거의 대부분이 '인민 배우'나 '공훈 작가'의 칭호를 받은 북한이 자랑하는 예술가들이었다. 여기에 신인인 고용희가 들어가 주역을 차지한 것이다.

고용희는 1973년 7월 예술단의 일본 공연을 위해 자신이 태어나고 자란 일본을 방문하게 된다. 일본으로 가는 단원들 앞에서 김정일은 이렇게 훈계했다고 한다.

"모두 적의 땅(일본)에 가는 것이니 경계심을 가져야 한다. 혁명시대를 사는 예술인답게 생활을 검소하게 하고 몸치장이나 화장도 소박하게 하지 않으면 안 된다."

이제 막 21세가 된 숨겨 놓은 애인 고용희를 해외에 보내는 미묘한 심경도 얼핏 보인다.

9월까지 계속된 일본 공연에서 고용희는 '조국의 진달래'와 '부채춤', '목동과 처녀'에 주연으로 나섰다. '유일숙柳日淑'이라는 예명을 썼으며 마지막 날 기념 촬영을 할 때는 무대 중앙에 섰다. 버스로 이동 중에는 자진해서 김정일을 칭송하는 노래를 부르는 모습도 목격됐다. 시종 주목을 끌었지만 언론사의 인터뷰에는 일절 응하지 않았다.

난장판이 된 비밀 파티

고용희 일행이 일본 공연을 마치고 귀국한 후 만수대예술단에는 '친애하는 지도자 동지 공연실'이 설치된다. 후에 '기쁨조'라고 불리게 되는 그룹의 원형이랄 수 있는 조직이다. 임무는 김정일이 주최하는 사적인 파티를 흥겹게 해주는 것이다. 지도자를 기쁘게 해주기 위해 예술단은 '공연조', '희극조', '합주조'를 만들었지만 모두 여성만으로 구성됐다. 고용희도 소속된 공연조는 당초 10명의 무용수로 구성됐는데 김정일의 비밀 파티에서 참석자와 함께 춤을 춘다든지, 측근들의 옆에 앉아 술을 따른다든지 하는 '호스티스 역'을 맡았다.

비밀 파티에서 춤을 춘 경험이 있는 만수대예술단 출신 신영희의 수기 『나는 김정일의 무희였다』에 따르면 파티는 창문이 하나도 없는 암실과 같은 어두운 방에서 열렸다. 무용수들은 사전에 테이블 번호와 그 자리에 앉을 간부, 그 옆에서 접대 역을 할 각자의 이름이 쓰인 메모를 받는다. 파티 참가 첫날 신영희는 김정일에게 직접 술을 따를 기회를 얻었다. 그때의 '감동'을 이렇게 쓰고 있다.

"지도자 동지에게 술을 따르고 그분으로부터 직접 칭찬을 받다니…. 마치 꿈을 꾸는 듯한 기분이었다. 심장의 고동 소리가 들리는 듯했다."

무용수들은 파티에 참가할 수 있는 것 자체가 영광이라고 생각한다고 했다. "김정일을 비롯한 최고 간부들과 함께 지낸다는 사실에 감격해 그것이 하나의 큰 자부심을 갖게 했다."라고 신영희는 회고한다.

김정일과 인민무력부장으로서 인민군의 최고 실력자 오진우 등 몇 명에 한해 옆에 앉힐 여자가 정해져 있었다. 김정일의 옆에는 고용희가 고정 파트너로 앉았다. 성혜림의 조카로 한국에 망명한 이한영은 『김정일 로열패밀리』에서 고용희가 파티에서 김정일의 고정 파트너가 된 것은 1975년이며, 동거를 시작한 것은 1976년으로 1977년부터는 파티에 나오지 않았다고 설명하고 있다.

신영희는 파티에서 고용희를 보았다고 증언하지만 1981년경이라면 어쩌다 얼굴을 내밀 때였을 것이다. 고용희는 살이 조금 찐 몸매였다고 하는 것으로 보아 김정일의 둘째(고용희에게는 맏아들) 김정철을 임신했을 때로 추측된다.

신영희나 최은희, 김정일의 요리사였던 후지모토 겐지 등의 증언을 종합하면 연회는 통상 오후 8시에 시작돼 오전 2, 3시에 끝났다. 때로는 이틀이나 일주일에 걸치는 경우도 있었다고 한다.

합주조 여성들은 김정일로부터 '그만'이라는 신호가 나올 때까지 연주를 계속했다. 만취해서도 김정일은 차례차례 곡명을 말해 연주를 쉬게 하지 않았다. 흥이 나면 윗도리를 벗고 춤을 추기도 했다. 김정일이 앞서 취해 잠이 들면 참석자들은 김정일이 깨어날 때까지 그 자리를 떠나지 못했다. 접대 역 여성들은 연회장에 앉은 채로 '친애하는 지도자'가 눈 뜨기를 그저 기다리는 수밖에 없었다.

신영희는 '도를 넘어선' 지도자의 일화도 언급하고 있다.

"김정일은 심술궂은 장난을 치기도 했다. 참가자를 화나게 하려고 맥주에 오줌을 넣기도 했다. 모두 취해 모르고 마시고는 맛있다고 한 적도 있었다."

파티의 규모는 점점 커져서 1970년대 말에는 참석하는 측근 간부만 20명을 넘었다. 김정일과 오진우 외에 가운데 헤드 테이블을 차지하는 인물은 언제나 당서기 김영남과 연형묵, 공작 기관 연락부 부장 정경희 등이었다. '노처녀'로 불리는 정경희는 술을 벌컥벌컥 마신다든지, 농담을 던진다든지 하며 자리를 흥겹게 하는 역할을 잘했다.

밤에는 술과 여자에 빠져 있으면서도 낮에는 우수한 지도자로 연기하지 않으면 안 되는 김정일은 그 무렵 거대한 건축물을 차례차례 건설했다. 특히 '김일성 수령님을 위해'라는 명목으로 평양 중심에 세운 만수대예술극장은 후에 '기념비적' 건조물로 대내외에 선전된다.

탈북한 전 장교의 증언에 따르면 극장 건설의 결정은 어처구니없게 내려졌다. 김정일은 1976년 초 준공을 앞둔 군인용 '2.8문화회관'(후에 4.25문화회관)을 예술단용으로 바꾸라고 오진우에게 지시했다. 그러나 오진우는 우리 병사들이 양보하지 않을 것이라고 거절했다. 체면을 구긴 김정일은 측근들을 소집해 지시했다.

"동지들, 나는 곧 모스크바나 런던, 파리에 있는 궁전극장 같은 것을 하나 지을 결심을 했다."

그렇게 말한 후 비용은 신경 쓰지 말고 최고의 기술자를 동원해 '속도전'으로 극장을 지으라고 명령했다.

1년도 채 못 되어 완성된 만수대예술극장은 사치를 다한 '돈 덩어리'였다. 대리석과 샹들리에 등의 조명기구는 이탈리아와 프랑스로부터 수입하고 기타 장식품과 설비도 모두 해외에서 조달했다. 극장에 대한 집착은 고용희에 대한 집착을 나타낸 것인지도 모른다.

김정일은 예술을 권력 획득의 수단으로 활용했지만 개인적인 취미에도 이용했다. 극단의 연습장에 몰래카메라를 설치하고 자신의 집무실 모니터에 연결해 라이브 영상으로 고용희의 모습을 보고 있었다고 전해진다.

"그는 대학 졸업 후 예술을 지도한다고 하며 배우들 사이에 들어가 많은 여배우들과 관계를 맺었다."라고 김정일을 가까이에서 보아 온 황장엽은 말한다.

"그가 조직한 악단이나 예술단도 그를 기쁘게 하기 위해 그를 떠받치는 집단이며 봉건 왕조의 시녀 집단으로 보아도 이상할 게 없다."(황장엽)

정력이 충만하고 바람기가 끊이지 않는 남편을 질투해 성혜림은 가슴에 병을 얻었다. 모스크바에서의 장기 치료에 따라갔던 이한영은 이렇게 회고한다.

"자고 있나 하면 갑자기 울부짖었고, 식탁에서도 히스테리를 일으키곤 했다. 나와 이야기를 하는 도중에도 갑자기 김영숙이 생각나는 모양이었다."

당시는 아직 고용희의 존재를 모르고 원한을 본처인 김영숙에게 쏟은 것이다. 성혜림이 모스크바에서 거처한 북한대사관 소유의 맨션 방에는 김일성과 김정일의 초상화가 걸려 있었다. 성혜림은 (김정일) 초상화를 향해 "나쁜 놈, 계집에 빠졌다."라고 마구 욕해 댄 적도 있었다. 쌓이고 쌓인 한의 칼날을 건방진 태도로 자신을 냉대한 김정일의 누이동생 김경희에게로 돌려 "경희가 그렇게 대단하면 오누이 둘이서 살지."라고 내뱉은 적도 있다고 한다.

이복동생을 해외로 추방

김정일의 권력은 1970년대 종반 거의 반석에 올라 있는 듯 보였으나 그의 입장에서 보면 걱정거리가 없지 않았다. 이복동생 김평일에게 기대를 거는 간부들이 있었기 때문이다. 오진우를 비롯한 군 원로들은 김정일의 당 운영 능력은 인정하면서도 군을 통솔하는 것은 김평일일 것이라고 보았다. 김일성이 늘 "당은 정일이에게, 군은 평일이에게 맡길까 생각한다."라고 말해 왔기 때문이다.

키가 작은 김정일과는 달리 김평일은 키도 크고 풍채도 좋았다. 외모만이 아니라 성격이나 취미까지 여러 면에서 두 사람은 대조적이었다. 김평일이 다녔던 평양의 남산중학교 출신으로, 망명 후 한국에서 국회의원도 지낸 조명철趙明哲은 "김평일은 사람을 끄는 매력이 있고 온후했다."라고 언론과의 인터뷰에서 밝힌 바 있다. 한편 김정일은 질투심이 강하고 변덕스러운 데다 성질이 과격했다는 증언이 많다.

김평일은 남산중학교 시절부터 스포츠에 만능이어서 인기가 많았다. 수영은 프로급이었고 농구와 배구, 탁구 등 여러 구기 종목도 잘했다. 전국에서 1, 2위를 다투는 남산중 축구팀에서도 주전 선수로 뛰었다. 대중적인 스포츠에서 실력을 발휘한 김평일과는 대조적으로 김정일은 승마와 사냥, 카레이싱 등 서민과는 동떨어진 스포츠를 좋아했다.

김정일이 열세 살이나 연하인 김평일을 라이벌로 경계하기 시작한 것은 1976년 8월 판문점에서 북한 병사들이 도끼로 미군 장교를 살해해 군사적 긴장이 높아졌던 '포플러 사건'을 전후해서인 것으로 보인다. 사건 당시 김일성종합대학에 다니고 있던 김평일은 운동장에서 궐기대회를 열고 학생들을 이끌고 인민군에 지원했다. 비밀경찰인 국가정치보위부장 김병하의 아들 김창하金昌河와 호위국장 전문섭의 아들 전휘全輝 등 권력의 핵심 간부 아들들이 행동을 같이했다. 입대와 동시에 김평일은 대좌 다음 지위인 상좌가 됐고, 요인 경호와 물자 공급을 담당하는 호위총국 산하의 기계화 대대에 배속됐다. 2년간의 복무를 끝내고 엘리트 군인 코스인 김일성군사종합대학에 진학했다. 군 원로들의 신임도 두터워 장래가 약속된 듯이 보였다. 그러나 제 흥에 겨워 그만 도가 지나쳤다. 김창하, 전휘 등과 김일성 별장과 보위부 관할하의 초대소에서 주연을 베풀고 호위총국 합주단에서 여자들을 데리고 와 노는 데 정신이 팔렸던 것이다. 김일성 이름이 박힌 손목시계를 여자들에게 나눠 줬고, 친구들은 술김에 "김평일 만세!"를 불렀다. 김정일은 이런 행동을 모두 파악하고 있었다.

그 즈음, 김정일은 자신의 명령으로 은밀하게 움직이는 '10호실'을 만들어 김일성의 '유일지도 체계'에 어긋나는 김평일 등의 언동에 대한 정보를 수집하고 있었다. 보위부 출신으로 한국에 망명한 백명규(가명)는 이렇게 증언한다.

"1979년에 만들어진 '10호실'은 김평일과 그 주변 인물들을 감시하는 조직이었다. 유일지도 체계에 방해되는 사안을 비밀리에 조사해 김정일에게 보고하는 것이 주요 임무였을 것이다."

'김평일 만세'를 외친 언동은 처형에 준하는 것이었지만 김정일은 신중히 다뤘다. 이복동생을 무리하게 궁지로 몰 경우 아버지의 기분을 상하게 할 뿐만 아니라 군 원로들로부터 동기를 의심받을 수도 있기 때

1980년 10월, 노동당 6차 대회에서 단상에 선 김정일(『김정일 지도자』에서)

문이었다. 김정일은 최고 권력자에 오를 자격을 얻기 위한 최종 관문이 될 당중앙군사위원이 되기를 기다리고 있는 참이었다.

이미 결정된 시나리오대로 1980년 10월 10일에 시작된 당중앙위원회 제6차 전체회의에서 최고 지도부인 5명의 정치국 상무위원 중 한 명을 뽑아 중앙군사위원을 겸직시키려 했다. 상무위원 중 김일성을 제외한 나머지 4명 가운데 김일은 병으로 거의 자리만 차지하고 있었을 뿐이고, 이종옥도 학자 타입이며, 군부를 대표하는 오진우도 김정일이 이끄는 당 조직지도부의 영향하에 있는 군 총정치국이 군 자체를 통제하고 있어서 힘이 빠진 상태였다. 실무 차원에서 최고 권력을 행사할 수 있는 것은 오직 김정일뿐이라고 할 수 있었다. 그런데도 김정일이 이복동생에 대한 라이벌 의식을 버리지 않고 있었던 것은 김평일도 '수령'의 아들인 만큼 후계자에 지명될 가능성이 아직 남아 있었기 때문이다.

김정일은 정권 중심으로부터 김평일을 떼어 놓기 위해 김평일을 둘러싸고 있는 사람은 지위 고하, 출신과 성분을 가리지 않고 용서 없이 제거했다. 문제는 전휘의 아버지와 김창하의 아버지를 어떻게 처분할지였다. 전문섭은 김일성의 전령병 출신으로 소련에서 귀국할 때 네 살인 김정일을 업고 왔던 가족과 같은 존재였다. 김병하는 김일성, 김정일 부자의 인도네시아 방문 때 발생한 폭탄 테러에서 피해를 입지 않게 해준 '빚'이 있는 인물이다. 김정일은 전문섭과 김병하가 눈치채지 못하도록 은밀히 10호실로 하여금 김평일과 그 친구들의 정보를 수집케 한 후 충분히 모일 때까지 기다렸다가 완성된 자료를 김일성에게 제출했다.

호위총국 합주단 여성들을 끼고 핑크 파티를 연다든가, 김일성 시계를 마구 뿌린다든가, 모여서 김평일 만세를 부른다든가 한 것이었다.

이런 내용의 보고에 격노한 김일성은 책상을 치며 이렇게 말했다.

"즉각 평일이를 제대시켜!"

결국 김평일은 1981년 가을, 김일성군사종합대학을 끝마치지 못하고 유고슬라비아 대사관 무관보로 가게 된다. 비슷한 시기 김병하는 '호화방탕한 생활 작풍'을 이유로 조직지도부로부터 조사를 받게 되며 1982년 1월 심한 조사를 견디지 못해 조사 도중 스스로 목숨을 끊었다. 공식적으로는 상궤를 벗어난 생활을 해왔기 때문에 처벌을 받았다고 발표됐지만 한국에 망명한 전 외교관 고영환은 김병하를 숙청하는 진짜 이유는 따로 있었다고 증언한다. 재직 중 고영환은 보위부 간부로부터 다음과 같은 말을 들었다는 것이다.

"보위부장이 그까짓 부화(浮華, 불륜) 몇 번 저질렀다고 추방될까? 김병하가 곁가지를 모조리 쳐내라고 한 (김정일) 지도자 동지의 명령을 실행하지 않았기 때문이다."

'가지'란 배다른 동생들을 말하는 것으로 김정일은 나무가 크게 성장하는 데는 필요 없는 곁가지들은 잘라 버려야 한다고 생각하고 있었다고 고영환은 말한다.

전문섭도 엄격한 조사를 받았지만 호위총국장의 직책은 유지했다. 김정일에 대한 충성을 맹세했기 때문이다. 전문섭은 용서하고, 김병하를 죽음에 몰아넣은 것은 김병하가 자기 아들과 김평일이 친하다고 자랑하는 등 '양다리'를 걸친 것이 원인으로 보인다.

김평일은 1984년 북한으로 불려 들어가 인민무력부 작전국 부국장 자리에 앉았지만 1988년 다시 해외 근무를 명령받고 주체코 대사를 비롯해 현재까지도 해외를 전전하고 있다.

김정일은 김평일을 고립시키기 위해 동급생 등 교우관계가 있던 사람들을 정치범 대상의 격리 구역으로 추방했다. 우연히 김평일과 악수를 하거나 함께 사진을 찍은 사람들까지 철저히 처벌했다.

피로 물든 생일 파티

1982년 2월 김정일은 북한 공식 연령으로 40세(실제로는 41세)의 생일을 맞았다. 이해에 그는 '공화국 영웅' 칭호와 함께 제1급 국가적 공로자에게 주는 '금성 메달'과 '국기훈장 제1급'을 받으며 정권의 전면에 등장한다. 국영 매체는 김정일의 공식 등장을 한 세대에 두 사람의 지도자를 우러를 수 있는 조선 인민의 무한한 기쁨이라고 선전하는 등 그를 아버지 김일성과 같은 위치로 취급하기 시작했다.

그때까지는 김일성의 안색을 살피며 김정일에 대한 노골적인 아첨은 피해 온 '혁명 1세대' 원로들까지 아첨을 떨게 된다. 김정일의 40세 생일을 계기로 정권 내에서는 충성 경쟁이 더욱 치열해졌다.

비밀경찰과 공작 기관의 간부, 정무원(내각)의 부장들도 경쟁하듯 김정일의 생일을 축하하는 행사를 하게 해달라며 김일성 관저인 주석궁과 김정일이 부장을 맡고 있는 노동당 조직지도부에 청원서를 보냈다. 군과 정계의 최고 중진인 오진우와 김일마저도 친애하는 지도자 동지의 탄생 축하를 성대하게 집행하고 싶다고 주석궁을 찾는 지경이었다.

한국의 풍습으로는 한 집안의 가장이 살아 있는 동안은 자식의 생일을 성대하게 축하하는 짓은 하지 않는다. 그해 김일성은 70살을 맞았다. 김정일은 아버지의 생일을 앞두고 자신의 행사를 눈에 띄게 하는 일은 삼갈 필요가 있다고 판단해 주위의 간청을 무시하는 시늉을 했다.

그러나 우여곡절 끝에 김정일 생일 축하연은 당 통일전선부 제1부부장 이동호李東浩가 맡게 됐다. 이동호는 김정일이 마음에 들어 하는 '집사 역'에 딱 맞는 측근 중의 측근이었다. 전 총리 강성산의 사위로 한국에 망명하기까지 주석궁 경리부에서 근무했던 강명도는 간부들을 시중드는 '기쁨조'를 통해 김정일에게 여자들을 '상납'하는 시스템을 만들어 낸 것이 이동호라고 증언한다.

"이동호는 김정일과 하나에서 열까지 죽이 맞았다. 여자를 좋아하는 것은 말할 것도 없고 술도 도박도 좋아했다. 취하면 베개를 등에 넣고 추는 기묘한 춤을 보여 줘 김정일로부터 갈채를 받기도 했다."(강명도)

1982년 2월 16일 김정일의 생일 파티는 김일성과 친척, 혁명 1세대를 포함한 당과 군의 고급 간부들이 총출동해 성대하게 열렸다. 그러나 이 시기 김정일이 얼마나 미묘한 입장에서 신경질을 부렸는지를 상징하는 사건이 일어난다. 그리고 이 사건으로 생일 파티는 '피의 참극'으로 변한다.

강명도가 출석자로부터 들은 이야기에 따르면 파티가 절정에 이를 무렵 이동호는 비틀대는 걸음걸이로 김정일에게 다가갔다. 김정일도 상당히 기분이 올라 있었다.

"뭐야, 동호?"라고 묻는 김정일에게 이동호는 "친애하는 지도자 동지, 한 잔 올리고 싶습니다."라며 코냑을 잔에 찰랑찰랑 따랐다. 그리고 한 마디 했다

"오늘은 축하해야 할 생일이 아닙니까? 제가 지도자 동지 만세를 한 번 부르겠습니다."

"동호, 취했어. 자리로 돌아가."

김정일의 꾸짖는 말에도 취한 상태였던 이동호는 들은 척도 않고 기어이 한 마디 말을 내뱉었다.

"(김일성) 수령님이 살아 있다고 하지만 도대체 앞으로 얼마나 더 살겠습니까? 10년입니까, 20년입니까? 저는 이 자리에서 만세를 부르겠습니다."

술기운이 한순간에 깨는 발언이었다. 아무도 절대로 입에 담아서는 안 되는 말을 하필이면 측근이란 자가 혁명 1세대들 면전에서 지껄였기 때문이다. 천신만고 끝에 겨우 후계자 문제에 종지부를 찍고 공식적으로도 권력의 전면에 나서는 데까지 이르렀는데 자신의 속셈을 폭로하는 듯한 '폭탄 발언'을 터뜨리다니, 잘못하면 애써 쌓아 온 노력의 결과가 수포로 돌아갈지도 모른다. 김정일은 순간 결단을 내렸다.

"이놈을 끌어내 즉각 처형해!"

날카로운 김정일의 목소리가 울리는 순간 권총을 뽑아 든 호위 장교들이 달려와 이동호를 잡아끌었다. 주위의 당 간부들이 용서를 빌었지만 김정일은 듣지 않고 자리를 박차고 연회장을 뛰쳐나갔다. 이동호는 끌려 나가 그 자리에서 총살형에 처해졌다고 한다.

정권의 움직임을 구석구석까지 파악하고 있는 김정일은 자신의 입장을 잘 알고 있었다. 자신이 아버지의 권위를 빌려 권력을 행사하고 있다는 현실을 잘 알고 있었던 것이다. 그렇기 때문에 더더욱 김일성의 권위 세우기에 모든 것을 걸고 있었다.

북한이 편찬한 『김정일전』은 김정일 40회 생일에 대해 일절 언급이 없다. 한편 아버지 김일성의 70회 생일을 위해 얼마나 애썼는지가 절절히 쓰여 있다. 김정일은 1982년 4월 15일 김일성의 70회 생일을 국가적 축전으로 위치 짓고 3년 전부터 거국적으로 준비해 왔다.

1980년 4월 평양에서 착공식을 가진 세계 최대이자 최고 높이의 석탑이라고 북한이 자랑하는 '주체사상탑'과 거대한 개선문은 김일성 70

회 생일에 맞춘 '생일 선물'이라고 말할 수 있다. 70년의 날수에 맞춘 2만 5550개의 돌을 쌓아 올려 세운, 높이 170미터의 주체사상탑에 대해 북한은 쿠바의 (영웅을 기념한) 호세 마르티 탑보다 60미터 더 높다고 선전한다. 한편 개선문은 정면 너비 50.1미터, 폭 36.2미터, 높이는 파리의 개선문보다 10미터 높은 60미터로 호화로운 조각으로 장식돼 있다.

1982년 4월 10일 막 완성된 이 건축물들을 시찰한 김정일은 이렇게 말했다고 한다.

"충성의 선물로서 기념비적 창조물을 세우고, 김일성 동지에게 기쁨을 드리며 탄생 70주년을 맞을 수 있어 내 마음이 가볍습니다."

1980년에는 병상 수 1천5백 개의 평양산원 여성종합병원과 2천 석 이상의 관람석을 갖춘 풀도 딸린 헬스센터를, 1981년에는 국립도서관이기도 한 건평 3만 평의 인민대학습당을 완공시켰다. 그밖에도 모란봉 경기장을 확장하는 등 아버지의 생일을 빛내기 위해 수도 평양의 건설 사업에 막대한 예산을 투입했다.

김정일이 손을 댄 것은 건축물 같은 것만은 아니었다. 3년간에 걸쳐 예술부문에서 5천 명을 동원한 가무극 '영광의 노래'와 매스게임 '인민은 김일성 주석을 노래합니다'는 모두 김정일이 제작한 것으로 돼 있다.

이렇게 맞이한 김일성의 70회 생일 축전에는 세계 5개 대륙의 118개국에서 220여 대표단과 대표, 저명한 각계 인사 등 1천여 명이 참가했다고 보도됐다. 그러나 김정일이 주도면밀하게 준비했고 대대적으로 치른 이 축전은 사실상 아버지에게 실권 이양을 촉구하려고 만들어진 꽃길이었음은 후에 밝혀진다. 김일성이 명실상부한 최고 지도자였던 시대의 종언을 고하는 '피날레의 무대'였던 것이다.

제 5 장

탈취한 정상

덩샤오핑을 수정주의자로 절하

김정일 후계 체제 이행 과정에 대해 깊은 관심을 가지고 있던 국가가 있다. 바로 중국이다. 중국에는 '세습'을 부정적으로 보는 간부들이 많았지만 최고 실력자 덩샤오핑鄧小平은 용인하는 입장이었다. 중국 정부가 편찬한 『덩샤오핑 연보』에 따르면 1980년 5월 중국공산당 중앙군사위원회 주석 덩샤오핑은 당서기 후챠오무胡喬木 등과의 간담회에서 이렇게 말했다.

"외국 형제당(북한 노동당)의 일은 기존의 방식으로 평가해서는 안 된다. 그 나라의 노선과 방침은 그 나라 당과 인민이 판단해야 한다."

북한의 후계 체제에 대해 중국 지도부 내에 이론이 있다는 것을 알고 있던 김일성은 중국에 설명할 타이밍을 보고 있었다. 김일성은 70번째 생일을 계기로 정권의 실무를 아들에게 넘겨준 후인 1982년 9월 16일 중국을 공식 방문했다. 베이징역에는 덩샤오핑을 비롯해, 당총서기 후야오방胡耀邦과 다음 해 국가주석에 취임하는 리셴넨李先念, 수상 자오쯔양趙紫陽 등이 마중 나왔다.

다음 날인 17일 베이징의 댜오위타이釣魚臺 국빈관에서 '신로간부교대新老幹部交代 문제'를 논의한 김일성과 덩샤오핑은 18일부터 전용 열차로 3박 4일의 여행을 떠났다. 내륙에 있는 청두成都에 도착하기까지 30

시간 이상 폐쇄된 공간에서 두 사람만의 대화를 나눴다. 내용의 일부는 중국의 문헌에도 기록돼 있다. 개혁개방 노선으로 방향을 잡기까지의 '사상적 과정'에 대해 언급한 덩샤오핑은 우리는 '양개범시兩個凡是, 마오쩌둥의 사상과 실천은 모두 옳다)'라는 원칙을 버리고 모든 것은 실제 상황에 비추어 결정하기로 했다고 설명했다. 열심히 개혁의 필요성을 말하는 덩샤오핑에게 김일성은 이렇게 대답한 것으로 돼 있다.

"아들을 매년 중국에 보내 개혁개방의 방법을 배우게 하겠습니다."

약속대로 김정일은 1983년 6월 2일부터 12일까지 후야오방의 초청으로 중국을 비공식 방문한다. 후계자로 공인된 후 첫 외유다. 중국 지도부는 '외국 형제당'의 차세대 지도자가 개혁노선을 지지해 주기를 기대했다. 김정일에게 개혁개방의 성과를 보여 주고 찬성의 뜻을 표시해 주기를 기대하며 주도면밀하게 준비했다.

김정일 일행은 2일 아침 국경의 도시 단둥丹東에서 잠깐 쉰 뒤 곧바로 베이징으로 향했다. 인민무력부장 오진우와 노동당서기 연형묵 등이 동행했음에도 중국 측은 총서기 후야오방이 안내역을 맡는 등 극진한 대접을 했다. 김정일은 개혁개방이 추진되고 있는 칭다오青島, 난징南京, 상하이上海 등 연안 도시를 돌아다녔다. 11일에는 베이징의 인민대회당에서 덩샤오핑과 리셴녠, 국가주석인 시진핑習近平의 아버지 시중쉰習仲勳 등 원로급 지도자 거의 전원이 참석한 연회를 가졌다.

"우리나라의 정치 상황은 안정 국면에 들어섰다. 그렇게 되는 데는 우리 노인네들의 역할이 조금 있었다."

이렇게 말을 꺼낸 덩샤오핑은 말을 이었다.

"우리들에게는 중요한 임무가 하나 남아 있다. 젊고 유능한 젊은이에게 정권을 맡기는 일이다."

덩샤오핑은 개혁 과정에서 직면한 문제나 농촌개혁의 성과도 언급하고 "지금 우리는 근대화 건설에 전력을 쏟고 있다."라고도 역설했다.

이에 대한 김정일의 반응은 회담에 참석했던 관계자의 회고록 등을 통해 나중에 밝혀진다. 설명을 묵묵히 듣고 있던 김정일은 돌연 이런 질문을 던졌다고 한다.

"조선에서 전쟁이 일어나면 중국은 공화국(북한)을 지원해 줄 것입니까?"

당돌한 질문에 덩샤오핑은 '그것은 그때 생각할 문제'라고만 대답했다. 중국이 벌이고 있는 개혁개방에는 아무런 관심도 표시하지 않은 채 자리에 어울리지 않는 발언을 하는 김정일에 대해 중국 측은 아연실색하면서도 이날 밤은 예정대로 인민해방군 총정치부 가무단의 공연으로 환대를 해줬다. 후에 시진핑과 결혼해 국가주석의 부인이 되는 당시 20세의 펑리위안彭麗媛이 김정일이 제작한 〈꽃 파는 처녀〉에 나오는 노래를 중국어로 불렀다.

귀국한 김정일은 그런 환대를 짓밟아 버리듯 6월 15일 소집된 당중앙위 제6기 7차 회의에서 중국의 개혁개방 정책에 대해 중국공산당은 사회주의와 공산주의를 버렸다며 격하게 비판했다.

"중국이 국시로 내건 '네 가지 현대화' 노선은 자본주의를 지향하는 것이다. 수정주의 노선이며 그 이상도 그 이하도 아니다."

덩샤오핑을 '수정주의자'라고 부르며 중국의 개혁개방 노선을 전면 부정한 것이다. 김정일의 이 '귀국 보고' 내용은 곧바로 비밀 루트를 통해 중국 지도부에 전달됐다. 격노한 덩샤오핑은 이렇게 탄식했다고 한다.

"이 무슨 바보 같은 놈인가. 세상물정도 모르는 애송이(黃嘴郎) 때문에 앞으로 중국이 위험에 빠질지도 모른다."

사태를 심각하게 받아들인 중국 지도부는 김일성을 불러 진의를 확인하려 했다. 8월 19일 한반도에서 가까운 다롄大連에서 여름을 보내던 덩샤오핑에게 김일성이 황급히 달려갔다. 해안에 있는 방추이다오棒棰島 국빈관에서 만난 두 사람은 이런 대화를 나눈 것으로 전해진다.

덩샤오핑: 김정일 서기의 비우호적인 태도에 나는 불쾌감을 갖고 있다. 우리의 개혁에 대해 당신들 쪽도 찬동해 주기를 바랐지만 그(김정일)와는 협력할 수 없을지도 모른다.

김일성: 조직서기(김정일)에게 알아듣도록 이야기하겠다. 빠른 시일 내에 다시 한 번 중국을 방문해 사죄토록 하겠으니 그때 잘 가르쳐 주기 바란다.

곧바로 평양에 돌아온 김일성은 다시 한 번 아들을 중국에 보내려고 하지만 김정일은 이렇게 대답했다고 한다.

"중국이 수정주의의 길을 걷는 것은 중국의 문제입니다. 중국이 결정할 것입니다. '주체 조선'이 중국이 말하는 대로 할 필요는 없습니다. 우리는 '우리식'으로 가야 한다고 생각합니다."

김일성도 가만히 있지는 않았다.

"아버지인 내가 머리를 숙이는 것은 너 때문이 아니냐? 덩샤오핑과의 약속을 내팽개칠 수는 없다."

그 후의 김정일 동향에 대해 중국 요인의 한국어 통역을 맡기도 했으며 북한 연구에 관여한 중국국제문제연구소의 타오빙웨이陶炳蔚는 "내가 아는 한 김정일은 1983년 중국을 두 번 방문했다."라고 증언한다.

그러나 이를 뒷받침할 문헌은 발견하지 못했다. 기록상으로는 1983년 6월 방중 이래 17년 동안 김정일은 중국에 발을 디디지 않은 것으로 돼 있다.

김일성이 후계자 문제를 둘러싸고 중국 지도부와 갈등하며 머리를 싸매고 있던 바로 그 무렵 김정일은 국제사회를 흔들 테러를 획책하고 있었다. 중국을 위험에 빠뜨린다던 덩샤오핑의 의구심은 김일성과의 면담 후 얼마 지나지 않아 현실로 다가왔다.

남조선은 우리 것이 된다

김정일이 1983년 '사과'를 하러 다시 중국을 방문했는지는 확실치 않다. 그러나 김일성이 8월에 이어 9월 22일부터 25일까지 다롄에 있던 덩샤오핑을 방문한 것은 중국의 문헌에서도 확인할 수 있다. 김일성의 연이은 중국 방문은 후계자 문제에 대해 중국 측의 양해를 얻기 위한 것만은 아니었다. 북한 외교정책의 근본적인 수정에 대해 덩샤오핑의 의견을 듣는 것이 목적이었다. 공개된 내용에는 국제 정세에 대해 의견 교환을 했다고만 기록돼 있으나 실은 남북한과 미국의 3자회담 중개를 의뢰했던 것이다. 덩샤오핑은 9월 중, 미 국방부 장관 캐스퍼 와인버거와 베이징에서 만나 김일성의 메시지를 언급했을 가능성이 있다. 미국 신문 〈워싱턴 포스트〉에서 동아시아 외교를 취재한 돈 오버도퍼는 『두 개의 한국』에서 남북한과 미국의 회담이라는 '놀랄 만한 메시지'를 '미국 정부가 중국 외교관을 통해 전해 받은 것은 10월 8일'이라고 쓰고 있다. 아웅산 폭탄 테러 발생 전날이었다.

한국을 교섭 상대로 인정하지 않고, 미국을 증오의 대상으로 간주해 온 북한이 먼저 나서서 대화를 요구해 온 것은 처음이었다. 그러나 이는 실무 권한을 다 내놓은 김일성의 '헛소리'에 불과했다는 것이 공교롭게도 바로 그 다음 날 테러가 증명하게 된다.

당시 남아시아 주변 6개국 순방에 나선 전두환全斗煥 대통령 일행은 10월 8일 첫 방문지인 버마(지금의 미얀마)의 수도 랑군(현재의 양곤)에 도착했다. 다음 날인 9일, 헌화를 위해 버마의 독립 영웅을 모신 아웅산 묘를 방문하려던 이들 일행을 노린 폭탄이 터졌다. 도착이 늦은 전두환은 화를 피했지만 한국 측은 부총리 서석준徐錫俊 등 각료 4명을 포함해 17명이 사망하고 버마 측도 4명이 사망했으며 다수의 부상자가 나왔다. 세계를 놀라게 한 참극이었다.

테러를 기획한 것은 다름이 아닌 김정일이었다. 당시 남북한 체제 경쟁은 최종 국면을 맞고 있었다. 경이적인 경제 발전을 이룩한 한국은 1981년 9월 올림픽 개최권을 획득해 북한과 우호 관계에 있던 아프리카 여러 나라와 사회주의권의 국가들에 대해 외교 공세를 벌이고 있었다. 사회주의국가인 버마와 한국의 접근은 북한의 외교적 패배를 의미했다. 현상 타개를 위해 중국식 개혁의 방향을 모색하던 김일성과는 달리 김정일은 무력 통일이라는 환상을 고집했다. 통일이 되면 경제 문제는 한꺼번에 해소할 수 있다고 늘 측근들에게 큰소리를 쳤다고 한다.

테러범들은 1968년 청와대 습격 작전을 벌였던 부대를 개편한 인민무력부 정찰국(후에 정찰총국) 소속 711부대에서 선발됐다. 그중 주요 인물인 대위 강민철이 현지에서 체포되는 실수를 범했다. 버마에서 복역한 강민철은 테러 계획의 내막을 한국 언론에 폭로했다.

강민철의 증언 등에 따르면 전두환의 6개국 순방 정보를 김정일이 입수한 것은 1983년 9월 초. 대남공작을 지휘한 것은 한때 공작 기관 산하의 남조선연구소로 좌천됐던 김중린이었다.

김정일: 전두환이 해외를 순방하는 모양이다. 방문지에는 우리나라와 우호 관계에 있는 버마도 포함돼 있다. 이 기회에 전두환을 없애 버리면 어떤가?

김중린: 예. 머리(전두환)를 제거하면 남조선에 있는 우리 조직원들한테도 유리한 조건이 만들어질 것입니다.

김정일: 그렇다. 절대로 기회를 놓쳐서는 안 된다. 성공하면 남조선은 우리 것이 된다.

김정일의 지도하에 김중린이 계획을 짰다. 직접 테러를 지휘한 것은 시리아 주재 무관보에서 정찰국으로 자리를 옮긴 김격식金格植. 후에 인민군 총참모장으로 있으면서 2010년 연평도延坪島 포격을 지휘한 것으로 알려진 인물이다. 테러 실행팀은 1983년 9월 중순 북한의 항구를 출발했다. 랑군에서는 북한대사관 참사관의 집에 잠복하여 범행을 기다렸다.

북한의 잔혹한 테러에 분노한 한국군은 평양에 공수부대를 보내 김일성을 암살할 '벌초 계획'을 입안하고 김일성 관저인 주석궁 모형까지 만들어 훈련에 착수했다. 그러나 전두환의 반대로 결국 실행되지 않았다는 사실이 최근 밝혀졌다. 1986년 아시안 게임과 1988년 서울올림픽을 앞두고 있던 한국은 전쟁에 직결될 모험을 할 수 없었다.

한편 북한은 '승전 무드'에 휩싸여 있었다. 최고인민회의 의장이었던 황장엽(인터뷰)은 증언한다.

"김정일은 아웅산묘 폭파는 자신이 했다고 자랑했다. 자신이 세운 작전으로 한국의 요인 다수를 한꺼번에 암살하는 데 성공했다고 선전했다."

그러나 공작원이 붙잡혀 범행을 털어놓았다는 보고를 받자 김정일은 격노했다. "왜 붙잡혔나? 땅속에 들어가든지 하늘로 사라지든지 했어야 하는 것 아닌가?"라며 김중린을 질책했다. 황장엽은 김정일은 자신의 과오를 인정하는 법이 없는 인간이라고 단언한다.

버마 정부가 테러는 '북한 부대에 의한 범행'이라고 발표하자 69개국이 북한을 규탄하는 성명을 발표했다. 우호 관계에 있던 개발도상국들도 단교 조치를 취하는 등 역풍이 거셌다.

김일성은 주석궁으로 김정일과 황장엽 등을 불러 따져 물었다.

"국제 여론이 나쁘다. 아래에 있는 과격분자들이 제멋대로 한 짓이라고 인정하면 어떤가?"

아버지의 말을 막기라도 하듯 김정일이 빠른 어조로 열을 올려 말했다.

"절대로 안 됩니다. 잡아떼면 그만입니다."

원래 김정일은 중국에게 배워 서방측과 관계 개선을 모색하려는 아버지의 대외 정책에 반대했다. 외교 분야의 지시 명령 계통을 아들이 쥐고 있어 김일성으로서는 자기 의견을 관철할 수도 없었다. 북한의 전 외교관 고영환은 『평양 25시』에서 부자간의 반목을 상징하는 다음과 같은 김정일의 지시를 소개하고 있다.

아프리카 어느 나라의 대통령이 평양을 방문했을 때의 일이다. 대통령을 시내의 초대소로 안내하려 하는데 (김일성) 주석궁 외사국으로부터 연락이 왔다. 대통령의 상황을 보고하라는 전화였다. 고영환은 주저

했다. 외교부 내부의 지시로는 우선 김정일에게 보고한 후 김일성에게 보고하는 것이 원칙이기 때문이었다.

"김정일이 정권 계승을 기정사실화하면서 외교부를 장악하기 위해 내린 엄명이었다. 여러 가지 중요한 것은 일차적으로 자신의 지시를 받은 후 주석궁에 보고하라는 것이었다."(고영환)

랑군 사건은 북한의 범행임이 밝혀졌지만 김정일이 얻은 중요한 교훈도 있었다. 북한이 그 어떤 짓을 해도 한국은 북한과 일전을 벌이는데 주저한다는 사실이다. 김정일은 기회가 있을 때마다 남조선 애들은 우리가 무엇을 하든 아무 짓도 못 한다고 호언장담했다고 한다.

선전용 제안을 받아들인 한국

북한이 한국 대통령을 목표로 저지른 아웅산 폭탄 테러 사건의 여파가 잠잠해진 1984년 5월 김일성은 전용 열차로 46일간 소련과 폴란드, 루마니아 등 동유럽 8개국 순방에 나섰다. 독재국가의 최고 지도자가 장기간 나라를 비우는 것은 이례적인 일이어서 세계가 이를 주목했다.

2015년 3월 공개된 한국의 기밀문서에는 김일성의 외유에 신경을 곤두세우고 있던 당시 한국 정부의 사정이 기록돼 있다. 김일성이 귀국한 후인 1984년 7월 11일 한국 정부는 그간 수집한 정보를 분석, 평가하는 대책회의를 가졌다. 정보기관인 국가안전기획부(지금의 국가정보원) 제2차장 박세직朴世直은 회의 첫머리에 "김일성의 소련 동유럽 순방은 아들에의 정권 이양에 관해 사회주의국가들의 양해를 얻기 위한 것으로 보인다."라고 설명하고 정권 이양의 증거로 노동당 기관지 〈노동신문〉의 논설을 들었다. "수령님(김일성)이 평생 벗은 적이 없었던 혁명의 구두를 벗겨 드려야 한다. 이것이 김정일 동지의 뜻이다."라는 내용이다. '구두'는 실권을 시사하는 것이다. 재외공관으로부터 얻은 정보에도 언급되었다.

"불가리아 외교부 고위 관리로부터 얻은 정보에 따르면 김일성의 건강 상태는 좋지 않다. 걷는 것도 마음대로 안 되는 듯하다. 연내에 정권을 김정일에게 넘길지도 모른다."

한국 외무부는 8월 '김일성의 은퇴에 대비해'라는 제목의 보고서를 만들었다. 이를 한 번 읽은 전두환은 이렇게 말한 것으로 기밀문서에 기록되어 있다.

"나는 김정일이 이미 실질적인 통치자이며 김일성은 형식적인 통치자라고 보고 있다."

이 당시 한반도는 일찍이 겪어 보지 못한 수해를 입고 있었다. 특히 8월 말부터 집중호우가 서울 지역을 강타해 사망·실종자가 189명, 약 35만 명이 집을 잃는 심각한 피해를 입었다. 9월 8일 북한은 국영방송을 통해 한국에 쌀 5만 석(약 7천5백 톤)과 옷감 50만 미터, 시멘트 10만 톤, 기타 의약품을 제공할 용의가 있다'고 보도했다. 전두환은 이렇게 회고한다.

"북한은 우리보다 더 심각한 재해를 당했는데도 품목까지 정해 지원을 하겠다고 제의했다. 지금까지는 서로 (지원을) 거부하는 것이 관례였기 때문에 우리도 거절하리라고 생각했을 것이다."

북한 측 피해의 구체적인 내용은 알 수 없었지만 앞서 북한은 한국이 표명한 지원은 즉각 거절했었다. 전두환은 관례를 깨고 제안을 받아들여 북한 측에 구원 물자는 가능하면 9월 내에 보내 주기 바란다고 회답하도록 지시했다.

북한 언론은 후에 "당시 장군님은 남조선 인민 구제 대책을 마련, 직접 지원 물자의 품목과 양까지 결정해 주셨다."라고 김정일의 온정을 강조했다. 그러나 실제로 김정일은 당황했었다. 단지 선전용으로 표명한 것인데 이제 물건을 보내지 않으면 안 되었기 때문이다. 북한의 경우 1984년은 제2차 7개년 경제계획의 마지막 해이지만 계획은 모두 실패해 채무불이행(디폴트) 상태에 빠지기 직전이었다. 일본과 서독 등으로부터 도입한 공장 기계의 대금은커녕 이자조차 지불하지 못하고 있었다.

김정일은 부총리 김환金煥 등을 중국에 급파해 수상 자오쯔양에게 한국에 약속한 지원 물자 전량을 원조해 달라고 요청했다. 그러나 허세를 부리는 김정일의 정권 운영을 불쾌하게 보고 있던 중국 지도부는 물자 대신 총액의 절반에 상당하는 금액을 체납된 석유 대금으로부터 상쇄해 주겠다고 대답했다. 지원 물자 중 중국은 옷감의 일부만 주었다.

문화대혁명이라는 지도자에 의한 광란을 경험한 중국인들은 북한의 실정을 피부로 느끼고 있었다. 김정일의 존재를 모르는 만큼 중국의 일반 대중들은 권위를 세우려 서민들의 생활을 돌아보지 않는 김일성을 욕했다.

당시 중국 지방지 기자로서 동북부를 취재했던 필자는 랴오닝遼寧성 고위 관리로부터 이런 이야기를 들었다. 쌀 지원을 요구해 온 김일성에 대해 중국 최고 실력자 덩샤오핑은 이렇게 말하며 거절했다고 한다.

"당신들은 연간 800만 톤(실제로는 450만 톤가량)의 쌀을 생산하고 있다고 말하고 있지 않는가? 1인당으로 환산하면 중국보다 많다. 그것이 정말이라면 지원해 줄 수 없다. 거짓말이라면 생각해 보겠다."

이를 두고 북한 내부에서는 덩샤오핑을 '쥐새끼'라고 부르며 덩샤오핑이 미국 방문 중 금발의 매춘부와 놀았다는 등의 험담을 퍼뜨렸다고 한다. 중국으로부터 거절을 당한 김정일은 경제부문 담당자들을 모아 이렇게 명령했다고 한다.

"수해 (지원) 물자 인도는 우리와 남조선의 전쟁이다. 어떤 일이 있어도 최단 시간 내에 조달하라."

김정일은 '전시동원태세'로 임해 전시용으로 비축해 두었던 물자를 방출하도록 지시했다. 부족한 부분은 각 공장에 할당해 '속도전'으로 밀어붙여 겨우 긁어모았다.

한국 안기부에서 북한으로부터 지원 물자를 받아들이는 일을 맡았던 김은성金銀星은 물자 인도를 둘러싸고 남북은 치열한 정보전을 벌였다고 회고한다.

"어느 루트로, 어떤 운반 수단을 이용할지를 북한은 마지막까지 밝히지 않았다."

김정일은 지원 사업을 '군사작전'으로 규정하고 한국의 대응태세를 시험할 생각으로 운반 방법이나 일시, 도착 장소를 숨겼다. 한국 측에서는 시멘트 10만 톤을 육로로 수송할 경우 군사경계선 근처의 '자유의 다리'가 하중을 견디지 못할 것을 우려해 사전에 대책을 강구할 필요가 있었다. 그런 가운데 한국 정보 당국은 북한이 해외로 나가는 화물선을 불러들이고 있다는 정보를 입수했다. 그래서 '지원 물자가 배로 온다고 판단'(김은성)했다. 최종적으로 9월 말부터 10월 초에 걸쳐 북한이 약속한 만큼의 지원 물자가 한국 인천항 등에 하역되고, 일부는 육로로 도착했다.

북한의 전 당중앙위 자료연구실 부실장으로 황장엽과 함께 한국에 망명한 김덕홍金德弘은 김정일 자신이 지원 사업을 회고한 기밀문서에 대해 증언했다. 1989년 말 비공개회의에서 이렇게 밝혔다고 한다.

"남조선에 수해 지원 물자로서 보내 버린 전시용 물자는 아직도 보충할 수가 없다. 그때부터 공화국(북한) 경제는 허리가 부러져 버렸다."

무리를 해서까지 수해 지원 물자 수송에 집착한 북한의 의도에 관해 한국 당국은 '김정일의 이미지 구축을 위해서'였다고 결론지었다. 체면을 세우기 위한 '지원 작전'의 대가는 너무 커서 북한 경제는 급속한 하강세를 보였다.

김일성을 포기한 고르바초프

김일성은 1985년을 경계로 정권 내에서 영향력을 급속히 잃어 간다. 건강상의 문제 때문인지, 정권 운영의 의욕이 감퇴했기 때문인지는 확실치 않지만 표면상으로는 장남 김정일에게 정무의 대부분을 넘겨준 상태로 일관했다. 북한 문헌에 따르면 김일성은 1984년 가을, 김정일의 친구인 노동당서기 허담許錟에게 이렇게 아들을 치켜세웠다고 한다.

"김정일 동지는 당의 지도자이며 대표자입니다. 그는 나의 뜻에 따라 우리 당을 강화 발전시키려는 싸움을 진두지휘하고 있습니다."

이렇게 다짐하기도 했다고 한다.

"전 당원은 김정일 동지를 충성의 한마음으로 받들며 그가 지시한 방침을 무조건 관철하지 않으면 안 됩니다."

반면 사상, 이론 면에서 김일성 부자를 뒷받침했던 황장엽은 김정일 중심의 지도 체제로 바뀐 1985년 이후에도 통치권을 둘러싼 부자간의 갈등이 있었다고 증언한다. 김일성과 김정일은 일이 잘되지 않으면 않을수록 상대방을 비방하는 것으로 위안을 삼았다는 것이다.

김일성은 정권 운영을 아들에게 다 맡겨 버리고 외교와 군사 분야에서는 가끔 자신의 의사를 반영하려 했다. 북한은 1987년 11월 모스크바에서 열린 '10월혁명 70주년' 기념식에 대표단을 보내기로 결정했다. 이를 계기로 소련 공산당 서기장 미하일 고르바초프를 북한에 초청할지 여부를 놓고 부자가 대립했다. 북한의 전 외교관에 따르면 소련 방문 준비에 쫓기고 있던 외교부에 김정일로부터 전화가 왔다. 부장인 김영남에게 김정일은 쏘아붙였다.

"고르바초프를 만나면 공화국을 방문해 주기 바란다고 말하지 마라. 그는 (스탈린을 비판한) 흐루시초프보다 더 지독한 수정주의자다."

개혁개방을 극도로 두려워하고 있는 김정일은 '페레스트로이카(개혁)'를 추진하는 고르바초프를 싫어 해 초청에 반대했다.

그 직후 이번에는 김일성으로부터 전화가 왔다.

김일성: 대표단의 준비는 순조로운가?

김영남: 예. 수령님. 준비는 잘 되어 갑니다.

김일성: 어떤가. 이번에 가면 반드시 고르바초프에게 와달라고 말하게. 속담에 미운 놈에게 떡 하나 더 준다고 하지 않는가?

상반되는 지시에 곤혹스러웠던 외교부는 검토 끝에 김정일에게 판단을 요청했다. 대표단이 출발하기 전날 밤 재가가 내려왔다.

"수령님이 말한 대로 하라."

김정일이 하끈하게 자신의 주장을 포기한 데는 이유가 있었다. 당시 총력을 기울여 서울올림픽 방해 공작을 추진하고 있었기 때문에 소련 수뇌부의 초청이 소련의 올림픽 참가 저지로 이어질지도 모른다는 계산이 있었던 것이다.

고르바초프에 따르면 소련에 대한 북한의 공작은 집요했다. 1986년 10월 24일에는 김일성이 전용기로 모스크바를 방문했다. 거의 비행기를 타지 않는 최고 지도자의 공로 방문은 '긴급한 일이 틀림없다'는 억측을 서방세계에 불러일으켰다. 소련 국영 타스통신은 '양 수뇌는 한미일 삼각동맹에 반대했다'고 보도했다. 그러나 후에 고르바초프가 한국 언론에 말한 바에 따르면 실제로는 이런 대화가 있었다고 한다.

김일성: 서울올림픽에 참가하지 말아 주십시오. 한반도의 분단을 고정화하려는 '국제 제국주의'의 음모입니다.

고르바초프: 그 말 자체가 너무 낡은 것입니다. 우리는 낡은 교조주의의 껍질을 깨고 페레스트로이카를 시작하고 있습니다. 당신이 생각을 바꿔야 하는 것 아닙니까?

김일성은 물러서지 않았다.

"서울과 평양이 50대 50의 비율로 주최하는 것은 어떻습니까? 최소한 축구는 평양에서 개최할 수 있도록 협력해 주십시오."

이에 대해 고르바초프는 "올림픽 개최는 50대 50 같은 산수의 문제가 아닙니다."라고 딱 잘라 대답했다.

후에 고르바초프는 "김일성의 관심은 서울올림픽밖에 없었다. 그들은 우리의 우정이 담긴 설득을 받아들이지 않고 후에 적대시하기까지 했다."라고 밝혔다.

소련과 동유럽이 격변하고 있는 가운데서도 김정일은 '껍질' 속에 틀어박혀 단호하게 개혁을 거부했다. 중국을 방문해 덩샤오핑 등과 개혁개방에 대해 의견을 교환하는 아버지를 언론 매체를 통해서 견제하기도 했다. 당 기관지 〈노동신문〉은 공공연히 이렇게 썼다.

"연로하신 수령님께서는 험한 길을 걸으시지 않아도 (김정일) 지도자 동지가 모든 사업을 맡아서 할 수 있다."

1987년 9월에는 김정일이 당 간부들 앞에서 "현대 제국주의가 임종에 가까워지고 있는 것이 엄연한 현실이며 제국주의가 멸망하고 사회주의가 승리하는 것은 역사적인 필연이다."라고 열변을 토했다. 결국 고르바초프가 북한에 발을 디디는 일은 없었다. 김정일은 소련에 환상을 가지지 말라고 역설했다.

"우리는 누군가의 도움을 바라서는 안 된다. 도움을 받지도 않을 것이다."(『김정일 선집』)

김정일은 소련과 중국이라는 두 강대국에 기대지 않는 '우리식 사회주의'를 고집해 간다. 경제 개혁에는 눈도 돌리지 않고 자신의 우상화와 함께 체제 단속에 매진해 간다. 김정일의 위대함을 칭송하는 문학작품이 양산되고, 친애하는 지도자 김정일 동지의 노래도 만들어졌다.

백두산 산중에서 김정일의 탄생(1940년대)을 축하해 '광명성光明星 탄생', '태양성太陽星 탄생을 만방에 자랑하자'는 글자가 새겨진 나무들이 1987년경부터 차례차례 발견된다. 이런 나무를 '구호목(슬로건 나무)'이라고 부르며 보존 사업이 대대적으로 전개됐다. 물론 글자는 반세기 가까이 지난 것으로는 보이지 않아 날조된 것임이 분명했다. 소련 극동에서 태어난 김정일의 '생가'라며 백두산 산록에 통나무집이 재건축된 것도 이 시기다.

황장엽은 "김정일이 러시아에서 태어나 유라라는 이름으로 유년기를 보낸 것은 모두 다 아는 사실로 김경희가 준 소련판 지도에도 유라라고 쓰여 있었다. 그런 사실을 억지로 고쳐 백두산 산록에서 태어났다고 거짓말을 만들 필요가 어디 있을까, 나로서는 이해할 수 없었다."라고 말한다.

독자 노선을 밀고 나가 고립을 심화시키는 북한에 대해 소련이나 중국 모두 냉담했다. 양국 모두 북한의 설득에는 귀도 기울이지 않고 서울 올림픽에 선수단을 보냈고, 한국에 급속히 접근했다. 대화로는 국제사회의 흐름을 멈출 수 없다고 깨달은 김정일은 아웅산 폭탄 테러에 이어 또다시 테러라는 어리석은 짓을 벌인다.

대한항공기 폭파가 보여 준 충동적 성향

김정일의 명령으로 북한에 납치된 여배우 최은희가 1986년 3월 빈에서 탈출한 후 미 CIA는 그녀로부터 장시간에 걸쳐 북한 정세 등을 청취했다. 서방측으로서는 약 8년 동안 김정일을 가까이서 관찰해 온 제1급의 살아 있는 증인이었다. 증언을 토대로 CIA는 김정일의 인물 됨됨이를 김일성에 비해 편협하고, 충동적인 정책 결정을 해 일관성이 없다는 결론을 내렸다. 기분도 자주 변하고 때와 장소에 관계없이 그 자리에서 분노를 터뜨린다고도 했다.

필자도 중국 외교부에서 북한 요인의 통역으로 일한 후 사회과학원 산하 연구소로 자리를 옮긴 리상원李相文으로부터 이를 뒷받침하는 일화를 들은 적이 있다. 리상원과 몇 사람이 1983년 6월 중국을 방문한 김정일 일행을 안내했을 때의 일이다. 길이 4.5킬로미터의 난징南京 장강長江

대교를 걸어가던 중 무엇에 화가 났는지 김정일이 돌연 수행원의 무릎을 구둣발로 용서 없이 걷어찼다. 호스트인 중국 요인들 면전에서였다.

"그처럼 성질이 급하고 제멋대로인 사람은 처음 봤다."(리샹원)

"편집증 때문에 부하의 제안이나 배려를 음모라고 의심하는 경우가 있어 정확한 정보를 올리기 힘들다. 중요한 사안의 경우 판단을 잘못할 가능성이 높다."

김정일의 성격을 분석한 CIA의 보고서는 이렇게 계속된다.

"머리는 좋지만 잔인한 면이 있고 어떤 행위에 대해서도 죄책감을 느끼지 않는다."

당시 북한의 최대 현안은 서울올림픽이었다. 그 대응을 둘러싸고 부자의 성격 차이가 드러났다. 외교 공세에 의한 공동 개최나 참가 거부에 찬동하는 국가 수 증가에 희망을 거는 김일성과는 달리 김정일은 '폭력'으로 개최 그 자체를 단념시키고 북한의 독자적인 스포츠 축전을 개최한다는 계획을 마련하고 있었다.

1987년 11월 북한은 외상 김영남을 아프리카에 보냈다. 김영남은 1개월간의 순방 중 각국 요인들에게 '올림픽 보이콧은 김일성 수령님의 의지'라고 설명하며 돌아다녔다. 짐바브웨의 로버트 무가베, 마다가스카르의 디디에 라치라카, 잠비아의 케네스 카운다 등 아프리카에는 김일성과 친한 대통령이 몇 있었다. 이들 독재국에 북한은 군사 원조를 해왔다. 짐바브웨에는 100명 규모의 군사고문단을 파견해 무가베의 친위대를 만들어 주었다. 카운다는 생일에 '김일성 만세'라는 시를 지어 보내는 등 김일성에게 호의를 갖고 있었다.

순방에 동행한 고영환에 따르면 김영남은 가는 곳마다 한반도는 도마 위에 오른 잉어로 서울올림픽은 예리한 식칼이다. 내려치면 남북 분단은 영구화한다고 역설했다.

"수령님은 형제 나라인 귀국이 서울에 가지 않기를 바라고 있다."

그러나 설득은 보람도 없이, 대답은 예외 없이 이렇게 돌아왔다.

"김일성 주석의 요청은 유의하겠지만 주변 국가들과 상의해서 결론을 짓겠다."

김영남은 부하들 앞에서 "은혜를 모르는 놈들이다. 이런 더러운 아프리카 놈들의 땅은 두 번 다시 밟고 싶지 않다."라고 화를 내기도 했다고 한다.

아프리카의 약 50개국 중 마다가스카르를 제외하고, 서울올림픽을 보이콧한 것은 인구가 10만 명도 안 되는 세이셸뿐이었다.

의기소침한 외교단이 귀로의 경유지 모리셔스에 도착한 11월 29일 바그다드발 서울행 대한항공 858편 보잉 707기가 미얀마 근해에서 폭파되는 사건이 일어났다.

승객과 승무원 115명 가운데 대부분은 중동으로 돈을 벌러 간 한국인 노동자였다. 올림픽 참가 신청 마감일이 50일 앞으로 다가와 있었다. 한국 정부는 국가의 위신을 걸고 조사를 벌여 1988년 1월 15일 조사 결과를 발표했다.

"대한항공 858편 폭파 사건은 북괴 김정일의 지령에 의해 감행된 만행으로 판명됐다."

테러 실행범인 북한 공작원 김현희의 기자회견이 동시에 열렸다.

사건 직후 수사선상에 떠오른 인물이 바로 경유지인 아부다비에서 비행기를 바꿔 타고 바레인으로 간 일본 여권을 소지한 수상한 남녀였다. '하치야 신이치蜂谷眞一'라는 이름을 쓴 노동당 공작 기관 대외정보조사부 특수공작원 김승일金勝一과 '하치야 마유미蜂谷眞由美', 즉 김현희다. 일본인이 아닌 것을 눈치챈 주바레인 일본대사관원과 현지 경찰이 공항에서 붙잡았지만 김승일은 그 자리에서 독약을 깨물고 자살했다. 김현희도 담배에 든 독약을 입에 집어넣고 깨물려 했지만 경관이 토하게 만들었다. 이 순간 북한과 한국의 명운이 결정됐다. 김현희의 그 후 진술로 테러 전모가 백일하에 밝혀졌다.

"두 사람은 김정일 자필의 공작 지령을 받고 범행에 나섰다."

한국 수사 기록은 이렇게 단정했다. '당은 남조선이 올림픽 단독 개최 책동을 저지하기 위해 대한항공기를 폭파키로 결정'했다는 내용의 김정일 지령은 1987년 11월 7일 조사부 부장을 통해 전달됐다. '남조선 괴뢰정권은 치명적인 타격을 받을 것이다. 반드시 성공할 것. 절대로 비밀 엄수에 유의할 것.'이라는 명령이었다.

수사 기록에는 테러에 나서기까지의 훈련 과정과 평양으로부터의 이동 루트, 수단까지 자세히 기록돼 있다. 그럼에도 불구하고 북한은 즉각 '남조선의 자작자연'이라는 성명을 발표하고 지금까지도 범행을 인정하지 않고 있다.

김현희의 증언에 따르면 김정일이 테러 결정을 내린 것은 10월 초순이었다. 마카오에서 훈련 중이던 김현희가 본부의 명령으로 급거 북한으로 돌아간 것은 같은 달 7일. 김일성이 김영남을 아프리카에 파견하기 전이다. 한미 당국의 수사 기록상으로는 김일성이 테러 계획을 사전에 알고 있었다고 생각하기는 힘들다. 김일성의 이름조차 언급하지 않고 있다.

"한 점의 의혹도 남기지 않기 위해 CIA도 김현희로부터 사정을 청취했습니다."

전 CIA 요원 마이클 리는 직접 청취했던 상황을 증언했다. 그녀의 신분을 확인하기 위해 3가지 방법을 동원했다고 한다.

미국 본부에 요청해 보내 온 북한 공작원들의 사진 45매를 제시하자 이중 두 사람을 맞혔다.

"모두 나도 모르는 사람들이었지만 그녀는 이름까지 정확히 말했습니다."

다음으로는 경유지로 잠시 머물렀다고 자백한 부다페스트에 있는 북한 공작 기관 아지트의 구조를 그림으로 그리게 한 후 현지에 확인한 결과 완전히 일치했다. 마지막으로 북한 공작원용 암호를 해독하라고 하니 간단히 풀어 보였다.

"당시 북한 공작원이 쓰는 암호를 해독할 수 있는 전문가는 한국 기관에서도 한두 사람밖에 없었습니다. 우리도 그녀가 틀림없는 북한 스파이라고 확신했습니다."

조사 결과에 따라 미국 정부는 1988년 1월 21일 대한항공기 폭파 사건을 이유로 북한을 테러지원국으로 지정했다.

충동적으로 결정하고 죄의식을 느끼지 않는다는 김정일의 프로파일은 최악의 '범죄' 형태로 구체화됐다. 이후 동아시아 독재국가의 후계자가 초강대국 미국과 결정적으로 서로 적대시하는 시대가 막을 올린다.

경제 파탄을 초래한 세기의 축전

김정일이 스포츠와 문화의 국제 이벤트 '제13회 세계청년학생축전'을 평양에 유치한 것은 한국이 1988년에 개최한 서울올림픽을 상회하는 이벤트를 주최할 능력이 있음을 과시하기 위한 것이었다.

"김정일은 자기 이외의 사람이 주목을 받고 찬사를 듣는 것을 제일 싫어한다."

김정일을 만난 경험이 있는 망명자와 기자들을 만나 인터뷰한 전 미국 애리조나주립대학 교수 조영환은 그의 성격에 대해 이렇게 분석했다.

"왜소한 외모에서 오는 콤플렉스를 극복하고 자신이 위대하다는 이미지를 만들겠다는 욕망을 뭔가 큰 것에 투영하려는 경향이 있다."

1985년 서울에 63층의 '63빌딩'이 완성된다. 그 사진을 보고 김정일은 측근들에게 명령했다.

"남조선 애들이 63층을 세운다면 공화국은 그 배인 126층을 지어라."

삼각형의 외관이 특징인 유경柳京호텔은 그렇게 건축이 시작됐다. 후에 105층으로 수정돼 건축에 들어갔지만 지금도 완성되지 못했다.

1988년 2월 20일에 열린 노동당 정치국회의에서 김정일은 인해전술로 건설을 추진하는 '200일 전투'를 제안한다. 정권 수립 40주년인 9월 9일까지 평양에 260개의 축전 관련 시설을 세우겠다는 것이다. 북한이 자랑하는 화학섬유를 생산하는 순천順天비날론공장의 재건이나 김책제철소 확장 공사, 중소형 수력발전소 건설도 포함돼 있었다. 2월 27일 김일성 광장에서는 젊은이 10만 명을 동원한 '횃불집회'가 열렸다. 이를 시작으로 37차례의 대규모 집회를 열어 젊은이들을 독려했지만 계획은 생각대로 진척되지 않았다. 기한이 임박한 9월 초에는 '청년영웅대회'를 열고 '제2차 200일 전투'를 외쳤다.

중앙당서기였던 황장엽은 "김정일은 평양에서도 올림픽을 여는 것이라고 주장하며 국력에 걸맞지 않은 많은 체육 시설을 기분 나는 대로 만들었다."라고 회고했다. 관객 3만 명을 수용하는 양각도羊角島축구경기장과 부지면적 12만 평방미터의 평양국제영화회관, 세계 최대 규모를 자랑하는 평양서커스극장 등을 세웠다. 압권은 서울올림픽 메인스타디움의 배 이상 되는 규모로 관객 15만 명을 수용할 수 있는 5.1경기장이다.

한편 김정일이 힘을 들여 추진한 사업 중 좌절된 것도 적지 않았다. 100억 달러를 투입했다 그쳤지만 그 후 방치 상태에 있는 비날론공장의 재건 공사도 축전 시기에 맞춰지지 못했다.

최근 공개된 동독 외교문서에 따르면 5월에 방북한 동독 대표단에게 김일성은 이렇게 토로했다.

"나라 전체가 축전 준비로 동원돼 많은 건설을 하고 있지만 매우 어렵고 많은 비용이 들어가고 있습니다. 소도시 건설 사업은 중단돼 있습니다. 모든 것은 축전의 성공을 위해서입니다."

1989년 7월 1일 축전이 개막됐다. 모스크바에서 병을 치료 중이던 성혜림과 모스크바에서 프랑스계 학교에 다니던 장남 김정남도 평양에 잠시 돌아왔다. 동행한 성혜림의 언니 성혜랑은 『등나무집』에 이렇게 적었다.

"찻집 하나도 없고 상점이라고 없는 이 도시를 어떻게 공개할 것인가? 비난이 아니라 근심이었다."

당시를 아는 탈북자에 따르면 시민들은 아파트 벽을 닦고, 페인트를 다시 칠하고, 외관을 고쳐 빈곤함을 감추는 데 필사적이었다고 한다. 단지 외국인에게 보이기 위해 자기에게 제일 화려한 옷을 꺼내 입고 매일 손님들이 든 숙소 앞을 배회했다. 울긋불긋한 나일론 치마저고리를 입고 꼭 같은 양산을 쓴 여자들이 몇 시간이고 옥류교를 왔다 갔다 하기도 했다.

"그런 모습을 볼 때 나는 눈물이 났다."(성혜랑)

축전에서는 젊은이 5만 명이 수 개월간 준비한 매스게임 '오늘의 조선'과 예술가 5천 명이 출연하는 가무극 '행복의 노래'가 공연됐다. 성혜랑은 "당시 보고 싶지 않은 이야기들이 귀에 들어왔다. 병원이나 외화상점에 가도 사람들은 살기 위해 허덕이며 눈은 오직 물건만을 찾고 있었다."라고 기록한다.

누구보다 현실을 잘 알고 있어야 할 김정일은 어디까지나 체면에만 집착했다. 국영 매체들은 "축전에는 세계 180개국, 1245개 청년학생조직 등의 대표 1만 6천여 명과 명예 손님 470명을 비롯해 많은 나라의 관광단과 해외 동포가 참가했다."라고 규모의 거대함을 선전했다. 김정일은 이런 참가자들의 항공권을 제외한 모든 비용을 부담했다.

막대한 비용도 아까워하지 않았던 것은 오로지 한국보다 낫다고 세계에 보여 주기 위한 것이었다. 그럼에도 불구하고 아이러니컬하게도 한국에서 온 한 여대생에게 '주역'을 빼앗겼다.

축전준비위원회는 한국의 젊은이들에게도 참가를 촉구했다. 한국의 전국대학생대표자협의회(전대협)가 정부의 반대를 뿌리치고 비밀리에 한국외국어대학 4학년생 임수경林琇卿을 북한에 보냈다. '용감하게 금기를 깬' 임수경은 북한 내외의 주목을 한몸에 받았다. "우리는 그녀에게 반했다. 자유분방하고 발랄한 남조선의 여대생에게 열광해 버렸다."라고 한 탈북자는 말한다.

"흰 티셔츠에 청바지 등 모든 것이 충격적이었다. 모두가 그녀의 일거수일투족에서 눈을 뗄 수가 없었다."

임수경이 나타나는 장소에는 순식간에 군중이 몰렸다. 그녀를 한 번 보려고 일을 내던지고 나온 사람도 속출해 공장이 마비될 정도였다고 한다. 김정은 시대에 두각을 나타내고 있는 최룡해가 그때 축전준비위원장을 맡고 있었는데 임수경의 파격적인 언동에 애를 먹었다. 평양에 도착한 임수경의 제일성부터가 '파괴적'이었다.

"나는 북한 체제에도 문제가 있다고 생각하는 사람입니다. 북한이 좋기 때문에 온 것은 아닙니다."

북한에서는 절대로 용인될 수 없는 말을 태연히 했다. 김일성의 생가를 안내하려고 하면 "다른 행사가 있는데 왜 거기를 보지 않으면 안 되나요?"라고 반문하기도 했다. 원고 없이 많은 사람들 앞에서 주저하지 않고 말하기도 했다. 이런 행동 하나하나가 북한 사람들에게 큰 충격을 주었다. 당시를 경험한 탈북자들은 이구동성으로 이렇게 말한다.

"임수경의 모습을 보고 한국 사회를 동경하게 됐습니다."

일주일여의 축전 동안 김정일은 약 60억 달러를 탕진했다. 축전에는 서울올림픽보다 많은 나라가 참가해 일단은 '성황'이었다. 그러나 1990년대 이후 북한 경제는 9년 연속 마이너스 성장을 기록하고 약 250억 달러였던 국민총생산(GNP)이 1990년대 후반에는 126억 달러까지 떨어졌으며 그 후 이를 회복하지 못했다.

소련 붕괴와 군 최고사령관 자리

김일성은 정권의 대부분을 장남 김정일에게 주어 버렸지만 인민군 최고사령관 자리만은 양보하지 않았다.

북한에서 신장 150센티미터(현재는 138센티미터) 이상으로 몸에 장애가 없는 남자는 평균 10년 이상의 병역을 치러야 한다. 군 경력이 없으면 원칙적으로 노동당원이 될 수 없다. 그러나 김정일의 군 경력은 대학 시절 받은 40일간의 군사훈련이 전부다. 김일성은 '당은 정일이에게, 군은 (차남인) 평일이에게 맡길 것'이라고 공언했었다. 홧김에 차남을 좌천시킨 후에도 군에 관해서는 장남에게 맡기지 않고 항일 빨치산 시절부터 자신을 따라 온 오진우에게 맡겨 왔다.

그런 김일성이 1991년 12월 최고사령관을 김정일에게 넘겨준다고 발표한다. 뭔가 심경에 변화가 일어난 것일까?

김정일보다 스물네 살이나 많은 오진우는 함경남도의 가난한 농촌에서 태어났다. 16세 때 중국으로 건너가 항일 빨치산에 가담했으며 김일성과 만난 이후 죽을 때까지 김일성에게 충성을 다한 것을 제외하면 눈에 띄는 영웅담은 없다. 이 절대 충성이야말로 치열한 권력투쟁의 와중에서도 군 내의 지위를 굳건히 지킨 비결이다. 그래서 오진우가 죽은 후 '백옥처럼 순결한 충성심'을 찬양하는 〈백옥白玉〉이라는 영화가 만들어진다. 영화에는 김정일이 1983년 생일날 오진우와 함께 흰 옷을 입고 흰 구두를 신고 찍은 사진이 몇 번씩이나 등장한다. 그리고 김정일은 말한다.

"수령님을 받드는 전사의 충성심은 티끌만 한 오점도 없는 순결한 것이어야 합니다. 그래서 (사진 찍을 때) 흰 색을 선택한 것입니다."

북한이 편찬한 『김정일전』에는 이런 장면도 나온다. 김정일과 오진우의 절친한 모습을 본 아프리카의 한 수뇌가 김일성에게 "두 사람은 어떤 관계입니까?" 하고 묻는다. 그에 김일성은 이렇게 대답한다.

"당과 군의 관계입니다."

자신을 지탱하는 두 개의 바퀴라고 말하고 싶었던 것일까? 이 당시 김정일은 남몰래 군에서의 발판을 착착 쌓아 가고 있었다. 형제 같다고도 할 오극렬을 군 참모총장에 앉힌 것을 시작으로 김영남의 동생이며 당 군사부장 겸 김일성 군사보좌관이던 김두남金斗南 등 자기를 따르는 세력으로 군의 통제와 작전을 담당하는 핵심 포스트를 채워 갔다.

오진우에게는 벤츠 등 고급 외제차를 선물한다거나 호화 주택을 지어 주면서 환심을 사려고 했지만 쉽사리 넘어오지 않았다. 1970년대 성급히 군을 장악하려고 오진우와 대립했다가 실패한 경험이 있는 김정일은 김일성에 대한 '충성의 화신'에게 어린애 장난 같은 수법이 통할 리 없다는 것도 잘 이해하고 있었다.

1987년 봄에 전기가 찾아왔다. 오진우가 김정일이 주최하는 비밀 파티에 참석했다 집으로 돌아가는 도중 가로등에 부딪혀 심한 부상을 입었다. 새벽 3시까지 술을 마시고 취한 상태에서 직접 벤츠를 운전했던 것이다. 두개골과 어깨뼈를 다쳐 위험한 상태로 병원에 옮겨졌다. 김정일은 병원에 달려가자마자 "무슨 일이 있어도 오진우 동지를 살려 내라."라고 소리쳤다.

"나라 안의 명의를 총동원하라. 외국에서 유명한 의사를 불러도 좋다. 돈은 필요하면 얼마든지 써라."

오진우는 전용기로 모스크바에 옮겨져 목숨을 구했다. 김정일의 주선으로 외국을 전전하며 최고 수준의 치료를 받은 후 오진우는 1988년 1월 기적적으로 복귀했다. 이 사고를 계기로 오진우는 김일성에 대한 것과 다르지 않은 충성을 김정일에게도 서약하게 된다. 오진우의 충성은 군의 충성을 보증하는 것과 마찬가지였다.

하지만 이 일로 김정일이 군 통수권까지 손에 넣은 것은 아니었다. 최고사령관의 자리에 아버지가 앉아 있기 때문이었다. 찬스는 생각지도 않은 곳에서 찾아왔다. 김정일이 그렇게 싫어하던 민주화의 파도에 휩쓸려 해체된 소련으로부터다.

1991년 갈 곳을 잃은 소련국가보안위원회(KGB)의 전 동아시아담당 요원이 모스크바의 북한 공관을 통해 뒷거래를 제안해 왔다. KGB가 갖고 있던 북한 군부 내의 '반정부 조직 명부'를 넘길 테니 1천만 달러를 달라고 요구해 온 것이다.

북한의 공작 활동을 지휘하다 유럽에서 망명한 전 고위 관리의 증언에 따르면, 공관원으로부터 보고를 받은 김정일은 "국운이 걸려 있다. 돈은 문제가 되지 않는다."라며 그 자리에서 거래에 응했다고 한다. 1980년대 말에는 비밀 정보를 가지고 미국이나 유럽 당국과 거래하려 한 KGB 요원이 적지 않았다고 한다.

"소련 붕괴는 KGB의 해체로부터 시작됐다."(전 고위 관리)

KGB 전 요원이 보여 준 극비 파일은 놀랄 만한 내용이었다. 북한은 1985년 개혁을 촉구하는 중국에 반발해 소련에 접근했다. 영공에서 소련 항공기의 비행과 소련 함대의 주요 항구 자유 기항권을 인정하고 레이더 기지 용지를 제공하는 데 합의했다. 그 대신 미그 23 등 북한으로서는 최신예 무기를 얻고, 소련군 간부를 양성하는 프룬제군사대학을 비롯해 해군항공대학과 군의대학 등에 군 지휘관급 장교 700명 가까이를 유학시켰다. 그러나 이를 틈타 소련은 이용 가치가 있다고 점찍은 장교들을 2~3년에 걸쳐 금품과 여자 등을 이용해 비밀리에 친소 세력으로 포섭하는 데 성공했다. 파일에는 그 장교들의 이름이 적혀 있었다. 파일을 훑어본 김정일은 군 내부의 '정치경찰'에 해당하는 총참모부 보위국(후에 보위사령부) 국장 원응희元鷹熙에게 더 상세한 조사를 명령했다. 그 후 완성된 보고서를 들고 주석궁으로 달려간 김정일은 아버지에게 이렇게 말했다.

"최근 인민무력부 안에 쿠데타를 목적으로 조직화된 친소 그룹이 있다는 사실이 밝혀졌습니다. 무력부는 와해 직전입니다."

김일성은 할 말을 잃었다. 쿠데 그룹의 배후에 미국이나 한국이 아니라 소련이 있다는 사실에 쇼크를 감출 수 없었다. 원래 소련과의 군사 교류에 나섰던 것은 김정일이었다. 그러나 그런 사실을 아버지에게는 감춘 채 김정일은 군부의 '대소 정책'을 비판하며 조직의 철저한 개혁을 주장했다.

"군 조직을 고치려면 몇 년이 걸릴지 모릅니다. 군을 재편하고 개혁하는 사업은 저에게 맡겨 주십시오."

'최고사령관' 이양 문제는 건드리지 않으면서도 군은 자기가 장악해야 한다고 확실히 아버지에게 들이댄 것이다.

그로부터 얼마 후인 1991년 12월 24일 군 중대장회의가 소집됐다. 이 자리에서 김일성은 늙은 몸을 이끌고 마이크 앞에 서서 김정일 동지를 인민군 최고사령관에 추대한다고 선언했다. 김정일의 숙원이 실현되는 순간이었다. 동시에 군부를 '김정일색'으로 물들이기 위한 숙청이 시작되기도 했다.

드러난 군 쿠데타 계획

1990년대 초, 김정일은 인민군 최고사령관에 취임해 염원하던 군 통수권을 손에 넣지만 다른 한편으로는 '내우외환'이 겹친다.

1991년 말 소련 붕괴의 충격이 가시지 않은 가운데 중국도 북한과 선을 긋는 움직임을 보인다. 빚더미인 북한의 실정을 감안해 계속해 왔던 물물교환식의 바터 무역을 1992년 1월부터 현금 결제 방식으로 바꾸었던 것이다.

1992년 4월 13일 중국 국가주석 양상쿤楊尙昆은 냉동 돼지고기 400톤이라는 선물을 가지고 평양을 방문했다. 김일성 80회 생일 축하가 명목이었지만 특별한 임무도 지니고 있었다. 한국과의 국교 교섭을 진행하고 있다고 북한에 통고하는 것이었다. 양상쿤이 출발하는 바로 그날 베이징에서는 외교부장 첸치천錢其琛이 한국 외무부 장관 이상옥李相玉과 막바지 협의를 하고 있었다.

양상쿤은 김일성에게 "연내 한국과 국교를 맺을 것이다. 불가피한 선택이다."라고 단정적으로 말했다. "1년이면 상황이 변합니다. 1년만 기다려 주십시오."라는 김일성의 호소에 양상쿤은 즉답을 피했다.

중국 정부는 7월 15일 첸치천을 평양에 보내 김일성 면전에서 한중 국교 수립 결정을 전했다. 초대 주한 대사가 되는 장팅옌張庭延에 따르면 그 순간 김일성은 침통한 표정으로 잠시 생각한 뒤 입을 열었다고 한다.

"중국이 이미 결정했다면 그렇게 하십시오. 우리는 계속 사회주의 건설을 할 생각입니다. 지금부터 곤란한 일이 있어도 우리는 자력으로 해결할 것입니다."

이야기가 끝나자마자 김일성은 첸치천 등을 남겨 놓고 회의장을 나갔다. 외교적 고립을 우려해 미국, 일본과의 국교 정상화를 모색하며 한국과의 국교 수립을 늦춰 줄 것을 요청했지만 중국은 들은 척도 않았던 것이다.

김일성은 일본의 의원방북단 단장으로서 1991년 7월 평양을 방문한 이시이 하지메石井一 의원에게 우리도 지구상의 한 나라로서 현실적인 정책을 펼 생각이라고 발언했다. 3개월 후 중국을 방문해서는 덩샤오핑에게 현 체제에 영향을 주지 않는 범위에서라면 중국과 같은 개혁개방 정책을 고려해도 좋다고 개혁에 의욕을 보이기도 했다. 덩샤오핑의 조언에 따라 남북 고위급 대화도 시작했지만 사사건건 김정일의 반대에 부딪혀 진전을 보지 못했다. 전 노동당서기 황장엽에 따르면 김정일은 중국에 악담을 마구 퍼부었다고 한다. 북한 사람이 중국의 개방 도시를 보는 것도, 만리장성을 보는 것조차도 모두 금지했다. 처음부터 끝까지 중국을 싫어했다.

김일성 부자를 20차례 이상 만났다는 전 대우그룹 회장 김우중金宇中은 최근 저서 『김우중과의 대화』에서 당시 북한 정권 내의 공기에 관해 "김 주석보다 김정일을 더 무서워했다."라고 회고한다. 김일성의 말은 경청하는 시늉을 하며 김정일의 안색을 살피고 행동하는 고위 관리들의 모습을 직접 보았던 것이다.

노태우盧泰愚 전 대통령은 1991년 가을 김우중을 통해 "북한의 현 체제를 보장할 용의가 있다. 서로 인정하며 10년간은 평화적인 관계를 유지하자."는 메시지를 김일성에게 전했다. 동석한 김정일은 김우중이 말을 끝내기도 전에 벌떡 일어서서 "남조선에서 (보장을) 안 해주면 내가 못하느냐?"고 화를 냈다고 한다.

1992년 8월 24일 한국과 중국은 국교 수립을 선언한다. 그 직후 김정일은 당 책임간부회의를 소집해 "지금부터 러시아에도, 중국에도 기대하지 마라. 우리는 우리 자신에게 의지할 수밖에 없다."라고 강조했다. "우리는 정신적인 원자탄인 주체사상과 물질적인 원자탄에 의지할 필요가 있다."고 핵무기 개발의 필요성을 강조하며 덩샤오핑 등 중국과 러시아 지도자들을 매도했다.

"사회주의는 두 사람의 손에 의해 이미 매장됐다. 한 사람은 고르바초프이고, 또 한 사람은 중국의 고르바초프다."

러시아에 대해서는 구소련 시대인 1990년대에 한국과 국교를 수립했다는 원한을 가지고 있었지만 그에 못지않은 또 다른 원한이 있었다. 한국과 중국의 움직임에 골머리를 썩던 와중에 군 장교들에 의한 쿠데타 모의가 포착됐던 것이다. 유학을 간 장교들을 포섭해 반체제 세력으로 기른 것이 다름 아닌 구소련이었다.

인민무력부 대외사업국 제1부 부부장을 지냈으며 1995년 탈북한 최주활崔周活에 따르면 쿠데타는 1992년 4월 25일 군 창건 60주년 군사 퍼레이드에서 결행될 예정이었다. 김일성과 김정일이 열병을 하는 단상을 향해 탱크로 포격을 가한다는 계획이었다고 한다. 퍼레이드에는 소련 프룬제군사대학에 유학을 갔던 소장 김일훈金日勳이 지휘하는 평양방위사령부 전차사단이 동원될 예정이었다. 그러나 김일성의 사촌으로 인민무력부 820전차군단장 박기서朴基瑞가 자기 부대가 참가해야 한다고 이의를 제기했다. 이 때문에 김일훈의 부대는 동원되지 않았고 쿠데타는 미수로 끝났다는 것이다.

그러나 이런 '모의'는 전 KGB 관계자를 통해 주러시아 대사 손성필孫成弼의 귀에 들어갔고 김정일에게 보고가 올라갔다. 격노한 김정일은 군 내의 비밀경찰인 보위국 국장 원응희를 불러 그 자리에서 명령했다.

"배신자를 찾아내 무자비하게 처형하라. 반항한다든지, 도망가려 한다든지 하는 자는 그 자리에서 사살하라."

10월에 숙청이 시작됐다. 맨 먼저 체포된 것은 김일성의 전우 최현의 손자사위로 구소련 유학 후 부총참모장으로 승진한 홍계성洪繼成과 김일성의 외가 쪽 친척에 해당하는 평양시 당서기 강현수康賢洙의 아들로 총참모부 작전국 교도지도부 국장이었던 강운룡康雲龍, 작전국 부국장 강영환姜永煥 등 군의 작전 수립을 담당하는 핵심 멤버들이었다.

1993년 2월 8일에는 김정일이 최고사령관으로서 군 지휘관회의를 소집한다는 명목으로 인민무력부 8호 청사에 소장 이상의 장성급 간부 약 1천5백 명을 소집했다. 살기가 가득 찬 회의장을 보위국 병사들이 봉쇄했다. 총참모장 최광이 개회를 선언하자 원응희가 '배신자'의 이름을 부르기 시작했다. 이름이 불릴 때마다 완전무장한 병사 두 명이 그 사람 앞에 가서 총구를 겨누고 김일성 배지와 훈장, 견장을 떼어 낸 후 수갑을 채워 끌고 나갔다.

1994년까지 단속적으로 계속된 '소토掃討 작전'으로 350명 가까운 군 간부들이 체포됐다. 그 가운데 장성급 30명과 영관급 100명, 위관급 70여 명이 총살형에 처해지고, 나머지는 강제수용소 등에 보내졌다.

군의 지휘 체계가 마비될 정도로 공석이 늘자 김정일은 자신을 추종하는 간부들을 그 자리에 앉혔다. 후에 군 총정치국장을 지내는 조명록과 총참모장을 거쳐 인민무력부장을 지내는 김영춘金永春 외에 총정치국 선전부장이 되는 박재경朴在京, 작전국장이 되는 김명국金明國 등이 그들이다. 이들이 김정일에게 절대 복종하는 새로운 군부를 만들어 간다.

독점한 외화로 측근을 회유하다

인민군 최고사령관 자리를 차지한 김정일이 군 재편에 힘을 쏟고 있던 1992년 아버지 김일성은 정권 운영에 대한 의욕을 잃고 노쇠함만이 눈에 띄었다.

"이전의 김일성이 아니었다. 이미 원기도 사라져 버리고 오직 김정

1988년 8월 독일의 설비를 도입해 평양 근교에 세운 시멘트 공장을 시찰하는 김정일
(『김정일 지도자』에서)

일에게로의 권력 이양 성공만을 생각하는 노인으로 변해 있었다."라고 황장엽은 회고한다.

"자식에게 노골적으로 아첨하려는 듯했다."

80세가 된 김일성은 김정일의 공칭 50세(실제 나이 51세) 생일에 '白頭山頂正日峰(백두산정정일봉)'으로 시작하는 송시를 보냈다. 손자인 김정은이 세 살 때 붓으로 술술 썼다고 북한이 선전하는 한시다. 창피해하지도 않고 '문무를 겸비한 아들을 만민이 칭송한다'고 노래한 것은 정권 운영의 실태를 모르고 있었기 때문일 것이다. 황장엽과 함께 한국에 망명한 전 중앙위 자료연구실 부실장 김덕홍은 김정일이 아버지를 계속 속여 왔다고 증언한다

재일조선인총연합회(조총련)이 주도해 김일성 생일에 맞춰 평양에 '애국천연색TV조립공장'을 세웠다. 김정일이 4월 아버지를 공장으로 안내했다. 눈앞에 흐르는 제품을 보고 김일성은 기뻐하며 말했다.

"김정일 시대에 들어 와 우리나라도 마침내 천연색 TV를 인민에게 공급할 수 있게 됐다. 중앙기관의 책임자와 시민에게 공장을 견학시키고 조직서기 동지(김정일)의 사랑과 은덕을 마음에 새기도록 하라."

공장을 견학하던 김덕홍은 화난 얼굴로 고무로 만든 해머 같은 것으로 TV를 두드리며 화면의 흔들림을 체크하는 검사원을 보았다. 검사원은 투덜거렸다.

"수령님이 방문한 날부터 TV들을 매일 3번 이상 해머로 두들기고 있습니다."

김덕홍은 아는 사람으로부터 '내막'을 듣고 사정을 이해했다. 공장에는 TV 100대분의 부품밖에 없었다. 그래서 견학자가 올 때마다 제품을 분해한 후 다시 조립하는 공정을 반복한다는 것이었다. 이런 사기극을 꿈에도 모르는 김일성은 그해 신년사에서 이렇게 강조했다.

"우리 인민이 흰 쌀밥과 고깃국을 먹고, 비단 옷을 입고, 기와집에서 살도록 한다는 염원을 이루어 내지 않으면 안 됩니다."

그러나 현실에서는 굶어 죽는 사람도 나오기 시작했다. 6년차에 들어간 제3차 7개년 계획은 연평균 성장률 7.9%, 국민소득 1.7배로 하겠다는 목표에 전혀 미치지 못했고, 각종 지표는 오히려 계획을 시작한 때의 절반으로 떨어져 있었다.

개혁을 거부해 온 김정일의 책임은 분명했다. 그러나 12월의 당 제6기 20회 총회에서 정무원 총리 연형묵이 책임을 지고, 북부 자강도로 좌천됐다. 대신 김일성의 사촌 강성산의 재등판이 결정됐다. 강성산은 과묵했지만 붙임성이 좋았으며 실무 능력을 김일성으로부터 인정받아 1984년부터 3년간 총리를 지냈다. 그러나 두 번째 취임 시에는 김정일의 지시대로만 움직이는 겁쟁이가 돼 있었다. 그런데 다행인지 불행인지 그해 총리 지명을 추인하는 최고인민회의 중에 강성산은 지병으로 발작을 일으켜 졸도해 버렸다. 급거 김일성의 조카로 부총리였던 김달현金達玄이 총리 대행을 맡게 된다.

두뇌가 명석한 데다 호쾌한 김달현을 김일성은 "우리나라에 김달현처럼 유능한 경제 간부가 없다. 머릿속에 어느 공장에서 무엇을 어느 정도 생산하고 있는지 전부 들어 있다."라고 칭찬했다. 김달현은 김정일과 같은 1941년생으로 알바니아에서 유학했다. 36살에 국가과학원 부원장으로 발탁됐고, 1990년부터 부총리, 1992년부터 국가계획위원회 위원장을 겸했다. 김일성은 경제 문제에 관해 늘 김달현과 상의해 김정일의 질투를 샀다.

총리 대행이 되자 김달현은 피폐할 대로 피폐한 경제 개조에 착수했다. 입원 중이던 강성산의 반대를 무릅쓰고 '성역'이었던 군수부문에 공급하는 전력의 30%를 줄여 가동이 중지돼 있는 제철소와 비료공장에 돌리도록 지시했다. 김정일에게 아부하는 군수공업담당 서기 전병호 등 책임자들은 결정을 따르려 하지 않았다. 말을 타다 떨어지는 사고로 입원해 보고를 늦게 접한 김정일은 "미국이 우리를 먹으려 하고 있는 것을 잊었는가?"라고 고함을 지르며 원래대로 군수부문에 전기를 공급하라고 지시했다. 그래도 김달현은 "비료공장에 1억 달러를 투입해 주기 바란다. 공장이 정상 가동되면 근본부터 인민의 먹는 문제가 해결될 수 있다."라고 끈질기게 제안했지만 이런 외골수가 오히려 김정일의 감정을 거슬렀다. 1993년에 들어 1개월 이상이나 회의에서 자기비판을 하지 않으면 안 되었고, 집회에서 '노동자 계급의 배신자'로 규탄됐다. 연말에는 '혁명화 교육'이라며 동북부의 한 기업소로 좌천됐다. 김정일이 화를 내면 김일성의 신임은 아무런 보증이 되지 못했다.

그때 김정일이 서명한 '친필 지시'나 직접 쓴 답장 등의 '친전 서류' 없이는 행정부문은 커피 한 잔 값도 마음대로 쓰지 못하는 상황이었다.

김덕홍은 당 기계공업부에서 친전 서류가 든 '1호함'의 안을 우연히 보고 아연실색했다. 정권의 실질적인 최고 지도자가 인가한 서류에 '스웨덴 기술자들에게 매일 커피 3잔, 코코아 3잔씩과 서양장기(체스) 한 벌을 제공하고자 하는데 필요한 외화를 배려해 주라'고 쓰여 있었기 때문이다.

이렇게까지 아낀 외화를 김정일은 비자금을 관리하는 '38호실'과 '39호실'로 거둬들였다. 공작 기관인 대외연락부에 근무하다 망명한 최우영(가명)에 따르면 1990년대 38, 39호실의 권한과 규모는 비약적으로 확대됐다.

"이 두 기관은 김정일이 직접 관리했다. 그 돈은 대남공작 등에 쓰여 민생 경제와는 아무런 관계가 없이 운영됐다."

김정일은 "우리는 굶어 죽어도 통일을 하지 않으면 안 된다."라고 서슴없이 말했다. 38호실은 외화 상점의 매출액과 광물, 송이버섯 수출의 이권을 가졌으며 39호실은 지폐 위조나 마약, 가짜 담배, 무기 밀수 등 불법 거래로 번 외화를 관리했다. 후에 38호실의 권한을 39호실이 흡수, 은행을 비롯해 120여 개 회사를 산하에 두고 외화벌이 사업을 독점했다. 김정일은 그 자금력을 가지고 측근들을 회유해 자기 마음대로 부렸다.

이러한 자금 흐름을 김일성은 전혀 몰랐다. 김일성은 건설 간부가 모인 회의에서 후계자 싸움에서 패한 차남 김평일에 대해 "우리 평일이는 언제쯤이면 집 한 채 없는 생활을 끝낼 것인가?"라며 그의 집 마련을 호소한 일도 있다. 최고 지도자로서의 위신은 조금도 보이지 않았다. '수령'이라는 간판을 제외하고는 모두 김정일에게 빼앗긴 것이다.

핵무기만 있으면 달러를 뺏을 수 있다

1993년 4월 김정일은 후에 헌법이 개정돼 최고 의사결정기관이 되는 국방위원회 위원장에 취임하고, 명실공히 최고 권력을 굳힌다. 같은 시기 핵 개발에 대한 국제적 압력이 거세지며 최대의 위기에 봉착하지만 아버지 김일성이 사망한다.

국제원자력기구(IAEA)에 의한 6차례의 임시 사찰을 이리저리 피해온 북한은 1993년 특별 사찰 요구에 대해 '나라의 존엄을 훼손하고 고립시키려는 음모'(《노동신문》)라며 반발했다. 3월에는 핵확산방지조약(NPT)으로부터의 탈퇴를 선언했다.

김정일은 핵 개발을 그만둘 생각은 털끝만큼도 없었다. 당 간부를 대상으로 한 강연회 자료에는 다음과 같은 일화가 기록돼 있다.

김정일은 1990년 1월 당중앙위원회 간부가 모인 회의에서 권총과 미국 달러 다발을 테이블에 놓고 천천히 물었다.

"동무들, 권총과 달러 어느 쪽을 가지고 싶은가?"

의도를 잘 모르는 간부들이 대답을 망설이자 김정일은 경호원을 불러 같은 질문을 했다. 경호원 한 사람이 "저는 달러가 좋습니다. 달러가 있으면 권총을 살 수도 있습니다."라고 말하자 다른 한 사람은 "저는 권총을 택하겠습니다. 권총만 있으면 달러를 빼앗을 수 있으니까요."라고 대답했다.

"맞다."

김정일은 두 번째 대답에 만족스러운 미소를 지었다.

"동무 대답이 맞다. 내가 듣고 싶었던 것이 바로 그 대답이다. 우리가 경제 건설을 희생해서라도 핵과 미사일을 만드는 이유가 거기에 있는 것이다."

그런 다음 이 말을 중앙위 간부들에게 전하도록 지시했다.

NPT 탈퇴 선언은 미국을 교섭의 장으로 끌어내려는 전술이었다. 김정일은 1993년 6월 핵 협상을 위해 뉴욕으로 떠나는 제1외무차관 강석주姜錫柱에게 이렇게 말했다.

"공화국의 내부를 안개에 가려 있는 듯이 외부에 보이는 것이다. 핵무기가 있는지, 없는지 모르게 하라. 외부 세계를 혼란시켜 주도권을 잡고 우리의 요구를 관철시키는 것이다."

강석주는 오로지 외교관의 길을 걸어온 엘리트로 김정일의 브레인으로서 대미 교섭을 통괄해 왔다. 유엔 대표부에서 미국의 북핵대사 로버트 갈루치와 만났을 때는 마가렛 미첼의 『바람과 함께 사라지다』를 좋아한다며 그 일부를 영어로 암송해 보였다. 상대의 흉금을 열게 만드는 사회주의국가의 상투 수단인 줄을 꿈에도 몰랐던 갈루치는 합리적인 사고가 통하는 외교관이 나왔다고 안도했다. 그러나 교섭은 곧 암초에 걸렸다.

북한의 불성실한 태도에 화가 난 미국은 선제공격의 시나리오를 검토했다. 1993년 11월 15일 국가안전보장회의(NSC)에서 다음과 같은 논의가 있었음이 후에 갈루치의 증언으로 밝혀졌다.

회의에서는 대통령 국가안보담당 보좌관 앤소니 레이크와 CIA국장 제임스 울시, 합참의장 존 샬리카슈빌리 등 주요 인사들이 얼굴을 맞댔다.

레이크: 표적(핵 시설)의 파괴 그 자체는 가능하다. 다만 추출이 끝난 플루토늄을 이동시켰을 경우 효과는 불확실하다.

울시: 영변寧邊 핵 시설은 산속에 있어 전투기가 충돌할 위험이 있다. 어려운 공격이 될 것이다.

샬리카슈빌리는 영변 주변에 있는 고사포 300기와 6개소의 지대공 미사일 기지를 언급하면서 보복으로 한국의 원전을 공격할지도 모른다는 우려를 표시했다.

"전쟁으로 발전할 경우 최초의 3개월 동안 미군 5만 2천 명, 한국군 49만 명의 사상자가 나온다는 시뮬레이션 결과가 나와 있다."

미국의 약점을 알고 있는 김정일은 1994년 5월 실험로에서 사용 후 핵연료봉 8천 개의 교환 작업을 명령했다. 재처리하면 최저 핵폭탄 1개분의 플루토늄을 확보할 수 있다. 그리고 긴박한 국제사회를 비웃기라도 하듯 6월 13일에는 IAEA로부터 즉시 탈퇴를 표명했다.

미국은 '북한의 자발적인 신고에 의한 핵 검증은 불가능'하다고 판단했다. 핵 시설에 대한 공중 폭격을 단행하려 했다. 그러나 지미 카터 미국 전 대통령의 방북으로 사태는 급전했다. 회담에서 김일성이 핵(개발) 동결에 동의한다고 약속했기 때문이다.

국제사회는 김일성이 아직도 외교 방침을 결정하고 있다고 착각하고 있었다. 회담에는 강석주가 동석했고, 카터의 '핵 동결 요구'에도 대답을 했다. 미국 측은 강석주가 김일성에게 조언을 하고 협의를 지휘하고 있다고 오해하고 있었지만 뒤에서 강석주를 조종하고 있는 것은 김정일이었다. 17일 대동강의 배 위에서 행해진 회담에 김일성의 아내 김성애가 등장하는 것도 김정일의 연출이었다.

북한의 내부 자료에 따르면 그 후 미국과의 협의에 나서는 강석주에게 김정일은 중국의 소설 『서유기』에 나오는 저팔계처럼 행동하라고 했다. "저팔계는 정직한 듯도 하고, 바보인 듯도 하고, 불쌍한 듯도 하고, 둔한 듯도 한 행동을 하면서도 먹고 싶은 것은 모두 먹고 말지 않는가?" 라고 설명했다.

"우리도 '저팔계 외교'로 미국 놈들로부터 핵을 지키고 얻을 수 있는 것은 모두 얻어야 한다."

제네바에서 북미 회담이 재개되는 7월 8일, 김일성이 기묘하게도 갑자기 사망해 교섭은 8월에 다시 열렸다. 강석주는 회담에서 북한 내에 있지도 않은 강경파와 온건파의 존재를 들고 나와 "미국이 특별 사찰을 계속 요구하면 이 이상 회담에 나올 수 없다. 강경파가 회담을 거부하고 전쟁을 하려고 할지도 모른다."라고 위협을 했다. 결과적으로 '북미기본합의'에 도달, 북한은 핵 계획을 포기하는 것이 아니라 '동결'하는 대가로 2기의 경수로 건설과 첫 번째 경수로 건설 시까지 50만 톤의 중유를 제공 받기로 하는 약속을 얻어 냈다.

합의 문서를 손에 쥔 김정일은 당중앙위 간부들에게 이렇게 자랑했다고 한다.

"이번 타결은 총 한 발 안 쏘고 미국을 굴복시켰다. 조국해방전쟁(한국전쟁)에 필적하는 승리다."

강대국 미국조차 양보하게 한 이 교섭 결과에 맛을 들인 김정일은 이후 '벼랑 끝'에서 위협을 교묘하게 곁들인 교섭을 벌이는 외교 스타일로부터 체제 유지의 방법을 찾아낸다.

제 6 장

황폐, 그리고 핵

아버지의 죽음에 의심을 품은 딸

아버지 김일성 사망 후 김정일은 3년간이나 매일 권총을 휴대하고 지냈다. 그는 2002년 노동당과 인민군 간부들과의 간담에서 당시를 이렇게 돌아봤다.

"권총은 아내(고용희)가 나쁜 놈들이 무슨 짓을 저지를까 모른다며 아침저녁으로 내게 쥐어 준 것이다."

'나쁜 놈들'이란 김일성에게 충성을 맹세하고 경호했던 1호 호위총국 간부들을 가리킨다. 1994년 7월 8일 김일성이 사망한 묘향산 별장으로 급히 달려간 김정일에게 경호원 한 명이 총을 쏘는 사건이 있었다. 후에 한국에 망명한 전 1호 호위총국 장교 류경호(가명)는 이렇게 증언한다.

"총격전에서 김정일의 경호원 1명이 즉사했고 측근 1명도 죽었다."

사건 후 김정일은 즉각 요인 경호를 총괄하는 호위사령부를 개편, 1호 호위총국을 해체하라고 명령했다. 동시에 군 산하의 호위국(후에 호위사령부로 승격)에 '10처'라고 칭하는 부서를 신설해 자신을 경호케 했다.

류경호에 따르면 김정일은 김일성에게 충성을 서약한 인물들을 이상하게 두려워했다고 한다. 최고 지도자의 돌연한 사망에 김정일이 관여한 것은 아닐까 의심한 것은 1호 호위총국 장교들만은 아니었다. 가장 가까운 육친인 여동생 김경희도 오빠를 의심하고 있었다.

아버지 사망 후 김정일은 여동생과 얼굴을 마주치는 것을 극도로 피했다. 류경호가 본 바로는 김경희는 오빠를 찾아다녔으며, 혹시라도 만나 말을 나누게 되면 말싸움을 했고 몇 분도 지나지 않아 뛰쳐나왔다고 한다. 김정일에게 얼굴을 맞대고 하고 싶은 이야기를 다 할 수 있는 사람은 여동생밖에 없었다. 김경희는 권력과 술, 여자에 빠져 있는 오빠에게 불만을 품어 왔다. 남편 장성택마저 방탕하게 만들고, 그에게 성가신 사람을 제거하는 더러운 일을 모두 시켰기 때문이다.

"장성택 이놈, 나쁜 놈이다. 오빠도 똑같다. 이 세상에서 가장 나쁜 놈들이다!"

술을 많이 마시는 김경희는 취하기만 하면 이렇게 마구 소리쳤다.

김경희와 장성택은 열애 끝에 맺어진 부부지만 사이가 원만하지 않았다. 결혼 3년 후인 1975년 교통사고로 김경희가 자궁 제거 수술을 받은 후부터 부부 관계가 소원해지기 시작했다고 한다. 두 사람에게는 파리에 유학을 갔다가 거기서 자살한 장금송張琴松이라는 딸이 있었지만 김경희가 낳은 딸은 아니다.

전 총리 강성산의 사위인 강명도에 따르면 이 둘은 강성산 집에 가끔 찾아왔다. 그럴 때마다 장성택은 경희에게 손을 들었다고 투덜거렸고, 김경희는 그 사람은 여자와 술밖에 모른다고 푸념을 늘어놓았다. 바람을 자주 피운 장성택이 여자 간호원을 임신시켰을 때는 분개한 김경희가 죽여 버린다며 권총을 손에 들고 쫓아다녔다고 한다. 여동생이 이를 호소했지만 김정일은 여자 문제로 남자를 못된 사람으로 만들지 마라며 들은 척도 안 했다. 김경희는 알코올에 의존하며 자주 히스테리를 부렸다. 당 간부가 모인 연회 석상에서 "어이, 장성택, 마셔."라고 남편 이름을 마구 불러 대고 폭언을 하는가 하면 오빠에게도 노골적으로 반항적인 태도를 보였다. 김정일을 국방위원장에 선출한 1993년 4월의 최고인민회의에서는 모두 일어나 만세를 부르고 식장이 떠나갈 듯 박수를 치는 가운데서도 김경희만은 무표정하게 자리에 앉아 있었다. 그러다 경호원들이 둘러싸자 신경질적인 소리를 내며 퇴장해 주위를 놀라게 했다.

김일성은 활달한 김경희 앞에서는 아무렇지도 않게 김정일에 대한 불만을 털어놓았다. '이렇게 빨리 권력을 이양하는 것이 아니었는데…' 하고 한탄한 일도 있었다고 한다. 김일성이 살아 있을 때의 어느 날, 회의 중인 김정일에게 김경희가 달려와 흥분한 모습으로 이렇게 윽박질렀다.

"오빠, 이모가 있다는 것을 왜 감춘 거야!"

그들의 생모 김정숙의 여동생에 해당하는 인물을 오빠가 수용소에 감금하고 있다는 이야기를 들었기 때문이었다.

김정일: 이모라니? 누구 말이야?

김경희: 모르는 척하지 마. 오늘 내 이 귀로 오빠에게 직접 확인해야겠어.

김정일: 성택이가 직접 확인했다고 하지 않았어?

김경희: 그놈(장성택)은 사기꾼이야. 믿을 수 없어. 나에게는 지금 가짜 이모라도 좋으니 필요하다고.

오누이간의 이런 대화 후 '장군님의 이모'에 대한 소문이 간부들 사이에서 오가기 시작했다.

김정숙에게는 김기송金基松이라는 남동생이 있었지만 항일무장투쟁 중 전사했다고 북한 문헌에 기록돼 있다. 그러나 평안남도 북창北倉군 득장得場 지구에 있는 18호 수용소에 중국에서 온 김정숙의 여동생 김영숙金英淑이 있는 것을 당 신소과申訴課 간부였던 신찬호申贊浩가 발견했던 것이다. 당시 업무상의 잘못으로 신찬호도 함께 수용돼 있었다.

신찬호는 장군님의 이모가 수용돼 있다는 중대한 사실을 내부의 적이 감추려 하고 있다. 이때 공을 세워야 하지 않겠느냐고 감시원을 설득했다. 녹음기를 가지고 들어가 김영숙에게 모든 것을 꼬치꼬치 증언하게 했다. 신찬호는 녹음테이프를 평양의 누구에게 건네면 김정일의 손에 전달될지도 잘 알고 있었다. 그러나 녹음테이프에는 우상시되고 있는 김정숙의 경력에 먹칠을 하는 증언이 많이 포함돼 있었다. 김일성과는 재혼이었다는 사실과 김영숙 자신도 가난 때문에 지주의 첩이 됐었다는 등 '국모'의 이미지를 손상시킬 비화가 적나라하게 들어 있었던 것이다.

김정일은 곧 장성택을 불러 고함을 쳤다.

"왜 아직도 이 문제를 정리하지 않아 수군거리게 하고 있나?"

김정일은 자신의 비밀에 관한 일은 모두 매부인 장성택이 처리하게 했다. 녹음테이프를 제대로 들으려 하지도 않고 장성택에게 내던지며 이렇게 명령했다.

"테이프의 존재를 아는 자는 모두 처리해!"

그날 밤, 김정일에게 녹음테이프를 전달하는 데 협력한 9명은 사정도 모르는 채 18호 수용소로 보내졌다. 김영숙과 신찬호, 녹음한 감시원 모두 나무에 묶여 처형됐다고 전해진다.

이러한 비정함을 아는 김경희가 아버지의 돌연한 죽음에 오빠나 남편 등이 책임이 있다고 의심을 품어도 이상할 것은 없다.

류경호에 따르면 김일성 사후 전 주민이 경쟁이라도 하듯 울며 슬퍼하는 가운데서도 김정일의 측근들은 겉으로는 '우는 척'했다. 그러나 카메라가 없는 휴게실에 들어가면 앞으로 김정일 시대에 대한 상상을 하며 이야기를 나누었다고 한다.

그러나 김정일의 요리사였던 후지모토 겐지에 따르면 당시 김정일은 상당히 고민하는 모습이었다고 한다. 자기 방에 오랫동안 틀어박혀 있는 일이 많았다. 김정일은 한시도 권총에서 손을 떼지 않았고, 보이지 않는 적의 그림자에 깜짝깜짝 놀라기도 했었다.

날조된 쿠데타

1995년 1월 1일 김정일은 아버지 김일성의 시신이 안치된 금수산기념궁전(지금의 금수산태양궁전)을 참배하고, 그 길로 황해북도 사리원沙里院시에 주둔한 인민군 제214부대를 시찰했다. 김일성 사망 시점부터 약 6개월간 김정일의 동정에 관한 보도는 끊겨 있었다. 북한 매체는 이 시찰을 대대적으로 보도했다.

"장군님은 예고도 없이 소박한 복장으로 초소를 방문하셔서 푸릇푸릇한 다박솔이 무성하게 난 진지를 돌아보며 '이러한 곳을 다박솔 중대라고 한다.'라고 했다."

노동당 기관지 〈노동신문〉은 후에 이날을 '선군先軍 정치의 첫 포성이 울린 역사적인 날'이라고 평했다. 북한에서는 이날부터 군 중심의

'선군 정치'가 시작됐다는 의미를 붙이고 있으며 시찰을 '다박솔 초소 방문'이라고 부르며 전설처럼 여기게 된다.

김정일은 아버지 사망 다음 달 당중앙위원회 간부회의에서 "나에게 어떤 변화도 기대하지 말라."라고 말했다고 한다. 그러나 정월 초하루부터의 부대 시찰을 선전한 것은 군을 중심으로 한 새로운 국가 운영을 통해 체제를 수호하겠다는 선언과 다름없었다.

주민들에 대한 식량 배급은 1994년경부터 어른 1인당 하루 200그램에도 미치지 못해 아사자가 눈에 띄기 시작했다. 궁핍은 민생부문만이 아니었다. 군부대에서도 영양실조가 만연해 병사들이 식량을 구하기 위해 민가를 습격하는 사건이 빈발하는 등 군의 사기가 땅에 떨어져 있었다.

"생활난에 허덕이는 인민을 보면서 군의 전선시찰을 계속하는 나의 가슴은 쓰리고 아팠다."

노동당출판사에서 간행한 『행복의 창조자』에 따르면 김정일은 얼마 후의 군 회의에서 이렇게 회고한 것으로 돼 있다.

"그러나 어떠한 대가를 치르더라도 사회주의를 지키지 않으면 안 된다. 그렇기 때문에 군대를 강화하지 않으면 안 되었다."

보급 문제를 해결하기 위해 군부대에 외화벌이를 장려, 각 부대 산하에 외화벌이 회사가 우후죽순처럼 생겨났다. 그중에서도 중국과 접한 함경북도에 전개돼 있는 제6군단은 밀수를 포함한 무역과 이에 따른 수뢰로 많은 외화를 벌었다. 그 6군단에서 쿠데타 의혹이 터졌다.

미국 정부의 비밀 문서에 기초했다는 〈워싱턴 타임스〉의 보도 등에 따르면 '6군단 쿠데타 미수'의 경위는 이러하다.

군단의 정치위원(정치 장교)이 김일성 사망 후의 권력 공백을 노린 쿠데타를 획책하여 군단 간부 수십 명을 포섭했다. 그러나 군단장을 설득하는 데 실패하자 1995년 음력 설날의 술자리에서 입을 막기 위해 군단장을 독살했다. 지휘관 등을 감독해야 할 정치위 위원이 쿠데타를 꾀하고, 정치위원을 감시하기 위해 보위국에서 파견된 보위부장까지 가담했다. 2중의 감시망이 다 무너진 실태는 세간에 충격을 주었다.

'쿠데타 계획'의 전모는 다음과 같다.

우선 평양에 특공부대를 보내 김정일의 집무실을 점거하는 동시에 국영방송국을 접수한다. 주력은 '쿠데타 진압'을 명목으로 평양에 들어가 평양 방위를 맡고 있는 호위총국과 평양방위사령부 등의 산하 여단 지휘부를 확보한다. 한 마디로 지휘 계통을 마비시키고 일거에 평양을 장악한다는 것이다. 그것이 실패해도 6군단이 관할하는 나진항에 한국과 미국 군대를 끌어들여 후방을 굳힌 후 평양으로 진격한다는 시나리오였다고 한다.

그러나 이는 실현 불가능한 계획이라 하지 않을 수 없다. 평양까지의 부대 이동에는 상당한 시간이 필요하며, 최신 무기를 갖춘 평양방위사령부 산하 부대를 제압할 장비가 6군단에는 없다. 더구나 평양 근교에 포진한 제815 기계화 군단과 제820 전차군단이라는 정예 부대를 제압하지 않으면 안 된다.

군단 하급 장교의 밀고에 의해 '모의'는 김정일이 알게 되고, 측근인 군수동원 총국장인 대장 김영춘이 현지에 급파됐다. 모의 관련자 체포에 관여했다는 전 장교 이장수(가명)에 따르면 김영춘을 파견한 것은 1995년 3월이며 그다음 달부터 일제 검거가 시작됐다. 군단 지휘관회의 자리에서 '주모자'가 체포됐고, 체포자들은 도살장에 끌려가는 돼지처럼 손발이 묶여 군용 트럭 짐칸에 매달아 연행됐다'고 한다. 군단 소속 장교 40명을 포함해서 300명 이상이 체포돼 처형 또는 수용소로 보내졌다. 함경북도 당서기 등 행정부문의 간부와 경찰, 비밀경찰인 국가안전보위부 간부들도 모의에 관여한 혐의가 씌워졌다.

이 소동은 한국의 '김영삼 정부가 스파이를 보내 벌인 6군단 반란 사건'으로 북한 내에서 이야기되고 있다. 그러나 한국 측에 사건이 알려지게 된 것은 1996년 5월 북한 공군대위 이철수李哲洙가 미그-19 전투기를 타고 한국으로 망명한 것이 계기가 됐다. 망명 직후 기자회견에서 "군 내부에서 조직적인 반란 가능성은 있는가?"라는 질문에 이철수는 "1995년 4월 6군단 정치지도원이 한국과 내통해, 반란을 획책해 군단 자체가 해체됐다는 이야기를 들었다."라고 대답했다.

그러나 그 후 자료와 증언을 종합해 보면 김정일이 군에 대한 단속을 강화하고 복종을 거부하는 세력을 일소하기 위해 '반란 사건'을 이용한 면이 있는 것으로 나타난다. 6군단 내에 불온한 움직임이 있었고 독살 사건이 일어난 것은 사실인 듯하지만 '쿠데타 계획'을 뒷받침할 자료는 발견되지 않는다. 정말로 정권 전복을 기도했다면 수백 명 체포로 끝날 일이 아니었을 것이다. 6군단의 군기를 바로잡기 위해 김영춘을 파견한 것에서 일이 시작된 것으로 보인다. 중국에 접하고 있는 조건을 이용해 군단은 대대적으로 밀수에 손을 대 거액의 이익을 얻고 있었다고 한다. 김영춘 등은 "부대의 통제가 어렵다. 명령을 듣지 않는다."라는 보고를 올렸다. 김정일은 보위국장 원응희를 불러 "군대 안에 퍼져 있는 황색(부패) 바람을 제거하고 미국과 남조선에 매수된 스파이를 적발하라."라고 명령했다. 국고가 비어 있어도 군대는 나라가 돌봐 준다고 달랬다고 한다.

이에 따라 원응희가 군단 내의 불상사 내용을 거짓으로 만들어 낸 것이 '6군단 쿠데타 미수 사건'이었던 것으로 보인다. 김정일은 본보기를 보여 주기 위해 철저한 '진압'을 지시해 군단을 해체시켰다.

진압에 공을 세운 김영춘은 군 총참모장, 차수로 승진한다. 반역의 대명사가 된 '6군단'이라는 명칭은 영구히 사라지고 편성상 '제9군단'으로 이름이 바뀐다. 그러나 사건은 숙청의 서막에 불과했다.

아사자 200만 명을 넘다

1995년 여름, 북한은 100년 만이라는 대홍수를 겪는다. 김일성 시절 '주체 농법'이라고 자랑하며 조성한 다락밭은 힘없이 휩쓸려 가 한국 측의 추정으로는 곡물 수확량이 연 345만 톤으로 떨어졌다. 국내 수요만 해도 130만 톤이나 부족해 어떻게든 대책을 강구하지 않으면 굶어 죽는 사람이 속출할 것이 분명했다. 그러나 김정일은 '고난의 행군'을 슬로건으로 내걸고 이를 버텨 보려 했다. 항일투쟁 시절 김일성의 부대가 나무껍질로 기아를 이기며 행군했다는 이야기를 본받으라며 주민들에게 단지 인내만을 강요했다. 식량 부족이 절정에 달한 1996년에는 전국에 기아의 참상이 확산돼 인구가 약 17만 명인 김책시에서만 매일 200명 이상의 아사자가 나왔다.

전 당중앙위 자료연구실 부실장 김덕홍이 후에 본 내부 자료에 따르면 1996년 11월까지 적어도 100만 명이 죽었다고 한다. 이 대기근의 희생자는 최종적으로 200만 명 이상에 달했다.

모든 책임은 권력을 독점한 김정일에게 있었지만 그는 책임 회피로 일관했다.

"(김일성) 수령님은 생전에 나에게 절대로 경제생활(운영)에는 깊이 관여하지 말라고 말씀하셨다. 그러면 당과 군사 활동도 제대로 못 하게 된다고 몇 번이나 말씀하셨다." (1996년 11월 김일성종합대학 담화)

민심이 이반되고 있는 가운데 김정일은 '사상전(당원, 주민의 사상 검열 운동)'을 펼쳤다.

"수령님이 계시지 않게 된 틈을 노려 미 제국주의자와 남조선 괴뢰 등이 침략 전쟁을 벌이려 하고 있다. 혁명의 수뇌부를 암살하려는 테러 분자를 침투시키고 있다는 것을 알려라."

당 선전선동부에 이런 명령을 내리고 전 주민을 동원한 집회를 열었다. 때를 기다렸다는 듯이 1996년 여름, 경찰에 해당하는 사회안전부가 '간첩 사건'을 적발했다는 보고서를 올렸다. 평양시 용성 구역에서 주민등록부를 조사하다 폭파 테러를 벌이려 침투한 한국 반공조직 '서북청년단' 멤버를 적발했다는 내용이었다. 그러나 실제로는 그 전해 말, 시 안전국 주민등록과 직원이 용성 구역 행정위원장을 '스파이'로 신고했으나 후에 거짓으로 판명된 사안을 사회안전부 정치국장 채문덕蔡文德이 다시 끄집어내 문제로 삼은 것이었다.

조선중앙TV는 서북청년단원이 가지고 있었다는 무기를 공개했다. 그러나 감찰과 출신의 박문일朴文一에 따르면 무기는 소금물에 젖어 녹이 쓴 것처럼 만든 것이었다고 한다. 사건에 신빙성을 더하기 위해 조작한 연출이었다.

채문덕은 김정일의 동기생이라는 이유만으로 출세 코스를 달려 평양시 안전국장에 오른 인물이다. 당 학습을 태만히 해 한때 지방으로 좌천됐지만 김정일의 매부 장성택의 알선으로 당 조직지도부 부부장으로 승진했다. 1996년부터 주민의 정치 동향을 감시하는 사회안전부 정치국장을 지내고 있었다.

채문덕이 올린 보고서를 읽은 김정일은 "주민 요해(조사) 사업을 더욱 심화하라."라고 사회안전부에 지시했다. "내 등록 문서부터 조사해도 좋다. 스파이 조직을 뿌리째 뽑아야 한다."라고도 독려했다. '사상전'은 전국적인 수사가 돼 버렸다. 김정일의 지시로 조사를 철저히 하기 위해 사회안전부 안에 '심화조' 지휘부가 설치되고 채문덕이 최고 책임자가 됐다. 총 8천 명을 투입해 지방의 시 · 도 · 군에도 심화조가 조직됐다. 김정일에게 보고하는 일은 조직지도부에서 사법부문을 통괄하는 제1부부장에 막 취임한 장성택에게 맡겼다.

심화조의 수사가 시작된 것은 1997년 초로 알려져 있다. 농업담당 서기 서관희徐寬熙가 최초의 표적이 됐다. 김일성의 농업정책을 현장에서 뒷받침해 온 인물이다. 서관희에게는 비료 30만 톤을 친척 등에게 빼돌렸다는 혐의가 씌워졌다. 배분을 둘러싼 실수에 불과한 것으로 보였지만 기회를 잡는 데 재빠른 장성택이 사건을 이용했다. 장성택이 올린 자료를 본 김정일은 내뱉듯이 말했다.

"비료(사건)만으로는 너무 약하다."

김정일로부터 언질을 받았다는 듯이 장성택이 채문덕에게 말했다.

"장군님으로부터 전권을 위임받았다. 이 기회에 사회안전부를 동원해 한번 본때를 보여 줘라. 배후를 철저히 조사하라."

김정일과 장성택의 생각을 알아챈 채문덕은 서관희를 '몇십 년 전부터 공화국 내부에 잠복해 미국과 남조선을 위해 당의 농업정책을 파괴한 스파이'로 만들었다. 한국전쟁 당시 경력에서 '1개월간의 공백'이 발견되자 이 기간에 한국과 미국에 포섭됐다는 죄상이 날조됐다. 결국 서관희는 1997년 9월 중순, 평양 남부 통일거리 근처 언덕에서 3만 5천 명이나 되는 군중이 지켜보는 가운데 총살형으로 사망했다. 현장에서 이를 봤다는 전 당 간부 김철진金哲鎭은 "고문 탓으로 엉망진창이 된 서관희의 입에는 재갈이 물려 있었다. 말하는 것을 두려워했기 때문이다."라고 증언한다. '형장'에는 스파이 조직의 일당이라는 평안남도 협동농장 여성관리위원장 황금숙黃今淑 등 17명도 끌려 나왔다. 군중들은 "남조선 괴뢰의 앞잡이를 죽여라!"라고 욕을 퍼부었다.

서관희의 처형은 적발의 서막에 불과했다. 죽은 사람의 '공개 처형'까지 집행돼 공포심을 불러일으켰다. 1984년 사망해 혁명열사릉에 매장됐던 전 농업담당 서기 김만금金万金에게 농업정책 실패의 책임을 물었다. 파낸 유골을 인민재판에 처해 '다시' 이 세상에서 사라지게 했다.

이를 계기로 채문덕은 본격적인 북한식 '마녀사냥'을 시작했다. 우선 '심화조' 상층부가 개인적으로 원한을 갖고 있던 간부들이 먹이가 됐다. 상징적인 인물이 본부당 책임서기 문성술文成戌이다. 김정일의 이복형제들과 그 친척을 감시하는 역할을 맡은 그는 가끔 장성택의 월권이나 여성 관계를 김일성에게 보고해 장성택의 원한을 샀었다. 다음으로 체포된 것은 당 정치국위원으로 평안남도 당 책임서기 서윤석과 평양 근교 남포시 당 책임서기 박승일朴勝一 등이었다. 서윤석은 채문덕을 지방으로 좌천시킨 전 상관이었다. 문성술은 심문 중 얼굴을 알아볼 수 없을 정도로 구타를 당해 스스로 독방 벽에 머리를 찧어 자살했다. 서윤석은 고문으로 정신이상이 됐다. 이를 들은 김정일은 "문성술은 신념이 강한 사람이다. 서윤석은 신념이 없다."라고 냉혹하게 대답했다고 한다.

체포자는 점점 늘어나 1998년까지 김일성 시대의 노간부를 중심으로 3천 명 가까이 처형되고 1만 명 이상의 연고자가 수용소로 보내졌다. 그러나 심화조 사업은 그 후에도 전개되며 사람들에게 김정일 통치에 대한 공포심을 더욱 깊이 심어 주었다.

황장엽 망명의 충격

김정일이 '스파이 사건'을 날조하고, 심화조로 하여금 철저하게 해당자를 적발토록 한 것은 김일성 시대의 구세력을 정권 핵심으로부터 쫓아내는 것이 가장 큰 목적이었다.

숙청의 회오리바람이 휘몰아치는 가운데 국외로 탈출하는 간부들도 나타났다. 1997년 2월 김일성을 이론적으로 보좌하고 김정일의 정권 운영에도 깊이 관여해 온 노동당서기 황장엽이 일본 방문 후 경유지인 베이징에서 한국대사관에 뛰어들어 망명을 신청했다. 중소 대립의 틈바구니에서 '자주, 자립, 자위'를 내걸고 김일성의 독재를 정당화하는 '주체사상'을 체계화한 황장엽의 배반은 북한 체제를 뿌리부터 부정하는 것으로 김정일의 위신도 크게 손상시키는 사건이었다. 후에 한국에 망명한 전 당 통일전선부 간부 장철현張哲賢은 황 선생의 월남(한국 망명)은 원자폭탄을 맞은 것과 같은 정도의 충격이었다고 증언한다.

황장엽은 "나의 앞에는 세 개의 길이 있었다."라고 회고록에 썼다. 공공연히 김정일에게 반기를 드는 것은 '용감하게 보이지만 개죽음'을 의미했다. '가면을 쓰고 기회를 기다리든가', '스스로 목숨을 끊든가' 하는 방법도 있지만 그는 살아서 싸우는 길을 선택했다.

황장엽이 한국대사관에 뛰어들었다는 제1보를 듣고 김정일은 당장 납치인지 망명인지 확인하라고 국가안전보위부 대외반탐국 책임자에게 명령했다. 반탐국은 '황장엽 구출 작전'을 벌이기로 결정하고 인민군 정찰국과 함께 수백 명의 특수 요원을 중국에 급파했다. 명령을 내린 후 김정일은 책상에다 '납치? 망명?'이라는 단어를 수백 번 썼다고 전해진다. 탈환 작전은 실패하고 현지에서 '납치가 아니라 본인의 의사에 의한 망명'이라는 보고를 받고 김정일은 "아들과 딸, 손자까지 버린 놈이다. 인간이라고 부를 수 있는가? 개보다 못한 놈이다."라고 분노를 폭발시킨 후 이렇게 말했다.

"떠들 게 아니다. 떠들면 놈의 가치만 높여 줄 뿐이다."

장철현에 따르면 주요 당 간부들이 모인 자리에서 김정일은 말했다.

"오늘 여기에 오면서 나는 (김일성) 수령님 초상화를 보며 물었다. '그가 정말 황장엽입니까?'라고. 내 생애에서 오늘처럼 쓰라린 심정이 된 적은 없었다."

계속해서 모두에게 이렇게 선고했다.

"여기에 아직 황장엽과 같은 놈이 있는가? 나를 배반하고 가려면 가라!"

대남담당 서기 김용순이 "장군님" 하며 바로 일어서서 우는 소리로 말했다.

"우리는 장군님과 운명을 같이할 것입니다. 죽을 때는 장군님의 발밑에서 죽겠습니다."

간부들의 동요를 우려한 듯 김정일은 심화조가 올린 처형 리스트에는 무조건 서명했다. 김일성 시대에 출세 코스를 밟았던 간부들이 차례로 희생됐다. 황해남도 당 책임서기 피창린과 개성시 당 책임서기 김기선金基仙이 잠복했던 한국 반공청년조직 '서북청년단'의 잔당으로 몰려 처형됐다.

공포가 사회를 뒤덮은 가운데 1998년 8월 황해북도 송림松林시 노동자 10만 명을 고용하고 있는 황해黃海제철연합기업소에서 시위가 벌어졌다. 노동자 1인당 월 수 킬로그램의 옥수숫가루 배급이 늦어져 많은 사람들이 굶어 죽었다. 그런 가운데 식량을 조달하려고 노력하던 기업 간부들이 처형을 당했던 것이다. 공설 운동장에서 처형을 목격했다는 탈북자 이춘구李春九에 따르면 노동자와 주민들이 지켜보는 가운데 기업소 최고 간부 8명이 끌려 나왔다.

"고문으로 걷지 못하게 된 간부도 평양에서 왔다는 검열 대원이 끌고 와 말뚝에 묶었다."

군수용 철판을 중국에 팔아 옥수수를 구입했다는 것이 범죄 내용이라고 했다. 웅성거리던 운동장이 조용해지고 총살이 집행되려는 순간 한 중년 여자가 마이크 앞으로 뛰어나가 외쳤다.

"이런 일을 해도 좋습니까? 사형까지 시킬 필요가 있습니까!"

사복 경관이 여자를 잡아 넘어뜨려 때리고 발로 찬 후 입에 재갈을 물리고 말뚝으로 끌고 가 그 자리에서 쏴 죽였다.

다음 날 아침, 공장 구내의 큰길에 노동자들이 한 명 두 명 모이기 시작하더니 오후에는 수천 명으로 늘어났다. 식량 배급을 요구하며 연좌 농성을 시작하자 시민들도 가세해 데모는 심야까지 계속됐다. 보고를 받고 사태가 확대되는 것을 우려한 김정일은 극비리에 철저히 진압하도록 명령했다. 다음 날 오전 4시, 지쳐 앉아 있는 군중을 전차부대가 달려들어 마구 짓밟았다. 살해를 면한 데모 참가자도 전원 체포돼 '주모자'는 인민재판에 넘겨져 처형됐다.

민심 이반이 상상외로 심각하다는 것을 깨달은 김정일은 사태 수습에 나섰다. 그러나 내놓은 해결책은 더 심한 숙청이었다. 보위부와 군보위사령부 책임자를 불러 "자네들은 지금까지 뭘 했나?"라고 질책했다. 심화조를 주도한 사회안전성(1998년부터 부에서 성으로 명칭 변경)에 대한 조사도 지시했다.

김정일이 사회안전성에 절대적인 권한을 주었기 때문에 손가락을 입에 문 채 사태 추이를 지켜보던 보위부 등은 비밀리 조사에 착수했다. 심화조의 전횡과 민심에 끼친 영향을 종합한 보고서와 심화조의 심문 장면을 도청한 녹음테이프를 김정일에게 제출했다.

"내가 모르는 사이 나라가 망할 지경이었군. 잘했다."

보고서를 읽은 김정일은 이렇게 치하한 뒤 당 조직지도부 검열과에 검열단을 만들도록 했다. 2001년 1월 보위부와 보위사령부, 중앙검찰소로부터 선출된 검열 단원을 전국에 파견했고, 심화조는 하나하나 해체됐다. 심화조의 영향을 일소하기 위한 강습회도 전국에서 열려 검열 보고서가 낭독됐다. 회의장은 가혹한 고문을 저지른 사회안전원과 심화조 멤버에 대한 원망으로 가득 찼다.

북한의 당원용 내부 자료에 따르면 김정일은 강습회를 지도하는 간부들에게 이렇게 설명했다.

"채문덕은 공명심에 눈이 멀어 젊은 사회안전원들을 다그쳐 왜놈보다 더 악랄한 방법으로 간부들을 고문하는 만행을 저질렀다."

이 '심화조 사건'에서 김정일의 수족처럼 일을 했던 장성택은 책임을 면했지만 행동대장 채문덕은 담당 서기 이철李哲, 사회안전성 주민등록국장 등 14명과 함께 '반혁명적 야심가'라는 죄명으로 체포돼 총살형에 처해졌다.

사건을 조작해 많은 간부를 죽음으로 몰아 넣은 심화조 멤버 8천 명 가운데 6천여 명이 체포돼 처형되거나 수용소로 보내졌다. 연고자도 같은 운명에 처해져 심화조 사건으로 생긴 희생자는 약 2만 5천 명을 넘는 것으로 알려졌다.

김정일은 자신은 이 사건과는 일절 관계가 없는 듯이 가장했다. 그는 "더 이상 안전성이라는 이름조차 듣기 싫다. 인민을 보호하는 조직이라는 의미에서 명칭을 인민보안성으로 하라."라고 명령했다고 한다. 조직 이름이 인민보안성으로 바뀐 것은 2000년 4월의 일이다.

한국 재벌이 내민 구원의 손길

경제 파탄과 민심 이반, 그리고 심화되는 국제적 고립…. 사면초가 상태인 김정일에게 구원의 손길을 내민 한국 기업인이 있었다.

1998년 6월 16일 당시 한국의 최대 재벌이었던 현대그룹 명예 회장 정주영鄭周永이 소 500마리를 끌고 남북 군사분계선의 판문점을 넘어 북한으로 들어갔다. 이 소는 옥수수 5만 톤과 함께 북한에 제공하기로 약속한 1천 마리의 절반이었다. 현대자동차가 소 운반용으로 개조한 트럭 50대에 소를 싣고 육로를 통해 북으로 향하는 모습은 전 세계에 생중계됐다. 그해 2월 대통령에 취임한 김대중金大中은 회고록에 이렇게 썼다.

"소 500마리를 싣고 판문점을 넘는 장면은 한 편의 동화였다. 그(정주영)는 동화 속의 목동 같았다."

목가적인 소떼의 북송은 1994년 김일성 사망 후 냉각된 남북 관계에 화해 무드를 가져와 김대중 정권이 추진한, 후에 '햇볕정책'이라고 불리게 되는 대북 포용 정책의 선구로서 안성맞춤의 연출이었다.

정주영은 1915년 지금은 북한 땅인 강원도 통천通川에서 태어났다.

남북 분단으로 고향을 다시 찾을 수 없게 된 그와 같은 사람을 한국에서는 '실향민'이라고 부른다. 1989년 방북해 고향 근처 금강산의 관광개발에 합의했지만 정치 상황에 휘둘려 다시 북한을 방문하지는 못하고 있었다. 북한 지역의 사업에 대해 정주영은 현대증권 회장을 지낸 측근 이익치李益治에게 늘 통일을 위해서이기도 하지만 첫사랑을 만나기 위해서라고 말했다고 한다. 80세가 넘어서도 잊지 못한 첫사랑의 상대란 고향 이장의 딸이었다. 정주영은 당시 인근에서 유일하게 신문을 정기 구독하던 이장 집에 읽고 난 신문을 얻으러 다녔다. 그는 매일 아침 4시에 일어나 밤늦게까지 들일을 해 몸은 젖은 솜처럼 무거웠지만 10리나 떨어진 이장 집으로 갈 때만은 100미터 단거리선수처럼 달렸다고 한다. 이장 집 소녀를 보기 위해서였다. 만나면 얼굴이 빨개지고 심장이 두근거려 신문을 건네주는 손을 멍하니 바라보는 것이 고작이었다. 정주영은 그때 그 소녀는 천사와 같았다고 후일 말하기도 했다.

신문에는 당시 최고의 인기를 모으던 이광수李光洙의 소설 〈흙〉이 연재되고 있었다. 정주영은 소설 주인공처럼 서울로 올라가 변호사가 돼 그녀 앞에 나타나는 꿈을 꾸었다. 18세 때 아버지가 소를 판 돈 70원을 훔쳐 가출했다. 1946년 현대자동차공업사를 설립해 자신의 대에 한국 최대의 재벌 기업으로 키워 냈다. 북한에 가기 전 자랑삼아 이렇게 말했다.

"그때 소 한 마리가 지금 1천 마리가 됐다. 나는 그 빚을 갚기 위해 고향을 찾아가는 것이다."

한편 한국 언론 매체들은 준비된 소와 옥수수만도 137억 원에 달하며, 이와 별도로 김정일에게 상당액의 '입장료'를 지불하기로 약속했을 것이라고 보도했다.

정주영의 방북이 주목을 끈 데는 베일에 가린 김정일이 모습을 나타내는 것이 아니냐는 '기대'도 있었기 때문이다. 그러나 1998년 6월 방문에서는 이루어지지 못했다. 김정일의 실제 등장은 같은 해 10월 두 번째로 소 501마리를 끌고 갔을 때였다. 귀국 전날 오후 10시가 지났을 즈음 일행이 머물던 백화원百花園초대소에 모습을 나타낸 김정일은 "지방(시찰)에서 돌아오는 참입니다. 고령의 정 명예 회장 선생이 불편할까 봐 직접 만나러 왔습니다."라고 인사했다.

"5대(재벌) 창업자 가운데 유일하게 살아 계신 정 명예 회장 선생을 만날 수 있어 영광입니다."

동행한 이익치는 김정일이 방약무인한 사람일 것이라고 예상했지만 예의 바르고 유연했으며, 유머 감각을 구비한 쾌활한 지도자라는 인상을 받았다고 말했다. 비즈니스로 화제가 넘어가자 김정일은 "금강산 사업은 세분화해서 추진할 필요가 없습니다. 전부 정 명예 회장 선생이 해 주십시오."라고 말해 배포가 크다는 것을 보여 주었다.

"근해에 대량의 석유가 매장돼 있는 모양입니다. 채굴하면 남쪽에 주겠습니다."

기념 촬영 때는 정주영에게 가운데 자리를 양보하고 자신은 왼쪽, 정주영의 5남으로 현대그룹 공동 회장이던 정몽헌鄭夢憲을 오른쪽에 앉히고는 "공산당 당수와 사진을 찍는 것은 보안법(한국의 국가보안법) 위반이 아닙니까?"라고 농담도 했다. 공공의 장소에 모습을 드러내지 않았던 것은 아버지의 상을 치르는 '효자'이기 때문이었다고 정주영은 호의적으로 이해했다.

정주영과 김정일의 면회가 실현된 후 현대그룹의 북한 사업은 순풍에 돛을 단 듯 보였다. 11월에는 한국으로부터 금강산으로 향하는 유람선 '현대금강호'가 첫 고동을 울려 금강산 관광사업이 시작됐다.

김정일 국방위원장을 만났기 때문에 불가능이 가능하게 됐다고 이익치는 회고한다.

정몽헌은 금강산으로 통하는 장전항長箭港 절벽 위에 골프장을 만들겠다고 제안했다. 창구 역할을 하던 조선아시아태평양평화위 위원장 김용순은 군사시설이 있기 때문에 안 된다며 당황해했다. 인민군 관계자도 옆에서 말을 거들려고 했지만 김정일이 이들의 말을 가로막듯이 대답했다.

"정 회장이 바라는 대로 해주시오. 자네들(군인)이 시설을 다른 장소로 옮기도록 하라."

이렇게도 말했다.

"좋은 관광지가 되려면 오락 시설이 없으면 안 됩니다. 산만 보고 가면 안 됩니다. 금강산이 아무리 명승지라 해도 노는 곳도 있고 술, 여자가 없으면 안 되지요."

그러나 막대한 보답이 있었기 때문에 취해진 특별 '배려'였다. 현대그룹은 금강산 개발의 이권을 손에 넣기 위해 9억 달러 이상을 지불한 것으로 알려졌다. 다 죽어 가는 북한 경제에 있어서 생명수가 됐다. 금강산 입산료로 관광객 1인당 300달러를 징수해 관광사업은 계속 돈을 만들어 내는 '달러 박스'로 변했다.

사업이 순조롭게 발전할 것으로 낙관한 정주영은 서울에서 70억 하는 집을 마련해 놓았다. 첫사랑과 만나 한국으로 데려와서 손을 잡고 산보하며 여생을 보낼 꿈을 꾸었다. 김정일에게 그녀를 찾아 달라고 의뢰했다. 그러나 2000년 6월 남북 정상회담 직후 평양을 방문했을 때 김정일로부터 그의 첫사랑이 청진에 살았지만 2년 전 죽었다는 소식을 듣는다. "2년만 빨랐다면 우리 아산峨山병원(현대그룹 산하)에서 최고의 치료를 받았을 텐데…"라며 정주영은 비탄에 빠졌다고 한다. 다음 해 3월 그는 실향민의 한을 품은 채 이 세상을 떠났다.

훗날 김정일은 "인간에게 있어서 첫사랑은 아주 소중하다. 우리는 당국(한국 정부)보다 훨씬 전에 현대와 첫사랑을 시작했다."라고 회고했다.

북한의 독재자가 첫눈에 반한 현대그룹이었지만 외환 위기의 회오리바람에 재벌 기업이 해체됐다. 북한 사업의 적자와 정치적 불안정은 그룹을 계속 압박했고, 대북 비밀 송금과 관련 검찰의 조사를 받자 정몽헌은 2003년 8월 자살한다.

남북 정상회담의 무대 뒤

현대그룹 명예 회장 정주영이 김정일을 면회한 후 한국에서는 북한 새 지도자의 인물 됨됨이를 다시 봐야 한다는 소리가 커졌다.

한국 정부는 지도자로서의 식견은 물론 합리성과 (정책) 추진력을 겸비한 치밀한 인물이라는 등의 평가를 내렸다. 상당히 오래전부터 지도자로서의 경험을 쌓은 결과라고도 했다. 대량의 아사자를 내고 나라를 피폐하게 만든 지도자에 대한 평가로서는 '너무 안이'하다는 비판도 있었다. 그러나 첫 남북 정상회담 개최는 김대중 정권에 있어서는 이미 정해진 노선이었다.

정상회담의 주역으로 알려진 당시 한국 문화관광부 장관 박지원朴智元에 따르면 준비 교섭은 처음부터 난항을 겪었다. 북한 측 대표인 아시아태평양평화위 부위원장 송호경宋浩景은 네 차례에 걸친 교섭에서 현금 지원을 요구하며 "김(대중) 대통령이 위대한 장군님을 만나는 것은 상봉(만남)만으로 하고 회담은 헌법상 국가원수인 김영남(최고인민회의 상임위원장)과 하자."라고 주장했다. "위대한 장군님의 일정을 사전에 정할 수 없다. 공동 선언문은 사전에 만드는 것이 아니다."라며 양보하지 않았다. '장군님'만을 쳐다보는 송호경의 경직된 태도로 구체적인 스케줄이 다 확정되지 않았지만 김대중 전 대통령의 평양 방문 결정만은 이럭저럭 합의에 이르렀다.

그러나 당시의 한국 정보기관인 국가정보원 차장 김은성에 따르면 출발 예정이던 2000년 6월 12일을 이틀 앞두고 북으로부터 약속된 돈을 보내지 않으면 정상회담은 없다는 전문을 받았다고 한다. 현대그룹을 중개로 회담에 앞서 마카오에 있는 김정일 비밀 계좌에 4차례에 걸쳐 나눠 보내야 할 4억 5천만 달러의 일부가 기재 실수로 약속한 날짜에 입금되지 못했기 때문이다. 청와대는 북한의 기술적 문제로 방북이 하루 연기됐다고 발표해 얼버무렸다.

12일 마카오의 북한 상사로부터 4개 중 마지막 1개를 받았다는 연락이 북한에 왔다.

그런데 김대중이 평양을 향해 출발하려는 13일에 또다시 생각지 못한 통고가 북한으로부터 왔다. 김일성의 유체가 안치된 금수산기념궁전에 김 대통령이 참배하지 않는다면 정상회담을 할 수 없으며 올 필요도 없다는 것이었다. 한국 정부 전용기의 착륙을 거부한다는 통고도 있었지만 김대중은 출발을 강행했다. 당시 사전에 북한에 가 김정일과도 만난 국정원장 임동원林東源이 김대중 앞에 달려가 "참배 문제는 평양에 와서 논의해도 좋다."라는 연락이 김정일로부터 있었다고 기쁨에 찼던 것이다.

김대중 일행은 오전 10시 반 조금 전에 평양의 순안공항에 내렸다. 대통령을 공항에서 맞이한 것은 김정일 본인이었다. 환영식 전후 자동차 한 대에 양 정상이 함께 타고 백화원초대소로 향했다. 연도에는 50만 명이 넘는 주민이 꽃다발을 흔들며 '결사 옹위', '만세'를 외쳤다.

김대중은 두 사람만의 약 1시간에 걸친 차중 대화에 대해 자서전에 이렇게 기록했다.

"실제 많은 것을 이야기할 수는 없었다. 우리는 손을 꽉 쥐기도 했다. 김(정일) 위원장은 (환영 나온) 인민은 모두 자발적으로 나왔다고 말했다."

그러나 현실은 그렇지 않았다. 환영 행사에 동원된 전 지방 간부는 한국 언론에 이렇게 증언했다.

"김 대통령이 나타난 순간 선전선동원은 확성기를 들고 이렇게 외쳤습니다. '김대중은 백기를 들고 장군님께 항복하러 왔습니다.'라고."

그러나 김정일은 "저 많은 사람들이 자발적으로 대통령을 환영하기 위해서 나왔습니다."라고 했다. 김대중은 김 위원장의 첫인상이 따뜻했다고 회술한다.(『김대중 자서전 2』) 그날 김정일은 "북에 오는데 무섭지 않았습니까. 무서운데 어떻게 왔습니까." 하고 말하기도 했다.

1차 회담을 마치고 다음 날의 재회를 약속하며 김정일은 "혹시 간부들이 오는 것에 반대하면 새총으로 빨간 신호등을 맞춰 부수더라도 와서 회담하겠습니다."라고 했다.

이튿날 회담에서 김정일은 기분이 좋은 듯했다.

김대중: 김 위원장께서 공항에 나와 우리 둘이 악수하는 것을 보고 외국 기자도 수백 명 모였는데 기자들 천여 명이 기립 박수를 했다고

합니다.

김정일: 공항 영접이요? 대통령께서 오시는데 그건 기본적인 예의 아닙니까? 제가 뭐 그리 대단한 존재라고…."(임동원 회고록 『피스메이커』)

그러나 무대 뒤에서는 참배 문제를 놓고 박지원과 송호경 사이에서 격렬한 응수가 벌어지고 있었다. 송호경은 한 발도 양보하지 않고 위에 보고하겠다며 자리에서 일어났다. 그러나 다음 날인 14일 아침 식사 자리에서는 박 장관의 열의에 장군님이 참배하지 않아도 좋다고 말씀하셨다고 말했다.

김대중은 김영남과 회담한 후 김정일과의 회담에 임했다. 그러나 전날 유머를 섞어 가며 한국 정부 일행의 호감을 샀던 것과는 달랐다.

"어제 남측의 TV를 보면 대학에 공화국(북한)기를 걸었다며 (학생을) 사법 처리한다는 뉴스가 있었습니다. 정상회담에 찬물을 끼얹을 생각입니까?"라며 고압적으로 나왔다.

"김 대통령은 김영남 위원장과 회담도 했고, 만찬 초대도 받았으니 이제 돌아가도 좋겠지요. 저는 오늘도 주위의 만류를 뿌리치고 이 자리에 왔습니다."

그러고는 한국 내에서 친북 행위를 단속하는 국가보안법에 대해 "왜 폐기하지 않는 것입니까?"라고 싫은 표정으로 말을 했다.

한국 측은 별도의 고민을 안고 있었다. 북한이 싫어 할 기사를 쓴 조선일보와 KBS에는 '반동 책동'을 벌였다며 배상금 200만 달러와 TV 수상기 2만 대를 제공하라고 요구한 것이다. 그러나 이 엉뚱한 요구도 '장군님'의 배려로 해결됐다고 해서 없던 일이 됐다.

15일에는 양 정상이 통일의 자주적 해결과 남북 이산가족 재회, 경제협력 등을 담은 남북 공동선언에 서명했다. 축하 연회장에서 김정일이 임동원을 테이블로 불러 속삭였다.

"금수산궁전에는 안 가도 좋을 것입니다."

굳이 본인의 입으로 '배려'를 전달한 것이다. 무리한 문제를 제기해 애를 태운 뒤에 특별한 배려라며 자못 은혜라도 베푸는 듯이 제기했던 문제를 취소했다. 김정일은 이렇듯 쉽게 친해질 수 있겠다고 생각하는 순간 갑자기 강한 태도로 나왔다. 강경책과 온건책을 뒤섞어 한국 측을 줄곧 번롱해 온 이 회담은 '김정일식 쇼'라고도 불렸다.

김대중은 귀국 후 저명인사들과의 오찬에서 김정일에 대해 이렇게 말했다.

"대화가 가능하고, 상식이 통하는 사람이었습니다. 북한 지도자 중에서 바깥 세계를 가장 잘 알고 있고, 무엇보다 개혁을 하고자 하는 인물임이 틀림없습니다."

미국 대통령 빌 클린턴에게도 전화해 미사일 문제도 해결될 듯하다고 전했다.

김대중은 남북 정상회담의 공적으로 노벨 평화상도 받았다. 그러나 북한이 그 후 핵과 미사일 개발에 매진해 나가는 경위를 보면 김대중은 김정일의 체제 연명을 위한 쇼에 초대된 '손님'에 불과했다.

반미 국가에 미사일을 팔다

남북 정상회담에서 보여 준 김정일의 퍼포먼스에 '매혹된' 것은 김대중 전 대통령만은 아니었다.

러시아 대통령에 취임한 지 얼마 되지 않은 블라디미르 푸틴은 2000년 7월 평양을 방문한다. 일본 오키나와沖縄 서미트(주요국 정상회담)에 참석 후 귀국길이라고는 하지만 구소련 시절을 포함해 러시아 최고 지도자가 방북한 것은 그때가 처음이었다. 푸틴의 측근으로 극동 연방 관구 대통령 전권대표였던 콘스탄틴 프리코프스키의 수기에 따르면 김정일은 그에게 "나는 푸틴 대통령에게 완전히 매료됐다."라고 첫 만남을 회고했던 것으로 전해진다.

"러시아 하원에서 북러 우호친선협력조약 비준 문제가 심의되고 있었는데 푸틴 대통령은 만약 비준되지 않으면 내가 전화를 걸어 비준케 만들겠다고 농담을 했다."(콘스탄틴 프리코프스키)

모든 것을 혼자 결정하는 러시아 새 지도자와 김정일은 주파수가 맞았던 것이다.

푸틴 대통령 방북 시의 회담 내용은 그 직후 평양에서 김정일과 만난 한국의 언론사 대표단과의 대화에서도 화제에 올랐다. 북한은 1998년 8월 '위성' 발사라며 사실상의 중거리 탄도미사일을 발사했다. 국제사회의 관심이 북한의 미사일 개발에 집중된 가운데 미국 신문은 김정일이 푸틴에게 클린턴 대통령에 보내는 친서를 부탁했다고 보도했다. 한국 언론사 대표단은 이에 대해 질문했다.

김정일: 친서를 부탁하지 않았습니다. 로켓의 원조는 러시아인데 미국이 MD(미사일 방어)니 뭐니 하며 로켓 개발에 트집을 잡고 있습니다. 이상한 일입니다. 푸틴 대통령도 당연히 (미국에) 반대입니다.

김정일은 과학기술의 발전을 위해서라며 로켓이 위성이 아니라 미사일이라는 견해를 부정한 후 "로켓 한 발에 2~3억 달러가 든다. 미국이 대신해서 위성을 쏘아 주면 개발하지 않겠다고 (푸틴에게) 말했다."라며 이렇게 말을 이었다.

"우스게 소리로 얘기했는데 푸틴 대통령이 그 이야기를 오키나와 회의(서미트)에서 전했다 이겁니다. 클린턴도 흥미를 표시했다고 들었습니다."

김정일은 대표단과의 3시간에 걸친 대화에서 몇 번씩이나 '로켓' 이야기를 했다.

김정일: 농사를 짓지 않으면 쌀을 못 먹겠지요. 로켓을 연구하면 수억 달러를 법니다. 그것을 하지 않을 이유가 없지요.

김정일은 1년에 2, 3회 실험하는 것만으로도 9억 달러가 들며, 우리나라처럼 작은 나라가 이것만을 위해 개발하는 것은 비경제적이라며 중동의 반미 국가에 '기술 지원'을 하기 위해 (시리아와 이란에) 로켓을 판매하고 있다고 분명히 이야기했다.

"대륙간 탄도미사일을 만들어 미국을 공격해서 우리가 이길 수 있겠습니까? 그런데도 미국은 트집을 잡고 있습니다."

김정일은 "내 말 한 마디면 내일이라도 미국과 수교할 수 있습니다. 내가 결정을 하면 통일은 곧 실현됩니다."라고도 호언하며 이런 말도 했다.

"내가 평양에 앉아 있어도 강대국들이 찾아옵니다. 내가 갈 필요가 없습니다."

김정일은 자신만만했다. 푸틴의 방북에 이어 미국도 2000년 10월 국무장관 마들렌 올브라이트를 평양에 보냈다.

북한과 일본의 교섭도 수면 아래에서 진행되고 있었다. 클린턴 방북도 시간문제로 보였다. 현대그룹의 투자와 김대중 정권의 인도적 지원으로 아사자가 속출했던 '고난의 행군'에서도 벗어났다. 모두가 생각대로 돌아가는 듯이 보였다.

그러나 조지 W 부시의 미국 대통령 취임을 기점으로 풍향이 바뀌었다. 2001년 3월 김대중이 방미했을 때 부시는 이렇게 지적했다.

"나는 김정일에게 회의적이다. 합의를 지킬지도 전혀 확신할 수 없다."

한미 정상회담에서도 김정일을 '독재자'나 '버릇없는 아이'로 부르며 혐오감을 나타냈다. 대북 정책을 둘러싼 한국과 미국 사이의 골이 드러났지만 김정일은 7월 26일부터 24일간에 걸쳐 러시아 대륙을 횡단하는 열차여행을 떠났다. 러시아 측은 미국에게 성가신 존재 취급을 받는 '독재자'를 환대했다. 푸틴은 프리코프스키를 안내역으로 지명해 정중히 대접했다. 김정일의 전용 열차가 지나는 약 9,300킬로미터에 이르는 철도 연변에는 1미터마다 경비 요원을 배치했다. 다른 열차의 운행도 중단시키고 김정일이 머무는 역 주변 400미터 안에는 도착 4시간 전부터 통행을 차단했다.

어린 시절, 러시아 극동의 하바롭스크에서 어머니 김정숙을 따라 처음으로 열차를 타고 어둡고 추운 차량 안에서 딱딱한 빵 조각을 씹으며 조국으로 향했던 김정일이다. 그 시베리아를 지금은 호화 전용 열차에 흔들리며 달리는 김정일의 흥분은 모든 일정을 동행했던 프리코프스키의 수기에서도 전해져 온다.

"김정일은 나에게 점심과 저녁 식사 때는 매일 만나자고 제안했다. 우리는 매일 3, 4시간씩 대화를 즐겼다."

수기에서는 김정일이 러시아를 좋아하고 있다는 사실도 엿볼 수 있다.

"때때로 몇몇 단어와 문장까지 러시아어로 표현했다. 그는 나의 러시아어를 알아듣는 모습이었다. 러시아 음악이 흐르면 멜로디에 맞춰 노래를 부르기도 했다."

열차 안에서 북한 군사 퍼레이드 영화도 보았다. 김정일은 우리 병사들이 '슬라브 여인의 이별'이라는 러시아 곡에 맞춰 행진하는 것이라고 흥분해서 설명했다. 러시아 민요도 함께 불렀다. 구소련 가요 '조국의 노래'에 관해서는 러시아 사람과 구별할 수 없을 정도로 훌륭한 발음으로 노래했다고 프리코프스키는 기록하고 있다.

끝없이 계속되는 대지 조국, 나의 조국이여
자유와 평화의 노래 바다와 산에 가득 차
빛나는 희망에 세워진 흔들림 없는 조국이여

김정일은 러시아 사람도 잘 기억하지 못한다는 가사를 정확히 불렀다.

이번 러시아 방문 중 김정일은 푸틴과 두 차례 회담했다. 열차가 북한과의 국경에 있는 하산역에 도착하기까지 김정일은 몇 번이나 회담에 관해 이야기를 했다.

"푸틴 대통령이 외교적으로 (서먹서먹하게) 대접했다면 나도 외교관(과 같은 태도)이 됐을 것입니다. 그러나 마음을 열고 만나 주었기 때문에 나도 그렇게 했습니다."

하산역에서 푸틴에게 전보를 쳐 성원을 보냈다.

"지금까지의 공산주의자가 이룩한 적이 없었던 것을 성취하기 바란다."

고르바초프 등 서방측에 '야들야들'했던 지금까지의 지도자들에게 보내는 통렬한 야유이기도 했다.

'강한 러시아'의 부흥을 목표로 한 푸틴과 동북아시아의 고독한 독재자 김정일. 두 사람은 강대국 미국과 경제적으로 대두한 한국, 중국을 견제하는 데 있어서 서로를 이용할 더 없는 파트너를 얻었던 것이다.

김정남과 고용희의 암투

김정일의 2001년 러시아 방문에서 비서와 같은 젊은 여자의 모습이 목격됐다. 안내역을 맡았던 러시아 극동 연방 관구 대통령 전권대표 콘스탄틴 프리코프스키는 수기에 "그녀는 매우 매력적이었다. 내가 김정일과 이야기할 때 늘 옆에 앉아 있었다."라고 쓰고 있다.

프리코프스키는 한국 언론의 취재에 대해 그 여사는 김정일의 장녀 김설송이었다고 대답했다. 김정일의 본처 김영숙과의 사이에서 태어난 딸로 당시 26세. 러시아 일간지 〈코메르산토〉는 "품위 있고 아름다우며 교양이 있어 아버지의 개인 비서로서 활동하고 중좌라는 군인의 계급을 갖고 있다."라고 보도했다. 아버지의 스케줄과 건강관리를 맡고 있는 것으로 보였으며 북한에서는 드물게 허리까지 내려오는 긴 머리카락이 청초함을 더해 주었다.

프리코프스키와의 잡담에서 김정일은 "딸(김설송)도 후계자(후보)의 한 명이다."라고 말하며 가족사진을 보여 준 후 말을 이었다.

"나에게는 (그밖에도) 4명의 자식이 있지만 아래 두 명이 정치에 관심이 강하다. 위 두 명은 정치에는 무관심이다."

위의 두 명이란 성혜림과의 사이에서 난 장남 김정남(당시 30세)과 고용희와의 사이에서 난 차남 김정철(당시 19세)이다. 아래 두 명이란 고용희와의 사이에서 난 삼남 김정은(당시 17세)과 막내딸 김여정(당시 13세)이다.

이해 5월에는 김정남이 다른 사람의 명의로 된 여권을 가지고 일본에 불법입국을 하려다 나리타成田공항에서 처자식으로 보이는 사람들과 함께 체포돼 강제 퇴거를 당하는 사건이 일어났다. 아들에게 디즈니랜드를 보여 주기 위해 왔다고 말한 것으로 전해지지만 그뿐만은 아니었다. 당시 김정남은 인민군 대장의 견장을 달고 활동한 것도 확인됐으며, 미사일 수출 사업에 깊이 관여한 것으로 알려진다. 김정일의 비밀 자금을 관리하는 노동당 '39호실' 간부로서 마카오에 있는 산하 기업 '조광무역朝光貿易'의 총책임자로 이름이 올라 있기도 했다. 북한이 이라크에 수출한 견착식 대공미사일 SAM16A 300기분의 대금 회수가 방일 목적이었던 듯하다. 김정남이 김정일의 위임을 받아 이라크군으로부터 보내진 대금을 스위스와 홍콩, 시드니에서 회수했고 마지막 회수를 할 곳이

도쿄였다고 한다.

소지하고 있던 것은 도미니카공화국이 정식으로 발행한 여권으로 명의는 'PANGXIONG', 중국어로는 '팡슝(胖熊, 뚱보 곰)'이란 뜻이다. 생년월일은 1971년 5월 10일. 이름을 제외하고는 모두 진짜였다.

"김정남 체포 소동은 언니의 작품(작업)일 것이다."

1998년 미국에 망명한 고용희의 여동생 고영숙高英淑은 CIA 관계자에게 이렇게 말했다고 한다. 10종의 여권을 나눠 사용하며 세계 각국을 마음대로 드나들던 김정남이 갑자기 일본에서 체포된 데는 고용희와 주변 세력의 음모가 있었다는 것이다. 김정남의 행동 경로를 CIA에 비밀리에 흘려 일본 측에 정보가 넘어가게 했다는 것이 그 사건의 진상으로 보인다.

"위세 좋은 김정남에게 당하지 않으려고 언니는 1991년부터 김정일 서기(당시)의 절대적인 신뢰를 받고 있는 김용순을 한편으로 삼았다."고 고영숙은 설명한다. 고용희는 후계자 경쟁에서 자기가 낳은 아이가 김정남을 이길 수 있도록 우선 국제담당 당서기였던 김용순에게 선물 공세를 폈다. 간부 인사를 담당하는 당 조직지도부 제1부부장 이제강李濟剛과 군인으로서의 맨 윗자리인 총참모장 김영춘 등의 지지를 얻는 데도 성공했다. 세계적인 '추태'를 연출한 김정남 구속 사건을 계기로 '고용희파'의 후계자 옹립 움직임은 더욱 빨라졌다.

'존경하는 어머니는 경애하는 최고사령관 동지(김정일)에게 한없이 충실한 충신 중의 충신이다.'

2002년 여름에는 이런 제목의 강연 자료가 군 내부에서 인쇄돼 나돌았다. '어머니'는 고용희를 가리킨다. 한국의 정보 당국은 차남 김정철을 후계자로 옹립하려는 움직임으로 받아들였다. 김정철은 1993년부터 1998년까지 스위스의 베른국제학교에서 공부했다. 공부에 전념하지 않고 유학 도중 귀국한 김정남과는 달리 학업을 모두 마쳤다고 한다. 김정철에 대해 당시의 교장은 스포츠를 좋아하고 유머 감각도 있는 성실한 학생이었다고 한다. 특히 수학에 열중했다고 회고했다. 동급생의 증언으로는 스키장에도 매주 가고, 좋아하는 액션 영화의 격투 장면을 흉내 내며 놀았다고 한다.

2001년부터 2006년까지는 김일성군사종합대학의 특설반에서 군사학을 배웠다. 탈북한 전 당 간부에 따르면 2002년 후반에는 당 조직지도부 안에 "김정철 동지의 사업 체계를 수립하자'는 슬로건까지 등장했다. 2003년 비서실의 일지를 강습회에서 공개하는 형태로 김정일의 '말씀'이 공개됐다. "김정철 동지가 당 조직지도부에서 실무 학습을 한 후 6개월간의 고급당학교 과정을 끝마치게 하라."는 지시였다. 김정철에게 후계자 수업을 명령한 것이라는 인상을 주었다.

김정일 자신의 의사를 어느 정도 반영한 것인지, 간부들의 과잉 충성에 의한 것인지는 밝혀지지 않았으나 김정철의 후계자 옹립이 기정사실처럼 보였다. 그런 가운데 김정철의 주위에서 이상한 '사고'가 잇따른다.

2003년 6월 김용순이 교통사고를 당해 10월 사망한다. 9월에는 고용희가 교통사고로 중태에 빠진다. 고영숙은 고용희가 암 때문에 의식불명이 됐다는 외국 보도를 부인하며 이렇게 단정했다고 한다.

"결론은 하나밖에 없다. 누군가의 교사로 운전기사가 고의로 사고를 일으킨 것 같다. 배후에는 김정남이 있다."

군 내부에서는 장남인 김정남 추종자가 많았다. 당시 군 핵심 간부들에게 '대장' 명의로 사슴 고기와 인삼이 보내진 것이 확인되었다. 전

인민군 장교 최주일(가명)의 증언에 따르면 군 내부에서는 김정일을 '장군님', 김정남을 '대장님'이라고 불렀는데 '대장님의 선물'이 온 것을 기억하고 있다고 한다.

김일성 시대부터 이들 일가를 경호했고, 원수로서 군에 영향력을 갖고 있던 이을설 등 노간부들은 김정남의 든든한 방패가 됐다. 무엇보다 당 · 정 · 군에 넓은 인맥을 갖고 있는 외삼촌 장성택이 김정남을 지원했다.

고용희와 김정남, 그리고 그 지지자들 간의 암투는 2004년 고용희의 사망으로 일단락되는 듯 보였다. 그러나 같은 해 12월 빈에 체류 중이던 김정남을 노린 것으로 보이는 암살 계획이 밝혀지며 세상을 시끄럽게 했다. 김정철과 김정은 형제를 지지하는 세력이 배후에서 움직였다는 견해가 지배적이다.

사건 발각 얼마 후 김정일은 "후계자 문제를 입에 올리는 자는 야심가다. (후계자 문제는) 논의도, 문제 제기도 하지 마라."라고 지시했다고 한다. 후계자 문제는 잠시 '터부'로 봉인된다.

북일 정상회담에서 납치를 인정한 이유

김정일이 2002년 북일 정상회담에서 일본인 납치를 인정하고 사과함으로써 국제사회의 예상을 뒤엎는 대응을 한 것은 무슨 이유일까?

그해 김정일은 초조와 불안 속에서 새해를 맞았다. 2001년 9월 11일 소위 '9.11 테러'를 당한 미국은 '테러와의 전쟁'을 선언했다. 테러 리스트를 은닉했다는 이유로 아프가니스탄을 공격, 이슬람 원리주의 세력인

탈레반 정권을 붕괴시켰다. 그 뒤를 잇는 표적은 전 미국 대통령 조지 W 부시가 테러를 지원하는 '불량 국가'라고 지적한 이라크, 이란, 북한이 될 것으로 보였다.

북한의 일본에 대한 접근은 이 시기와 중복된다. 극비 교섭을 맡았던 당시 일본 외무성 아시아대양주 국장 다나카 히토시田中均는 「내가 본 고이즈미 외교 4년간의 진실」에서 북한과 수면하의 협의를 시작한 것은 그해(2001년) 10월 말경이라고 말하고 있다.

"김정일 정권은 굶주리는 국민에게는 눈도 주지 않고 계속 대량 파괴무기로 무장을 하고 있다."

부시는 2002년 1월 일반교서 연설에서 김정일 정권을 '악의 축'이라고 규탄하며 선제공격도 불사할 것임을 시사했다. 대북 포위망을 좁히기 위해 다음 달 동맹국인 한국과 일본 등을 찾았다. 일본에서는 맹우라고 할 수 있는 고이즈미 준이치로 총리에게 '대테러 전쟁' 지원을 촉구했다. 고이즈미는 단호하게 함께 맞서겠다며 전면적인 지원을 약속했다. 대통령 부인 로라 부시도 회고록에서 9월 동시 테러 후 제일 먼저 손을 내민 것은 일본의 고이즈미 총리였다고 회고하고 있다.

한국에서도 김대중 전 대통령 앞에서 "북한은 가장 위험한 무기상이다. 결코 좌시하지 않겠다. 김정일은 악랄한 독재자다."라고 혐오감을 감추지 않았다. 북한은 '반테러 명목으로 감행된 미제(미국)와 남조선의 반공화국 정책'이라며 강하게 반발했다.

김대중은 4월 김정일을 달래기 위해 대통령 외교·안보·통일 특별보좌관 임동원을 평양에 파견했다. 임동원은 "부시 대통령은 북을 신용하지 않으며 대화에 부정적이다. 어떠한 대가도 없다는 입장이다."라고 김정일에게 말하고 이렇게 마무리했다.

"그러나 김대중 대통령은 정상회담에서 부시 대통령으로부터 북을 공격하지 않겠다는 약속을 받아 냈다."

식사를 곁들인 5시간에 걸친 면담에서 김정일은 "미국과는 사업(관계)을 잘하려고 노력해 왔다. 부시 대통령은 잘해 보자면서도 우리를 무시하고 험담을 하고 있다."라고 미국에 대한 복잡한 감정을 토로하며 이렇게 덧붙였다.

"자, 더 이상 험담을 하지 않는다면 나도 김 대통령의 권유를 받아들여 미국과 대화를 할 용의가 있다."

이런 말도 했다.

"미국이 탈레반에 이겼다고 우쭐하지만 우리를 (탈레반과) 마찬가지라고 생각한다면 오산이다. 전쟁을 하고 싶다면 해봐라. 물론 우리도 평화공존을 정말로 바라고 있다."

임동원은 고이즈미로부터의 메시지도 김정일에게 전했다. "납치 문제에 진전이 있다면 국민을 설득해 관계 개선을 추진할 의사가 있다."는 내용이었다고 한다. 임동원은 일본인 납치는 '과거에 과격한 망동 분자가 한 짓'이라는 정도로 인정해 유감의 뜻을 표시하고 조기에 귀환시키는 것이 좋을 것이라는 '김대중의 생각'을 전하며 설득했다고 회고록에서 주장하고 있다. 김정일은 일본과 대화를 하겠다고 약속했다고 한다.

한편 김정일은 러시아 극동 지역을 비공식으로 방문해 대통령 푸틴에게도 지원을 요청했다. 8월 23일 블라디보스토크에서 만나 단도직입적으로 말을 꺼냈다.

"퇴역 항공모함을 달라. 핵심 설비를 제거한 것이라도 괜찮다. 디젤 잠수함 4척과 수호이 전투기 1개 편대(4기), 공격용 헬리콥터를 제공해 달라."

터무니없는 요구에 푸틴은 "무력 증강이 목적이라면 응할 수 없다." 라고 한 마디로 거부했다고 전해진다. 시찰을 간 전투기 공장에서는 SU(수호이)-27 조종석에 직접 앉는 등 요란을 떨기도 했다고 하지만 그 후 잠수함 기지 등의 방문을 취소하고 24일 빈손으로 귀국했다.

의지하려던 푸틴에게서도 외면을 당한 김정일은 귀국 후 곧바로 북일 정상회담의 예정을 서두르도록 지시했다고 한다. 11월경으로 예상되던 고이즈미 방북은 2개월 앞당겨지게 된다. 장기간 교착상태가 계속되던 국교 정상화 교섭을 매듭짓고 일본으로부터 많은 경제 원조를 끌어내려는 것이 목적이었다고도 하지만 그보다는 부시가 구축한 대북 포위망을 무너뜨리기 위해서는 일본과의 정상회담에 매달리는 것 외에는 방법이 없는 상황이었다.

최근 입수한 일본 외무성의 극비 문서에 의하면 9월 17일 첫 북일 정상회담에서는 다음과 같은 대화가 오갔다고 전해진다.

"북일 관계를 정상화하는 데 있어 해결해야 할 기본 문제는 과거 청산이다. 일본 측의 진지한 대응을 바란다."

김정일은 이렇게 말을 하고 일본인 납치 문제에 관해서는 '일부 망동 분자가 한 짓'이라고 전제하며 지금까지의 김정일의 태도로 보아서는 생각하기 어려운 말을 했다.

"나로서는 이 자리에서 유감이었다고 사죄하고자 한다. 이런 짓은 두 번 다시 일어나지 않도록 조치를 취하겠다."

한편 고이즈미는 핵 개발에 대한 '미국의 우려'도 언급했다.

"귀국은 전쟁 준비를 그만두고 경제 개발에 힘을 기울여야 한다. 이를 위해서는 핵 문제에 관해 약속을 지키는 것이 중요하다."

김정일은 "핵 문제는 미국과의 문제다. 일본과 이야기할 문제가 아니다."라고 노골적으로 반발했다.

"미국은 약속을 지키지 않는다. 미국이 조선(북한)과 관계 개선을 하려는 의사는 1%도 없는 것이 아닌가? 조선을 '악의 축'이라고 했다."

김정일은 흥분한 어조로 이렇게 말하기도 했다.

"전쟁이냐 대화냐. 우리는 실제로 싸워 봐야 한다고 생각하고 있다. 그러나 대화의 문도 항상 열어 놓고 있다."

동석했던 당시 관방장관 아베 신조安倍晋三에 따르면 "김정일은 초조해 있었다. 감정적이었다. 어떤 의미에서는 매우 궁지에 몰려 있었다."라고 한다. 반면 김정일은 고이즈미에게 이런 요청도 했다.

"일본은 미국의 동맹국이다. 미국과 가장 신뢰하는 관계에 있는 아시아의 나라다. 일본의 리더인 고이즈미 총리가 문제 해결을 위해 노력해 주기 바란다."

김정일은 여론이라는 존재를 이해하지 못했다. 납치 피해자 5인은 생존해 있다고 했지만 억지로 뜯어 맞춘 듯한 사망 원인 관련 자료를 보여 주며 요코다 메구미 등 8명은 사망했다고 했다. 이런 북한 측 주장에 일본 여론은 거세게 반발하며 김정일에 대한 분노가 어느 때보다 거세게 불타올랐다. 미국을 견제하는 데 일본을 이용하려던 김정일의 기대는 어이없이 깨져 버렸다.

핵 엄포가 만들어 낸 6자회담

"우리가 미국 놈들의 강경책에 초강경 자세로 대한한 것이 얼마나 정당했던 것인가?"

2006년 12월 노동당 중앙위 간부와 과학자들을 상대로 한 강연 기록에 따르면 장순용張淳勇이라는 이름의 선전선동부 간부로 보이는 인물은 김정일의 외교 수완에 관해 이렇게 역설했다.

"미국은 이라크는 때리지만 공화국에는 손을 대지 못한다. 왜? 위대한 장군님이 주도권을 쥐고 공격적인 외교를 펼치고 있기 때문이다."

한국 국가정보원에서 북한을 담당하는 제3차장을 지낸 서훈徐薰은 김정일 외교의 최대 특징은 벼랑 끝 전술이라고 지적한다. "내 차는 브레이크가 듣지 않는다. 죽고 싶지 않으면 비켜라."는 식의 '치킨게임'을 좋아한다고 한다. 김정일은 "우리의 전술은 상대에게 죽음을 생각하게 만들어 자신은 사는 것이다."라는 말을 늘 했다고 한다.

미국의 조지 W 부시 정권은 '대량 파괴 무기 보유'를 이유로 2003년 이라크와 전쟁을 벌여 사담 후세인 정권을 붕괴시켰다. 김정일 정권에 대해서도 같은 자세로 임했다. 핵무기에 필요한 고농축우라늄을 개발하고 있다는 증거가 있다며 2002년 10월 미 국무부 차관보 제임스 케리가 평양에 갔다. 북한 제1외무차관 강석주는 고농축우라늄은 실제로 있다고 깨끗하게 인정하며 예상치 못한 대응을 펼쳤다. "핵무기는 물론 그것보다 더 강력한 것도 가질 수밖에 없다. 전쟁을 하고 싶다면 할 용의가 있다."라고 역으로 위협하며 나왔다. 이런 말을 하도록 한 것은 김정일이었다. 장순용의 강연 기록에 따르면 미국 놈들에게 핵무기가 없다고 하지 말라고 강력히 지시했다고 한다.

"'핵무기가 없다'고 하면 사실대로 말하는 것이 되지 않는가? 과감하게 '우리도 가질 수 있다'고 말해라."

전 파키스탄 대통령인 페르베즈 무샤라프의 자서전에 따르면 1999년부터 칸 박사가 북한에 (우라늄 농축을 위한) 원심분리 기술을 지원했으며 약 20기의 원심분리기를 건넸다고 되어 있지만 케리가 방북했을 때 북한은 아직 우라늄 농축에 성공하지 못한 것으로 분석된다. 핵 개발 동결을 약속한 제네바 회담을 위반했다며 미국은 중유 공급을 중단하기로 발표했다. 평화 무드에 젖어 있던 한반도에 다시 긴장이 찾아왔다. 이에 초조감을 느낀 것은 중국이었다. 중개역을 자처하고 나선 중국 정부의 주선으로 베이징에서 2003년 4월 북한, 미국, 중국의 3개국 협의가 열렸다.

"위대한 장군님은 대국 러시아를 완전히 수중에 넣고 러시아를 지렛대 삼아 지구를 움직이고 있다. 유럽 연합(EU)과 일본에 대해서는 끌어들이기 전략이다."

강연 기록 중에서 장순용은 김정일의 외교 전략을 이렇게 설명하고 있다. 푸틴과의 밀월을 가리키는 말이기는 하지만 '지구를 움직인다'는 것은 심한 과장이 아닐 수 없다. 그러나 북한은 일본과 정상회담을 하는 한편 이탈리아와 영국, 독일과 국교를 수립하고 있었다. 장순용은 이렇게 말을 계속한다.

"미국은 견제하고, 중국은 애를 태우며, 남조선은 가지고 논다. 이것이 장군님 외교의 특징이다."

북·미·중의 3자 협의는 중국에 대한 '초조하게 만들기' 전략이 주효한 결과라고도 말할 수 있다. 그러나 북한 대표 이근李根은 "나는 당신에게 우리는 핵무기를 갖고 있다고 말하고자 한다. 우리는 핵무기를 포기하지 않는다."고 일방적으로 케리에게 말해 협의는 첫날에 결렬됐다. 다시 '벼랑 끝' 전술로 치킨게임을 걸어 온 것이다. 그러나 그 결과는 북한에 불리하게 작용했을 뿐 아니라 8월에는 북한 편을 들었어야 할 러시아와 중국이 미국, 일본, 한국과 함께 북한 문제를 협의할 자세를 보였고 결국 중국을 의장국으로 한 6자회담으로 이어졌다.

"나는 진정으로 김정일을 믿지 않는다. 그는 거짓말을 한다. 나는 자국민을 굶기는 자를 신용하지 않는다. 그는 폭군이다."

부시는 2004년 11월 칠레에서 열린 아시아태평양경제협력회의(APEC) 정상회담에서 노무현盧武鉉 전 대통령에게 이렇게 얘기했다.

그러나 노무현은 "나는 다른 생각을 갖고 있다. 협의란 원래 믿을 수 없는 사람과 하는 것이다. 그것이 대화가 아닌가?"라고 대화에 의한 해결을 호소했다.

김대중의 햇볕정책을 계승했다고 자임하는 노무현은 다음 달 영국 방문에서 부시의 맹우인 토니 블레어 총리에게 "도덕적인 판단이 아니라 현실적으로 문제를 해결하도록 부시 대통령을 설득해 달라."라고 했다. 그러나 부시 정권의 견해가 바뀌는 일은 없었고, 2005년 1월 미 상원 공청회에서 차기 국무장관 콘돌리자 라이스는 북한을 '폭정의 전초기지'라고 비난했다.

북한은 이에 반발해 2월 6자회담 무기한 참석 중단과 '핵무기 보유'를 선언했다. 그럼에도 노무현은 일관되게 부시를 설득하려고 했다. 6월의 정상회담 후 기자회견에서 김정일에게 '미스터'라는 경칭을 붙여 부르도록 요청하기도 했다. 부시가 마지못해 '미스터 김'이라고 호칭하자 북한은 적장의 머리라도 얻은 듯 미국 대통령이 "우리 최고 수뇌부에게 선생(미스터)이라는 존칭을 사용한 것에 유의한다."라고 발표했다. 노무현의 특사로서 평양을 방문한 통일부 장관 정동영鄭東泳에게 김정일은 이 일을 상기시키며 노무현 대통령의 노고에 감사한다고 전해달라고 했다.

6자회담이 재개되고 그해 9월 회담에서 북한은 '미국에게 공격 의도가 없음을 확인'하는 것을 조건으로 '핵 포기'에 동의했지만 곧바로 암초에 부딪쳤다.

미국 정부가 북한에 의한 '자금 세탁' 의혹을 제기하며 마카오의 은행 방코델타아시아(BDA)에 대한 제재를 발동하여 계좌를 동결한 것이다. 그러자 북한은 강경 입장으로 돌아섰다. '미국의 적대시 정책'에 대한 '자위'를 내걸고 2006년 7월에는 탄도미사일을 발사했고, 10월에는 첫 핵실험을 강행했다. 미사일 발사 날짜는 미국 동해안의 경우 독립기념일 저녁에 해당한다.

"미국 국민들이 독립 기념일 축하 불꽃놀이를 보려고 TV 앞에 앉았지만 화면에 비친 것은 공화국의 미사일 발사였다."

북한의 노동당 간부를 위한 강연 자료에는 그날 일을 이렇게 묘사하고 있다.

"세계 사람들은 뭐라고 말했는지 아는가? (놀란 미국인들이) 그날 저녁 벌린 입이 다음 날까지 닫히지 않았다고 했다."

김정일은 핵 개발을 포기할 생각이 털끝만큼도 없었다. 미국을 견제하고, 중국의 애를 태우고, 한국을 가지고 논다는 전략이었다. 주변국들이 만든 6자회담이라는 무대는 아이러니컬하게도 북한이 실제로 핵을 가지고 첫 실험을 할 수 있도록 시간적 유예만 주었던 것이다. 이런 '성공담'은 김정일 사후에도 계속된다.

제 7 장

미완의 유훈

시작은 가벼운 뇌졸중

"김정일은 누구보다도 건강했다. 언뜻 보기에 뚱뚱한 듯했지만 등산과 계단 뛰어오르기를 할 때 수행원이 따라갈 수 없을 정도로 체력이 좋았다."

11년간 김정일의 경호원으로 근무했던 이영국李英國은 이렇게 회고했다.

그러나 2007년경부터 노쇠함이 눈에 띄기 시작했다. 격무에 불건전한 생활이 겹쳐 건강을 해쳤다. 2006년부터 2007년 초, 경미한 뇌졸중이 일어나 오른팔을 자유롭게 움직이지 못하게 됐다. 외부에는 철저하게 감췄지만 한미 정보 당국은 그가 취미로 매주 가던 사격을 그만두고 사냥도 가지 않게 됐다는 정보를 입수하고 건강 상태를 한층 더 주시하기 시작했다. 김정일이 무리를 거듭한 데는 이유가 있다. 핵 개발을 무기로 한국과 국제사회로부터 지원을 얻어 내고 후계 체제를 굳히려 서둘렀던 것이다.

2006년 신년사에서 '금년은 사회주의 강성 대국의 여명이 터오는 한 해'라고 말했으며, 2007년 신년사에서는 김일성 탄생 100주년이 되는 2012년은 강성 대국의 대문을 활짝 여는 한 해로 만들자며 경제 건설을 독려했다. 그러나 이 시기는 국제사회의 역풍을 만나는 시기이기도 했다. 미국의 금융 제재도 있었고, 2006년 7월의 탄도미사일 발사와 10월의 핵실험으로 유엔안전보장이사회가 처음으로 북한에 대한 제재를 결의했다.

미사일 발사와 핵실험은 미국 제재에 의해 마카오의 은행 방코델타아시아(BDA)의 북한 관련 계좌가 동결된 데 대한 반발이라는 견해도 있었지만 목표 달성을 위해 이미 결정된 계획에 따른 것에 불과했다.

"로켓 발사장은 몇 차례나 불바다가 됐다."

2006년 10월에 작성된 것으로 보이는 간부용 강습 자료에는 함경북도 무수단舞水端 미사일 기지에서의 실험 실패를 이렇게 묘사하고 있다.

"과학자들이 어떻게 하면 좋을지 몰라 당황하면 그때마다 위대한 장군님은 '괜찮다, 괜찮아, 계속하라.'고 말씀하셨다."

김정일은 "나는 공장이 가동되지 않고 있고, 주민들이 굶주리고 있는 것도 잘 알고 있다. 그래도 자금이 조금이라도 만들어지면 모두 로켓에 투입했다. 그렇게 했기 때문에 우리는 놈들(미국)에게 먹히지 않았다. 언젠가는 인민들도 이해해 줄 것이다."라고 말했다.

내부 고발 사이트 위키리스크가 공개한 외교문서에 따르면 2006년 8월 노무현은 언론사 간부들에게 미국 조지 W 부시 정권의 대북 자세에 대해 이렇게 말했다.

"인도의 핵 보유는 인정하면서 북한의 핵은 안 된다고 하는 것은 도저히 이해할 수 없다."

BDA 제재에도 반대했다. 2005년 11월 방한한 부시에게 "각하와는 부주가 맞지 않는다. 북한이 자금줄을 막아 살기 어렵게 하는데 북한이 우리를 신뢰할 리 있는가?"라고 말했다. 부시는 "김정일은 누구보다 많이 미국 달러를 위조했다. 한국 돈을 위조했다면 당신은 가만히 있을 것인가?"라고 반문하며 "그가 자국민을 굶주리게 하는 것에는 참을 수 없다."라고 노무현의 제재 해제 요청을 거부했다.

미국의 금융 제재가 해제된 것은 김정일이 뇌졸중을 일으킨 후인 2007년 3월이다. 비밀 자금의 흐름을 봉쇄한 미국의 제재가 김정일에게 강한 스트레스가 돼 뇌졸중이 일어났다고도 추측할 수 있다.

이 시기 후계 체제의 준비라고도 보이는 움직임이 확인되고 있었다. 3월 아내 고용희가 생전에 차남 김정철, 삼남 김정은과 함께 지냈던 중국 국경에 가까운 평안북도 창성昌城초대소를 '혁명사적지'로 정비하는 사업에 착수했다. '추억이 깃든 창성초대소'라고 김정일의 전 요리사 후지모토 겐지는 기록하고 있다. 일설에는 김정은이 태어난 장소라고도 하며, 아들 형제가 농구에 열중하고, 고용희와 승마를 즐기던 김정일에게 있어서는 '추억이 깃든' 편안히 쉬던 곳이었다.

뇌졸중 후 김정일은 감상적이 되는 경우가 늘어났다. 2004년 사망한 고용희를 생각하며 눈물을 흘리고, 비밀 파티에서 서로 흥겹게 놀던 측근들을 그리워하는 모습도 목격됐다. '김용순이 살아 있었다면 큰일을 했을 것'이라고 전 대남담당 서기의 죽음을 아쉬워하거나, 죽은 전 외상 허담과 전 정무원 총리 연형묵 등의 이름을 몇 번씩 입에 담기도 했다.

"뜻깊은 2006년 12월 24일, 김정은 대장 동지는 김일성군사종합대학의 졸업 증서를 받았다. 이날 김정은 대장 동지는 주체의 선군 혁명을 빛나게 이어받았다."

북한 내부 자료는 김정은이 이날 김정일로부터 '혁명 전통'이라는 바통을 물려받았다고 쓰고 있다. 12월 24일은 김정일의 어머니 김정숙의 생일이다. 이런 특별한 날에 '선군 혁명'을 이어받았다고 함으로써 김정은 체제의 정통성을 강조하려는 의도가 엿보인다. 그러나 이는 한참 후일에 억지로 만들어 붙인 듯한 냄새가 난다.

이 무렵 김정은은 졸업논문으로 위성위치확인시스템(GPS)을 활용한 작전 지도에 기초한 작전 계획을 제출했다고 전해진다. 김정일은 "아주 독창적이다. 착상이 기발해 감격했다."라고 칭찬했다고 전해진다. 당시의 김정은은 노는 데 열중해 학업에는 별로 관심이 없었다는 이야기도 있어 이 설명도 후일에 김정은의 권위를 만들어 주기 위해 과장되게 묘사했을 가능성이 있다. 아무튼 창성초대소의 사적화가 보여 주듯이 자신의 건강에 불안을 느낀 김정일이 이 시기를 전후해 아들에게로의 권력 이양에 정식으로 몰두하기 시작한 것은 확실한 듯하다.

그러나 우상화에 의한 후계 체제 만들기에 찬물을 끼얹는 사건이 일어났다. 김씨 일족에게 사치품을 공급하는 무역회사 '조선능라綾羅888'의 함경북도 지부 책임자 등이 돈이 된다며 백두산 지역에 있는 '구호목'을 베어 수출한 것이다. 구호목은 항일 빨치산 시절 부대원들이 김정일의 탄생을 축하하고, 김일성의 투쟁을 찬양하는 구호를 새겼다고 선전하는 나무다. 실제로는 1980년대 '보존 사업'을 벌이며 만든 것이지만 '백두산 혈통'이라고 부르는 세습을 정당화하기 위한 중요한 물증의 하나로 삼는 것이다. 격노한 김정일은 "구호목을 지키기 위해 목숨을 바친 충신도 있는데 돈 때문에 벌채한 놈도 있다. 이런 비사회주의적 현상을 근절하라."라고 명령하고 2007년 7월 책임자를 공개 처형했다.

이 사건을 전후로 김정일은 2000년부터 시장 원리의 부분적 도입을 위해 시범 운영해 온 경제 개선 조치를 중단하고, 장마당(암시장) 등 서민 생활을 지탱해 온 경제활동도 철저히 단속하는 강압 정책으로 돌아선다.

정은 외에 대안이 없다

김정일은 2007년 후반 건강이 좋아진 듯이 보였다. 10월에는 노무현 전 대통령을 평양으로 맞아들여 카메라 앞에서 건재를 과시했다. 그러나 다시 뇌졸중이 찾아왔다. 응급조치로 목숨은 구했지만 병상은 심각했다.

쓰러진 것은 2008년 8월 14일. 파리 산타누 병원의 신경외과 부장 프랑스와 구자비에 루 등 의사단이 북한 정부의 요청으로 달려갔다. "환자는 집중 치료실에 있었다. 처음에는 병원 측이 익명의 진료 차트 몇 장을 보여 주었다."라고 후에 루는 AP통신 등에 회고했다.

"그 가운데 한 사람이 특별히 심각한 상태였다. 환자는 김정일 총서기였다."

루는 북한 의사단에 조언하고 치료법을 결정하는 역할을 맡았다. 그는 10일 정도 머무르다 김정일이 의식을 되찾은 후 일단 귀국했다. 루는 9월과 10월에도 평양을 방문했다.

루에 따르면 집중 치료실에서는 자녀 2명이 항상 곁을 지키고 있었다고 한다. 김정일의 삼남 김정은과 막내딸 김여정인 것으로 후에 판명됐다. 김정은은 당시엔 뚱뚱하지 않았다고 한다.

"두 사람은 아버지의 상태를 매우 염려했다. 다른 자녀들의 모습은 한 번도 보지 못했다."

김정은으로 보이는 아들은 매우 예의가 바른 청년이었다고도 증언하고 있다.

김정일이 쓰러지기 얼마 전, 김정남이 산타누 병원을 방문한 적이 있었다. 그러나 루에 따르면 아버지에 관한 것이 아니라 개인적인 상담이었다고 한다. 아버지의 병실에 김정남이 얼굴을 내민 적은 한 번도 없었다. 차남 김정철과 장녀 김설송도 목격되지 않았다. 당시 24세의 김정은과 20세의 김여정이 김정일의 애정을 독점하고 있었던 것이다.

김정남의 이모 성혜랑의 수기에 따르면 1987년 김여정이 태어난 후(2017년 공개된 미국 정보 당국의 자료에는 1989년으로 되어 있음) 장남 김정남에게 쏟았던 '이상할 정도의 애정'은 완전히 김정은과 김여정 남매에게 옮겨갔다.

"김정일의 애정은 하나를 버리고 다른 곳으로 넘어간다."(성혜랑)

제네바의 국제학교를 다니던 당시 16세의 김정남은 학업은 거들떠보지 않았다. 밤이 되면 바에 가곤 했다. 돈을 헤프게 쓰기 시작했다. 외국인 여자와 동거도 해 그를 돌보던 성혜랑은 1989년 김정남을 데리고 급거 귀국했다. 김정일의 애정은 눈에 띄게 식어 갔다. 귀국의 원인이 바람기에 있었던 것도 마음에 들지 않았다. 변덕스러운 여성 편력을 해온 자신을 보는 듯해 싫었는지도 모른다.

그 반작용도 있었는지 김정은과 김여정은 될 수 있으면 곁에 두고 귀여워했다. 남매는 5년 정도 유학 기간 중 정월과 명절에 귀국하면 수개월간은 돌려보내지 않고 함께 지냈다. 김정일의 전속 요리사 후지모토 겐지의 수기에서도 남매에 대한 편애가 엿보인다고 했다. 가족사진에서 김정일과 고용희의 양옆에 붙어 있는 것은 늘 이들 남매였다.

병상에서도 늘 옆에 붙어 있던 것은 김정은 남매였다.

의식을 찾은 김정일은 맨 먼저 자신의 건강 상태와 앞으로 어떻게 될지를 알고 싶어 했다. 루는 독재자라고 생각하고 있었지만 그가 보통의 환자와 다를 게 없다는 것에 놀랐다고 한다.

"그는 내가 어떤 판단을 내릴지 매우 신경을 썼다. 앞으로 정상적인 생활이 가능할지, 정상적으로 걸을 수 있을지, 일을 할 수 있을지 등에 대한 대답을 요구했다."

의식이 돌아온 2주 후부터 재활 치료를 시작했고 프랑스 영화와 와인을 화제로 흥겹게 이야기하기도 했다. 한편 자신의 건강 상태가 예단을 할 수 없는 상태라는 것을 안 뒤 후계자 문제를 결말 지으려고 서둘렀다. 2011년 빈에서 망명한 전 북한 고위 관리는 "(2008년) 9월부터 김정일은 비정기적으로 가족회의를 열어 후계자 문제를 논의했다."라고 증언한다. 주로 얼굴을 맞댄 것은 여동생 김경희와 장성택 부부다. 고용희가 죽은 후에는 김정일의 주변을 돌봐 준 여성 김옥金玉과 김정은을 포함해 4명이 주요 논의 대상이었다.

어느 날 식사 자리에서 김정일은 천천히 입을 뗐다.

김정일: 건강이 좋지 않다. 의사는 언제 다시 뇌졸중이 올지 모른다고 한다. 후계자를 결정하고 싶다. 셋째 정은이는 어떤가?

김경희: 오빠, 무슨 소리예요? 아직 사리 분별도 못 하는 철부지잖아요! 어떻게 나라를 맡겨요.

고모의 말에 김정은은 젓가락을 던지고 일어나 방을 뛰쳐나갔다고 전해진다.

여동생에게 김정일은 고통스러운 듯이 물었다.

"대안이 없지 않은가?"

처남의 의중을 읽은 장성택은 반대도 하지 않고 적극적으로 추천도 하지 않았다. 후계자로서 '김정은'의 이름을 맨 먼저 거론한 것이 장성택이라는 증언도 있지만 그저 듣기만 했다는 것이 사실인 듯하다.

후계자 문제가 얼마나 민감했는지를 장성택은 아주 잘 알고 있었다. 장성택은 사람을 모아 호화 파티를 한 것이 '종파(파벌) 행위'로 간주돼 2년 가까이나 가혹한 노동과 사상 교육을 받아야 하는 '혁명화 교육'을 체험한 경험이 있다. 실제로는 어떻든 김정남을 돌보아 온 장성택을 좋게 생각하지 않던 고용희와 노동당 조직지도부에서 간부 인사를 통괄하는 제1부부장 이제강 등에게 걸려들 가능성이 높았다. 이제강 등은 김정철 형제를 지지하고 있어 장성택은 자기도 모르는 사이에 후계자 싸움이라는 호랑이 꼬리를 밟고 있었던 것이다.

장성택은 김경희의 몇 차례에 걸친 중재로 2005년 말 복귀해 그 후 조직지도부에서 행정과 사법을 담당하는 또 다른 제1부부장에 올랐다. 그러나 2006년 7월 인민군 중장이던 형이 죽고, 8월에는 파리에 유학 중이던 외동딸 장금송이 자살했다. 장성택 본인도 교통사고를 당하는 등 불행이 잇따라 찾아왔다. 그런 가운데서도 김정일이 혼수상태에 빠졌을 때 프랑스 의사단을 불러 치료키로 방침을 정하는 등 김정일 일가 안에서의 발언권은 가지고 있었다. 그러나 그 반면 친척 관계이기 때문에 추종자를 만들기 쉽다고 보고 매부에게 권한이 집중되는 것을 경계했던 김정일은 후계 체제에 대비한 정권 내 지반 굳히기는 장성택의 라이벌인 이제강에게 일임하고 있었다.

정식으로 김정은을 후계자로 결정한 것은 2008년 말에 열린 당중앙지도부회의다. 누가 참석했는지는 아직도 밝혀지지 않고 있다. 다음 해 김정은 생일인 1월 8일, 김정일은 이제강을 불러 김정은을 후계자로 결정했음을 당내에 알리도록 지시했다. 이제강이 조직지도부 과장급 이상 간부들을 긴급 소집해 '결정 사항'을 전달하고, 지방의 도道 당위원회에 통보한 것은 같은 달 중순으로 보인다.

오랫동안 '군주제'와 같은 통치에 길들여진 정권 내에서 결정을 의문시하는 간부는 거의 없었다. 최고 권력자가 '대안이 없다'며 결정한 후계자이기는 해도 당연한 것으로 받아들이는 분위기가 지배적이었다.

김정은은 절대 안 돼

건강 불안설을 잠재우기 위해 김정일은 2009년이 되자 현지 시찰 횟수를 예년의 배로 늘렸다. 그러나 누가 봐도 중병을 앓고 있다는 것을 알 정도로 모습은 초췌하기 그지없었다. 뚱뚱한 배는 풍선에서 바람이 빠진 듯이 쑥 들어갔고 머리카락도 많이 빠져 있었다.

앞으로 살날이 많지 않은 것을 각오라도 한 듯 김정일은 후계 체제의 기반이 될 경제 건설에 힘을 쏟았다. 평양에 10만 세대분의 주택 건설을 지시하고, 심각한 전력난 해소를 위해 자강도 희천수력발전소 완성을 서둘렀다. 비밀 자금을 관리하는 노동당 39호실로부터 800만 달러를 염출하고, 국경을 접한 중국 단둥시로부터 3년 기한으로 2천만 달러를 차입해 그해 1월 겨우 주택 건설에 착수했다. 막 후계자로 지명된 삼남 김정은에게 건설의 지휘봉을 맡겼다.

"김정은은 '150일 전투'라는 슬로건을 내걸고 인해전술로 공사를 벌이려 했다."

2011년 한국으로 망명한 전 북한 고관 김철주(가명)는 이렇게 설명하고 있다.

김정은은 멋진 20~25층의 고층 주택 건설을 제안했다. 대학생을 동원해 '속도전'을 전개했지만 인력만으로는 한계가 훤히 보였다. 마침 2000년대에 들어 최악의 식량난이 닥치기도 했다. 유엔세계식량계획(WFP)은 2008년도 북한의 식량 생산량은 약 334만 톤으로 추정했다. 수요를 맞추려면 200만 톤 가까이나 부족했다. 김정일이 측근들에게 '자금조달 방법의 고안'을 지시한 것은 2009년 봄으로 보인다. 이에 따라 나온 것이 '화폐교환 조치'다. 디노미네이션(통화 단위 호칭 절하)을 말하는 것으로 통화 단위를 절하해 물가 상승에 대처한다는 것이 그 명분이었다. 그러나 1990년대 200만 명 이상이 굶어 죽은 '고난의 행군' 이후 암시장 거래로 돈을 번 신흥 부자층에게 그동안 모은 돈을 토해 내게 하는 것이 실제 노림수였다.

당시를 아는 탈북자의 증언 등을 종합하면 박남기가 부장으로 있는 당 계획재정부가 제안한 디노미네이션을 성급히 추진한 것은 성과 내기에 급급했던 김정은이었다. 군사작전처럼 '전격적'으로 실행토록 했다고 한다.

김철주에 따르면 "디노미네이션은 주민들로부터 (실물인) 금을 회수하는 작업으로부터 시작됐다. 각 중앙 기관의 직원들은 지방에 계속 나가 금을 사 모았다."라고 한다. 북한에서는 금을 개인적으로 거래하는 것은 금지돼 있다. 그러나 배급이 끊어진 '고난의 행군' 시절 외국 상품과 확실히 교환할 수 있는 금을 선호하는 주민들이 늘어 금광 주변과 사금이 나는 지역, 장마당(암시장)에서 비밀리에 거래가 됐다. 당국은 금 1그램당 20만 원(한국 돈 약 7만 원 상당)을 지불하고 정부가 인정하는 거래증명서도 발행했다.

통화 가치의 변동에 좌우되지 않고 국제적 신용이 있는 금을 확보한 후 북한 당국은 2009년 11월 30일, 구화폐 100원을 신화폐 1원으로 교환하는 화폐교환 조치를 발표했다. 현금 교환은 1세대당 10만 원까지로 제한됐다. 한도액을 넘는 구화폐를 장롱 속에 감추어 놓으려고 해도 휴지가 돼 신흥 부자층에게는 큰 타격이 됐다.

화폐교환은 12월 7일 끝났다. 큰일을 끝낸 아들을 칭찬하기 위해 김정일은 그해 말 중앙 본부 당 간부들을 모아 축하회를 열었다. 디노미네이션의 실시 상황에 대해 설명한 박남기는 '정부가 계속해서 재정 건전성을 관리할 수 있을지는 의문'이라는 의외의 말을 했다.

"재정 흐름이 초기 계획과는 다른 방향으로 가고 있다는 불안을 씻을 수 없다. 건설 사업 규모를 축소하기 바란다."

박남기는 주민의 불만이 폭발 직전이라는 것을 알고 있었다. 김일성 초상을 인쇄한 구화폐를 쓰레기로 버리는 사람, 파산해서 자살한 사람이 속출하고 있었던 것이다.

"(비밀경찰인) 국가안전보위부가 구화폐를 반환하지 않는 사람을 처벌한다고 위협했지만 응하는 주민은 적었다."(김철주)

화폐 가치의 급변으로 물가는 폭등했다. 매점매석도 횡행했다. 신화폐로 환산해 1킬로그램에 50원 하던 돼지고기 가격이 순식간에 2천 원으로 뛰어올랐다. 쌀값도 30배나 급등했기 때문에 암시장에서도 매매가 이루어지지 않고, 노동자에 대한 임금 지불도 중단되는 지경이었다. 실태를 알면서도 간부들은 모두 입을 다물고 있었다.

박남기는 김정일의 면전에서 완곡하게 궤도 수정을 제안할 생각이었다. "1989년 축전(세계청년학생축전) 때 거국적으로 시행한 10만 세대(주택) 건설의 후유증은 아직 가시지 않았다."라며 현실을 자세히 설명했다.

"더구나 그때와 상황은 다르다. 설계대로라면 재정 지출이 배 이상이 될 것이다. 다시 '고난의 행군'을 시작하지 않으면 안 될지도 모른다."

연회장이 일순간에 조용해진 가운데 김정일이 입을 열었다.

"평양시 10만 세대 건설은 우리나라의 백년대계이며 중요한 사업이다."

특히 박남기가 '고난의 행군'이라는 단어를 쓴 것이 역린逆鱗을 건드렸다. 셀 수 없이 많은 무고한 주민들을 죽음으로 몰아넣은 자신의 실정을 상징하는 것이었기 때문이다.

"동요분자와는 함께 일을 할 수 없다."

화를 내며 김정일이 자리에서 일어나자 박남기는 김정일의 경호원들에 의해 끌려 나가 조사를 받는 몸이 됐다. 이후 2010년 3월 계획재정부 부부장이었던 김태영金泰永 등과 함께 처형됐다. 조직지도부 제1부부장 이제강이 집필한 것으로 보이는 책자 『혁명 대오의 순결성을 강화해 나가는 나날들』 등 내부 자료에 의해 판명된 박남기의 죄상은 디노미네이션 실패가 아니라 '간첩죄'였다. '박남기는 친일 분자의 첩 소생이며 지주의 손자'라고 한 후 책자는 이렇게 기록하고 있다.

"조부가 토지를 몰수당한 데 원한을 품고 조국해방전쟁(한국전쟁) 시기 틈을 타 우리 대오에 잠입한 간첩이며 사회주의 경제 건설을 방해하고 자본주의 경제 방식을 채택하려다 체포된 역적이다."

한국 국가정보원의 국회 보고에 따르면 처형 전 박남기는 "그놈만은 절대 안 된다."라고 김정은을 통렬히 비판했다고 한다. 앞뒤 가리지 않고 막무가내로 계획을 추진한 뒤 책임을 회피하는 '도련님'에 대한 분노만은 억누를 수가 없었던 것이다.

"나는 지금까지 좋은 것을 먹고, 좋은 것을 입고, 좋은 생활을 해왔기 때문에 당에는 감사한다."

그러고는 마지막으로 이런 말을 남겼다고 한다.

"그러나 김정은, 그놈만은 안 된다."

누구도 김정은의 책임은 묻지 않았지만 첫 번째 실적을 빨리 내놓으려 서두른 나머지 많은 주민에게 고통을 준 디노미네이션의 실패는 후계자의 권위에 흠집을 내 그 후유증은 오랫동안 가시지 않았다.

후계자 실적 쌓기에 급급

만년에 김정일의 유일한 관심사는 자신이 죽기 전에 김정은 체제를 어떻게 반석 위에 올려놓느냐는 것이었다. 이를 위해서는 김정은이 하루빨리 군부를 중심으로 한 '폭력 장치'를 장악하는 것이 무엇보다 중요하다고 생각한 듯하다.

2009년에 들어서자마자 인민군은 물론 비밀경찰인 국가안전보위부와 경찰인 인민보안성 등 부대들로 하여금 후계자에 대한 충성을 맹세하는 집회를 자주 열도록 노동당 조직지도부를 통해 지시했다. 아들을 데리고 부대 시찰에도 정력적으로 나섰다. 4월에는 김정은과 함께 함경북도 무수단리에 있는 로켓 발사장의 관제 지휘소를 방문해 위성 '광명성 2호' 발사라고 이름 붙인 사실상의 장거리 탄도미사일 발사를 지켜봤다. 발사 후에는 수고했다고 기술진을 치하하고 "위성을 요격하려는 적의 책동에 거꾸로 타격을 가한 것은 우리 김 대장이다."라고 군 간부들 앞에서 아들을 치켜세웠다. 또한 "우리 대장은 반타격 총사령관으로서 육해공군을 지휘했다."고 김정은을 갑자기 사령관으로 불렀다. 상공을 통과하는 미사일이 떨어질 것에 대비해 요격 태세를 갖추고 있던 일본이 요격을 했지만 떨어뜨리지 못했다고 지적했다지만 황당무계하기 그지없다. 이어 5월의 핵실험도 후계자가 '지휘'하는 형태를 취한 것으로 보인다.

이 시기 김정일의 건강 상태는 급격히 악화돼 5월 이후 신장 투석을 받는 신세가 됐다. "나도 예전과는 다르다."라고 허약함을 토로하게 됐고, 군을 감독하는 군 총정치국이나 보위부, 인민보안성으로부터의 보고는 아들이 받게 했다. '경애하는 청년 대장 김정은 동지의 위대성에 관하여'라는 제목이 붙은 군 내부의 강습 자료에 따르면, 각 부대에서는 10월 이후 후계자를 찬미하는 합창 집회나 위대성 교육이 전개되고 있었다. 김정일에 대한 충성이 돈독한 군 관련 조직의 권력 이양은 비교적 순조로운 듯했지만 경제 분야에서의 실적 쌓기는 벽에 부딪혀 있었다.

김일성 탄생 100주년에 해당하는 2012년 4월까지 완성을 목표로 했던 평양 10만 세대 주택 건설은 2010년 정월이 되어도 500세대 정도나마 건설될 수 있을지 알 수 없는 상태였다. 김정은은 '영감'(아버지의) 탓으로 돌렸다. 김정은은 "돈이 없지 않은가? 영감은 자신의 돈(비밀 자금)은 그렇다 쳐도 당 자금이라도 조금 내놓아 주면 좋을 텐데 그것조차 안 한다."라고 불만을 털어놓기도 했다고 한다.

간부들 사이에서는 '장군님이 후계자를 그다지 신뢰하지 않는 듯하다, 경제 문제에 관해 장군님에 대한 (김정은) 대장의 불만이 늘었다.'는 소문이 돌았다. 이 무렵 한미 정보 당국도 "김정일이 아들의 지도력을 검증하기 위해 각종 사업을 맡기고 있지만 조금 실망하고 있는 듯하다."라고 분석했다.

김정일의 기분을 좋게 해주려는 것인지, 거북스러운 아버지를 멀리하기 위해서인지는 알 수 없지만 2010년에 들어서부터 김정은은 "영감에게 주 1회 이상 공연을 관람시키라."는 지시를 내렸다고 한다.

김정일은 2월 북러 우호친선협력조약 체결 10주년을 기념해 연극 '예브게니 오네긴'을 관람했다. 평소에 러시아 음악을 들으면 마음이 안정된다고 말하며 러시아의 고전적 오페라인 '예브게니 오네긴'을 한국말로 번역하여 공연케 한 것도 김정일이었다. 이즈음부터 건강 상태가 나빠진 듯한 김정일을 위해 김정은이 상연을 기획했다고 한다. 탈북한 전 간부에 따르면 이해 3월에도 김정일은 가벼운 뇌졸중을 일으켰다.

이런 사정도 있었기 때문에 정권 운영을 모두 아들에게 위임하기 시작한 바로 그 시기에 한국 측이 서해상에 설정한 북방한계선(NLL) 부근에서 한국 해군 초계함 천안함天安艦이 격침돼 승무원 46명이 희생되는 사건이 일어났다. 한미 정보 당국은 김정은이 대담한 지도자라는 이미지를 만들어 내부 결속을 다질 목적으로 저질렀다는 견해를 보였다.

국제 공동 조사가 실시됐고, 유엔안보리가 비난 결의를 모색하는 가운데 김정일은 5월 병든 몸을 이끌고 베이징으로 향했다. 4년만의 중국 방문은 천안함 침몰에 관해 변명하는 동시에 후계 체제 이행을 정식으로 통보하기 위한 것으로 보였다. 5일 베이징 인민대회당에서 중국 주석 후진타오胡錦濤와의 회담을 가진 김정일은 양국의 과거 지도자들이 쌓아 올린 전통적인 우호는 시간이 흘러 세대가 바뀌어도 변하지 않을 것이라고 말했다. 중국 지도부의 반응은 차가웠다. 후진타오는 거리낌 없는 어조로 5개의 사항을 제안하고 싶다며 경제 협력 강화 등을 언급하면서도 사전 설명도 없이 제멋대로 도발을 거듭하는 북한의 현 체제에 문제를 제기했다. 국영 신화사통신에 따르면 내정 및 외교상의 중대 문제와 국제 지역정세 등 공통의 관심사에 관해 심도 있는 소통을 강화하자고 강력히 요구했다고 한다.

"당신과 나는 같은 나이(실제로는 김정일이 한 살 많다)지만 지도자의 자리에 오른 것은 당신이 훨씬 선배다. 그런데 현실은 어떤가?"

중국사회과학원 연구자에 따르면 회담에서 후진타오는 이렇게 전제한 후 가르치려는 듯이 김정일에게 말했다.

"나는 13억 인민을 굶주리게 하지 않고 있다. 당신은 2500만 명(북한 주민)도 먹여 살리지 못하고 있지 않은가? 그래 놓고 우리에게 와서 식량을 달라고 말한다. 중국과 (북)조선은 같은 시기에 사회주의 사업을 시작했는데 왜 현실은 이렇게 다른가?"

가장 아픈 부분을 찌른 후 김정일이 제일 싫어하는 제안을 내놨다.

"조선도 이제 변해야 할 때라고 생각한다. 당신도 덩샤오핑처럼 개혁개방을 선택해야 하지 않는가?"

부하들이 나란히 앉아 있는 가운데 김정일은 지금까지의 통치를 부정하는 쓴소리를 듣자 체면이 몹시 상했다. 다음 날 총리 원자바오溫家寶가 '개혁개방을 소개하겠다'며 또다시 중국식 개혁 노선을 받아들이라고 종용했다.

방중 후 김정일이 이해하기 어려운 언동을 하는 것이 눈에 띄었다. 평양의 국립연극극장에서 '메아리'를 관람한 후 준공된 지 7년밖에 안 되는 극장의 철거를 즉흥적으로 명령했다. 그렇게 하고는 '메아리'를 그 후 두 차례나 더 봤다. 한국의 국가정보원은 뇌졸중의 후유증으로 치매와 같은 증상이 나타나고 있다고 분석했다. 함경북도 농촌 시찰에서는 갑자기 이렇게 말하기도 했다.

"농민들이 감자만을 먹어서야 되겠는가? 밥을 먹어야지. 쌀을 보내줘라."

사방에 깔아 놓은 보고망을 통해 상황을 언제나 냉철히 파악해 온 '치밀한 독재자'의 모습은 이제 어디에도 없었다.

3대 세습에 이의를 제기한 김정남

김정일이 4년 만에 중국을 방문한 후인 2010년 5월 하순, 한국 제주도에서는 한·중·일 정상회담이 열렸다. 회의 전에 청와대에서 중국 총리 원자바오와 회담한 이명박李明博 전 대통령은 3월에 일어난 천안함 침몰이 북한의 공격에 의한 것임을 증명하는 잔해 사진과 북한 어뢰 설계도를 보여 주며 유엔안보리에 의한 대북 비난 결의에 중국이 찬성해 줄 것을 요청했다.

원자바오: 중국은 누구도 옹호하지 않습니다. 다만 북한을 궁지로 너무 몰면 한반도 정세는 한층 더 불안해질 것입니다.

이명박: (자기) 아들이라 해도 내버려 두면 나쁜 습관이 영원히 고쳐지지 않습니다. 한 번은 바로잡을 필요가 있습니다.

원자바오: 나는 성실한 사람입니다. 앞으로 어떻게 하나 지켜봐 주십시오.

원자바오는 확실히 말하지는 않았지만 뭔가 할 용의가 있음을 시사했다.

김정일은 8월에도 중국을 방문해 아버지 김일성의 항일 활동 발자취를 더듬었다. 동북부 지린시에서는 아버지의 모교 육문중학교를 견학하고 한국전쟁 중 여동생 김경희와 한때 어려운 피난 생활을 했던 곳의 가톨릭 성당에도 들렀다. 감상적인 여정이었지만 후계자 체제 이행의 결말을 지을 시기가 눈앞에 다가와 있었다. 이 여행에서 과거 한때 후계자 후보로서 한없는 애정을 쏟았었지만 지금은 중국 등을 유랑하고 있는 장남 김정남 생각이 난 듯 그를 자신이 머무는 호텔로 그를 불러 이야기를 나눴다. 베이징에 사는 김정남의 지인은 그 자리에서 김정남은 천안함 사건에 대해 언급하며 무모한 도발을 감행한 동생을 비난했다고 증언했다.

"아버지, 이런 짓을 하는 동생이 후계자의 자격이 있다고 생각하시는 겁니까?"라고 김정남은 김정은을 후계자로 결정한 아버지에게 불만을 털어놓았다고 한다. 그 이상의 내용은 전해지지 않았지만, 김정일은 본의 아니게 김정은을 선택할 수밖에 없었던 사정을 언급했을 것으로 보인다.

이미 정해진 노선이 바뀌는 일이 없이 9월 28일 제3차 노동당 대표자대회에서 김정은이 후계자로서 처음으로 공식 석상에 모습을 나타냈다. 그로부터 얼마 지나지 않은 10월 22일 김정남은 일본 신문기자에게 "안녕하십니까. 김정남입니다."라고 쓰인 이메일을 '사전 예고' 없이 보낸다. 〈도쿄신문〉 고미 요지五味洋治가 쓴 「아버지 김정일과 나, 김정남 독점 고백」에 따르면 약 6년 만에 김정남으로부터 온 이메일에는 '내년, 즉 2011년 10월 10일 3대 세습 1주년을 맞을' 때 내용을 공개해 달라는 조건이 붙어 있었다. 그 직전 아버지와 만난 것이 계기가 됐을 것으로 추측된다. 이메일에는 '나는 3대 세습에 반대'한다고 강조하면서 아버지도 '3대 세습에 원래 부정적'이었다고 적었다. '이상한 권력 계승'을 강행한 것은 '내부적 요인'이 있었기 때문이라고 믿고 있다고 쓰여 있었다.

후계자로 데뷔하자마자 김정은은 또다시 형이 우려했던 도발을 저질렀다. 11월 23일 한국 연평도를 포격해 민간인을 포함, 4명이 희생됐다. 국가정보원은 '포병 전문가라는 김정은의 대담함을 미화하기 위해' 행해진 것이라고 분석했다. 그러나 김정일의 허가 없이 강행할 수 있는 것도 아니었다.

한편 김정일은 마지막까지 대외 정책만은 자기가 쥐고 냉각된 한국과의 관계를 회복시키려 한 흔적도 보인다. 이명박 전 대통령 취임 후 원자바오를 통해 3차례에 걸쳐 남북 정상회담을 제의했으나 거절당했다. 김대중, 노무현 정권 시절의 밀월은 지나가 버린 것이다. 이명박은 "북한은 정상회담을 해주겠다는 식의 태도였다. 회담에 별도의 대가를 요구했다."라고 회고록 『대통령의 시간』에 적고 있다.

수면하의 접촉에서 북한은 정상회담 조건으로 막대한 식량과 비료와 함께 북한의 국가개발은행 설립 자본금 100억 달러를 제공해 달라고 요구했다. 한국 정부는 "대가를 지불하는 정상회담은 안 한다. 북한의 핵 포기로 이어지는 것이 아니면 안 된다."라는 자세를 견지했다. 이명박 정권에게 경제 협력을 기대할 수 없다고 보고 단념한 김정일로서는 이제 기댈 곳이라곤 중국과 러시아뿐이었다.

2011년 5월 김정일은 3일간이나 열차에 흔들리며 전임 중국 국가주석 장쩌민江澤民이 있는 중국 양저우楊州로 향했다. 병이 도질 것에 대비해 중국 정부가 김정일이 머무는 곳에 구급차를 대기시키는 장기 여행이었다. 그러나 장쩌민 자신도 중병을 앓고 있어 만날 수 있는 상황이 아니었던 듯 측근에게 편지를 부탁하는 것으로 끝났다. 대신 만난 것은 차세대 지도자로 확실시되는 국가 부주석 시진핑이었다.

시진핑: 이번에 귀공자(김정은)는 동행하지 않은 듯한데 무슨 일이 있습니까?

김정일: 나도 이미 늙었습니다. 힘도 약해졌지요. 모든 것을 해결할 수는 없습니다. 문제는 많지만 아들은 지금 많은 것을 맡고 있습니다. (김정은은) 나 대신 국내 일을 처리하고 있습니다.

베이징에서는 국가주석 후진타오와 만났다. 원자바오 등 중국공산당 최고 지도부의 정치국 상무위원 전원과 만나기도 했으며 차기 총리가 될 리커창李克强의 안내로 IT 기업이 즐비하게 들어선 베이징대학 주변의 중관춘中關村도 시찰했다.

이래도 꿈쩍 안 할 테냐는 듯이 개혁개방의 성과를 보여 주는 중국 지도부의 시도에도 김정일은 들은 척도 안 했다. 죽을 것을 각오한 이웃나라 최고 지도자가 바라는 것은 하루빨리 대규모 경제 지원을 해달라는 것뿐이었다. 중국 지도부가 이에 응하는 일은 없었다.

7월 8일 이른 아침 여정을 끝내고 국경의 도시 신의주新義州에 도착한 김정일을 김정은이 마중했다고 조선 중앙통신은 보도했다. '장군님' 부재 중 후계자가 나라를 지켰다는 인상을 심으려는 의도가 깔려 있던 듯했다.

8월에는 러시아로 발길을 옮겼다. 이명박의 회고록에 따르면 "방문은 투자를 촉구하기 위한 것이었다. 메드베제프 전 러시아 대통령에게 들은 이야기지만 그때 김정일은 30센티미터밖에 안 되는 단상에도 혼자 올라가지 못할 정도로 쇠약해져 있었다."라고 한다.

"백살까지 일할 생각이다."

김정일은 생전에 주위 사람들에게 이렇게 말했다고 한다. 장수에 대한 집착으로 만들어진 것이 소위 '장수연구소'로 그 실태가 최근 탈북한 이 연구소 전 간부의 증언으로 밝혀졌다.

"한국에서는 '김정일 장수연구소'라고 부르지만 정식 명칭은 '호위과학연구소'다. 건강 면에서 수령(최고 지도자)을 지키고 방어한다는 의미다."

이 연구소에서 근무하다 2010년 해외 출장 중 한국으로 망명한 김용민(가명) 씨는 이렇게 말한다.

연구소는 북한 노동당 중앙에 속해 있으며 김일성과 김정일의 유체가 안치된 현재의 '금수산태양궁전'에 있는 기초과학연구소와 재정경리부 소속으로 '만년 청춘'을 의미하는 '만청萬青연구소', 호위사령부에 속한 '바위처럼 강한 신체'를 의미하는 '청암青岩연구소' 등 3개의 연구소로 구성돼 있다고 한다.

김용민은 "우리는 불로장수의 신비한 약을 만들려는 것이 아니라 김정일의 생활 습관을 분석해 그에 맞는 식재료와 약초를 연구했다."라고 설명한다. 신장이 나쁜 김정일에게 맞춰 신장에 좋다고 하는 셀러리만을 연구하는 시설을 만들거나, 고기를 누구보다 좋아하는 그를 위해 거대한 농장에서 수심 800미터 이상 심해의 해조류를 먹이로 기른 닭과 특제 사료로 키운 소를 생산한다거나 한다는 것이다.

연구원 한 사람이 돼지 한 마리를 키우는 방식으로 무균 돼지도 생산했다. 돼지들에게는 매일 마사지를 해주고 온수 샤워도 해줬다. 한국과 공동 운영하는 개성공업단지에서 일하는 여성 노동자는 처음으로 샤워를 한 후 눈물을 흘렸다고 하고, 최근에는 당 간부라 하더라도 매일 샤워를 할 수 없는 것이 평양의 수도 사정이라고 하니 김정일을 위한 돼지가 얼마나 소중하게 키워졌는지를 알 수 있다.

김정일의 '식도락'은 대단해서 전속의 초밥 장인으로 고용된 후지모토 겐지 외에도 많은 외국인 요리사에 둘러싸여 있었다. 한 번 식사를 위해 마카오에서 상어 지느러미 요리사를 초청하는 등 해외 요리사들의 요리를 즐기기도 했다.

요리에만 집착한 것이 아니다. 1989년 루마니아의 차우셰스쿠 대통령(당시)이 처형된 후 실어증 증상이 나타날 정도로 건강이 악화된 아버지 김일성을 위해 웃는 것이 건강에 좋다며 전속 예능인을 붙여 하루 5회 이상 웃기는 사람에게 '공훈 배우' 칭호를 준 적도 있다.

김용민에 따르면 김정일은 건강 상태를 성욕으로 판단한다고 한다. 재외 공관에 설치된 '과학기술부'가 매월 정보를 수집해 평양으로 정력제를 보낸다. 당중앙에는 '제5과'라는 전문부서를 설치해 개구리 기름이나 사자, 물개로부터 추출한 약제를 조달했다고도 한다.

김정일의 건강을 위해서만 각종 연구 기관에 모인 과학자는 약 2천 명을 넘는다. 그러나 그의 수명은 100세에 훨씬 미치지 못했다.

김정일은 그해 12월 '강성 대국 원년'으로 선포했던 다음 해 4월 15일의 김일성 탄생 100주년을 맞지 못한 채 이 세상을 떠났다.

독자적인 국가 체제는 유지했지만 경제 강국의 건설이나 인민 생활의 향상, 조국 통일이라는 큰 목표는 하나도 이루지 못한 채 '미완의 유훈'으로 정치 경험이 거의 없는 후계자에게 물려주었다.

김정일의 유체는 아버지 김일성과 마찬가지로 보존 처리돼 생전의 모습 그대로 평양에 안치돼 있다. 원래 김일성 주석의 관저였던 이 시설을 개축하는 데만 주민 3년분의 식량에 해당하는 거금이 투입됐다. 그리

● **북한이 공표한 김정일의 유훈**

항목	유훈의 내용		김정은 정권 내 진행 상황
선군 정치	선군의 깃발을 더욱 높이 들고 군사력을 강화해 사회주의 제도를 지킨다.	→	체제는 유지하지만 병사들에 대한 배급과 연료 부족으로 군부대의 약체화
경제	경제 강국 건설과 인민 생활 향상으로 결정적인 전환을 도모한다.	→	경제적으로 의존해 온 중국과의 관계 악화로 차질
남북 관계	민족의 결속된 힘으로 조국의 자주적인 통일을 실현한다.	→	연이은 도발로 한국 박근혜 전 정권과 대립 격화
대외 관계	세계 인민들과 친선 단결을 강화한다.	→	핵과 미사일 실험을 계속해 국제사회가 제재를 강화

※ 2011년 12월 19일 김정일 사망을 전한 조선중앙방송의 '특별방송'에서 인용

고 두 지도자의 유체 보존에만 연간 2억 엔(약 20억 원)이 투입되고 있다.

김정일의 유체가 일반에 공개된 것은 사망 1년이 지난 2012년 12월. '영구 보존'에는 복잡한 처리가 필요했기 때문이다.

유체 보존 연구에 관여했다가 후에 탈북한 전 연구원과 자료 등에 따르면 장기 등의 적출에서부터 방부 처리, 유리관 안치까지의 조치에만 약 100만 달러(약 12억 원)가 들었다. 관련 시설의 정비까지 포함하면 약 1억 달러(약 1천 200억 원)가 필요했다고 한다.

처리 후에도 2주에 한 번씩 관에서 꺼내 방부 처리를 하지 않으면 안 된다. 러시아에서 온 기술자의 손을 빌려야 하기 때문에 보존 작업만으로 매년 약 80만 달러(약 9억 6천만 원) 이상이 든다고 한다. 김일성의

유체 보존까지 합치면 유지비는 그 배가 된다.

안치돼 있는 곳은 평양 중심부로부터 북동쪽으로 약 8킬로미터 떨어진 금수산(모란봉) 기슭에 있는 사치스러운 석조 건물 3층 부분이다. 총 부지면적은 350만 제곱미터, 지상 건물만 약 3만 5천 제곱미터, 건물 앞 광장은 약 9만 제곱미터로 도쿄 돔 2개분에 해당한다.

광장의 가로는 김일성 생일(4월 15일)에 맞춰 415미터, 세로는 김정일의 생일(2월 16일)에 맞춰 216미터이며 건물을 둘러싼 담에는 학과 구름이 조각된 약 70만 개의 세계 최고급 화강암이 사용됐고 입구의 손잡이는 금으로 칠해져 있다.

원래 건물은 김정일이 아버지의 65세 생일에 기증하기 위해 후계자로 내정된 1973년 3월에 착공하여, 1977년 4월에 완성했다. 당초에는 김일성의 관저로서 사용돼 '금수산의사당' 또는 '주석궁'으로 불렸다.

김일성 사후 유체를 안치하기 위한 대대적인 개축 공사가 벌어져 약 8억 9천만 달러를 들인 것으로 전해진다. 공사를 벌인 것은 북한에서 대량의 아사자가 나오기 시작한 1994~1995년이다. 개축 비용은 옥수수로 환산하면 북한 주민 3년분의 식량을 살 수 있는 액수다. 탈북한 당 간부에 따르면 개축에 부수된 터널 공사 중에는 다수의 사망자가 나왔다고 한다.

개축 후 '금수산기념궁전'으로 이름이 바뀌었으며, 김정일의 유체까지 안치된 후에는 '금수산태양궁전'이라고 불리게 됐다. 최근 주민들 사이에서는 김일성의 사체가 점점 줄어들고 있다는 소문이 퍼지고 있다고 하지만 이런 소문이 사실인지 낭비에 대한 원한이 낳은 '괴담'인지는 분명치 않다.

최고 지도자를 위한 연출 김여정

2012년 9월 1일 북한의 조선중앙통신은 평양판 뉴타운인 창전倉田거리를 시찰한 후 아내 이설주李雪主와 팝콘을 먹으며 걷고 있는 김정은의 사진을 배포했다. 20대 부부로서 어디서나 볼 수 있는 광경이었지만 북한 최고 지도자와 퍼스트레이디라면 사진이 갖는 메시지는 다르다. 아내를 동반한 모습이 처음으로 언론에 등장한 것은 이해 7월. 완성된 평양 능라인민유원지에서 아무렇지도 않은 듯 팔짱을 끼고, 돌고래 곡예를 보며 폭소를 터뜨리기도 하는 사이좋은 부부의 모습이 세계에 공개되었다.

이설주의 가슴에는 북한 주민이라면 반드시 가슴에 달아야 하는 김일성, 김정일 배지가 없었다. 화려한 색깔의 원피스에는 그 대신 브로치가 빛났고 손에는 명품 핸드백을 들고 있었다. 세계의 일부 언론 매체들 중에는 폐쇄된 나라에 변화의 바람이 불고 있다고 호의적으로 받아들인 곳도 있었다. '개방적' 퍼스트레이디를 기획, 연출한 것은 김정은의 여동생 김여정이었음이 후에 밝혀진다.

김여정이 처음으로 TV에 나온 것은 2011년 12월 20일 아버지 김정일의 유체가 안치된 금수산기념궁전(현재의 금수산태양궁전)에서 김정은이 조문객을 맞는 장면에서다. 마른 몸에 상복을 걸치고 슬픔에 찬 표정으로 앞에 선 오빠와 조문하는 간부들을 지켜보는 묘령의 여자가 새 지도자의 여동생이라는 것을 아는 사람은 별로 없었다.

그 자리에 장남으로 본래 상주여야 할 김정남과 차남 김정철은 없었다. 아버지가 총애하며 누구보다 믿고 의지했다는 장녀 김설송의 모습도 확인되지 않았다. 공적인 추도의 장에 형제 중 김정은과 김여정밖에 없었다는 것이 시사하는 정치적 의미가 무엇인지는 얼마 후 드러난다.

김정일의 전속 요리사 후지모토 겐지의 수기에 따르면 김정일은 46세 때 얻은 막내딸을 '귀여운 우리 여정이', '여정 공주'라고 부르며 눈에 넣어도 아프지 않을 정도로 사랑했다. 냉혹한 일면이 있는 김정일도 자녀들에게는 애정을 아끼지 않았다. 열 살도 되지 않은 김정남을 스위스로 유학을 보냈을 때에는 수화기를 놓지 못하고 소리를 내며 울었다는 일화가 있다. 김여정이 태어나자 귀엽고 활발하며 점점 총명해지는 막내딸에게 그런 애정이 쏠리게 된 것이다.

김여정도 김정철, 김정은 두 오빠와 마찬가지로 스위스 베른의 국제학교에 1996년에서 2000년 말까지 '청순'이라는 이름으로 다녔다. 귀국 후에는 김일성종합대학에서 공부했다. 김정은이 후계자로 공식 등장한 2010년 9월경 김여정도 공개 활동을 시작한 것으로 보인다. 그때 직책은 노동당 중앙의 행사담당 과장으로 김정은의 지방 시찰 일정과 최고 지도자가 참석하는 '1호 행사'를 책임지는 역할이다.

김여정의 인물 됨됨이를 두고 여러 가지 억측이 난무한다. 말괄량이로 오빠가 주최하는 최고 간부 회의에 갑자기 끼어드는 경우도 많다고 한다. 한편 2012년 방북한 후지모토 겐지는 '모란봉 악단'의 콘서트에서 봤을 때 '흰 셔츠에 검은색 스커트 차림으로 어디서든 볼 수 있는 여학생' 같았다고 쓰고 있다. 자리로 뛰어와 옆자리에 앉아 있는 젊은이들에게 "미안, 늦어서 미안~"이라고 사과하며 즐겁게 장난을 치던 것이 김여정이란 것을 알고 놀랐으며 상냥하고 인기가 있는 듯해 호감이 갔다고 회고했다.

이설주가 첫 공개 석상에 등장한 7월의 모란봉악단 첫 공연에서 미키마우스와 비슷한 복장의 출연자가 등장하고, 미니스커트 차림의 여성 멤버들이 미국 영화 〈로키〉와 디즈니랜드의 테마곡을 연주해 김정은 정권의 '개방 지향' 모습을 해외에 보여 준 연출도 김여정이 깊이 관여한 것으로 전해진다.

김여정은 2014년 3월경, 선전 사업을 통괄하는 당 선전선동부 부부장에 취임한다. 2014년 한국에 망명한 전 당 간부 윤용순(가명)은 지금 북한에서는 김정은이 간부들에게 주먹을 휘두르면 김여정이 달래는 상황이라고 말했다. 같은 해 9월경부터 김정은은 중요 결정 사항을 제외한 일반적인 사무 처리의 권한도 여동생에게 위임하고 있다고 한다.

이설주에게 김일성, 김정일 배지 대신 브로치를 달게 할 수 있었던 것은 김여정이 아니면 불가능하다. 팝콘을 나눠 먹는 젊은 지도자 부부의 모습을 언론 매체에 흘리도록 지시한 것도 그녀라고 전해지고 있다. 그러나 다른 한편으로는 김여정은 현장 감독일 뿐, 김정은과 김여정에게 적절한 조언을 해주는 것은 누나 김설송이라는 견해도 있다.

미 해군 분석센터의 국제관계국장 켄 고스는 2014년 6월 시점에서 "김정은은 지금까지 결정적인 미스는 범하지 않았다. 당 조직지도부에서 중요한 역할을 하는 이복 누나 김설송의 조언을 많이 듣고 있는 듯하다."라고 분석하고 있다. 김정은보다 열 살 가까이 연상인 김설송은 20대 전반부터 아버지의 시찰에 동행하는 등 경험을 쌓아 정권 내 중요 인물들 거의 전부의 경력이나 인물 됨됨이를 잘 알고 있다고 한다. 김정은이 어떻게 행동하고, 누구를 중용할지를 조언하는 것은 김설송이라는 것이다. 모든 당원의 '조직 생활'을 감시하고, 마음대로 배지를 떼는 등 당 기율 위반 의심이 있으면 신분에 관계없이 조사를 하며, 처벌할 수 있는 기관이 조직지도부다. 퍼스트레이디도 예외는 아니다. 즉, 이설주가 배지를 달지 않아도 좋다고 최종 판단을 할 수 있는 것은 조직지도부에 있는 김설송이며, 이를 실행에 옮긴 것이 김여정이 담당하는 선전선동부라는 식이 된다. 이런 구조 때문에 김정일은 마지막까지 조직지도부의 권한만은 손에서 놓지 않았다. 이 조직지도부야말로 권력을 지탱하는 최후의 보루였기 때문이다.

김정일은 죽기 전에 장녀와 막내딸에게 후계자를 지원해 주도록 부탁한 것으로 보인다. 김설송에게는 권력 핵심을 통제하는 조직지도부를, 김여정에게는 정권의 정통성을 국내외에 선전하는 선전선동부를 맡긴다는 권력 구도를 그린 듯하다. 그리고 여동생 김경희와 그의 남편 장성택에게 '후견인 역'을, 인민군 총참모장 이영호李英浩와 비밀경찰인 국가안전보위부를 이끄는 우동측禹東測에게 아들의 수호자 역할을 준 것으로 보인다.

그러나 3년도 지나지 않아 이영호는 경질되고, 우동측은 자살했으며, 장성택은 처형되는가 하면 김경희는 은퇴를 강요당했다. 최근에는 김설송도 정권 핵심에서 물러난 것으로 전해진다. 권력의 소용돌이 중심에는 김정은과 김여정 남매만이 남았다.

후견인 장성택 처형의 진상

김정일이 아들에게 남긴 후계 체제는 '수호자 역'의 일각을 담당한 이영호의 실각으로 붕괴되기 시작한다.

갑자기 이영호가 체포되고 인민군 총참모장 직에서 해임된 것은 2012년 7월 '종파(파벌) 형성'과 '부화타락浮華墮落'이 죄상으로 열거됐다. 마약 거래와 관련, 뇌물을 받은 것이 발각돼 김정은의 노여움을 산 것으로 알려진다. 그러나 진상은 김정은의 고모부로 노동당 행정부장 장성택이 추진한 외화벌이부문 개편에 반대했기 때문에 미움을 샀고 거기에 더해 결정적인 실수를 저지른 것이 화근이 됐다. 김정은의 재가 없이 군사 퍼레이드에 참가한 부대의 배치를 일부 변경시킨 것이 화근이다.

전 노동당 간부 윤용순(가명)에 따르면 장성택은 끊임없이 외화벌이 회사를 내각에 넘기라고 군에 압력을 가했고 이에 앞장서서 저항한 것이 인민무력부장 김영춘과 이영호 등이었다고 한다. 이영호는 군 경력이 없는 장성택이 대장 계급을 달고 군부의 재원에 손을 뻗치려는 데에 반감을 드러내 왔다. "내가 단 별은 그의 똥별과 다르다."라고 주위 사람들에게 말했다고 한다.

장성택은 이영호를 제거하는 한편 경제 재건에 전력을 경주했다. 기업과 농민이 생산물 일부를 자유롭게 취급하도록 한 '6.28 조치'와 민간이 저축하고 있는 외화를 끄집어내기 위한 주택 거래 합법화 조치를 취했다. 8월에는 50명이 넘는 대표단을 이끌고 중국을 방문했다. 경제특구의 공동 개발에 관한 회의에 참석한다는 명목과는 별도로 10억 달러의 긴급 차관과 투자 확대를 중국에 요청하기 위한 것이었다.

중국 정부는 그를 따뜻하게 맞아 주었다. 김일성과 김정일이 묵었던 '댜오위타이 국빈관' 18호 건물을 장성택에게 제공했다. 국가 주석 후진타오, 총리 원자바오와 개별 면담도 가졌다. 17일의 면담에서 원자바오는 "차관 문제는 핵 문제가 진전을 보이는 단계에서 논의하자."라고 하고, 투자 확대에 관해서는 '법 정비가 우선'이라는 주문을 했다. 통역만을 대동하고 1시간 이상 행해진 후진타오와의 '밀담'에서 장성택은 "경우에 따라서는 핵을 포기할 수도 있다."라고 표명했다. 김정은을 대신해 이복형인 김정남을 옹립할 가능성도 언급한 것으로 돼 있다.

홍콩 언론이 후에 폭로한 바에 따르면 회담 내용은 중국공산당 최고 지도부 멤버였던 저우융캉(周永康, 후에 국가기밀누설죄 등으로 무기징역)에 의해 북한에 누설됐다. 장성택의 언동은 김정은을 자극하기에 충분했다. 당시 상황을 아는 호위총국의 전 간부는 "2012년 가을부터 김정은은 중요 사안을 고모부와는 상의하지 않게 됐다."라고 증언한다. 장성택의 언동을 뒤엎으려는 듯 12월에는 사실상의 장거리 탄도미사일을 발사하고, 다음 해 2월 세 번째 핵실험을 단행했다.

"우리는 이미 핵을 가지고 있는 것이 아닌가? 또 핵실험을 하면 중국까지 등을 돌린다."라는 장성택의 호소를 김정은은 "우리의 살길은 핵밖에 없다."라고 일축했다고 전해진다.

2013년 6월에는 결정적인 균열이 생기는 소동이 벌어졌다. 비서실로부터 올라온 보고서를 읽던 김정은은 자신이 마음대로 쓸 수 있는 비서실 자금이 대폭 삭감된 것을 알아챘다.

"왜 이렇게 적은가? 영감(김정일) 때는 어땠나?"

기다렸다는 듯이 담당자가 대답했다.

"장군님은 당 39호실에 자금을 모아 장군님의 혁명 사업에 썼습니다. 지금은 행정부가 관리해 마음대로 쓰고 있습니다."

장성택은 양질의 석탄을 중국에 수출해 큰 이익을 내온 군 산하 54부의 사업을 행정부의 관할로 옮겼다. 그리고 그 수익을 39호실에 올리지 않고 행정부 산하의 회사에 저축하고 있었다. 격노한 김정은은 "지금 당장 행정부의 사업을 원래대로 되돌려 놓으라."라고 지시했다. 직속의 호위사령부(호위총국) 요원이 54부 사업소의 하나를 접수하려 하자 현장책임자는 "1호 동지의 승인을 얻어 오라."라고 쫓아내려 했다. "1호 동지가 누구냐?"고 묻자 "장 부장 동지다. 그분의 지시가 없으면 안 된다."라고 버텼다고 한다.

'1호'는 북한에서 최고 지도자를 가리킨다. 김정은이 아닌 인물을 절대자로 받드는 세력이 형성되고 있다는 사실을 여실히 보여 준 것이다. 당원이 목숨을 걸고 지켜야 할 당 유일 영도 체계 확립 10대 원칙의 명백한 위반이기도 했다. 10대 원칙은 이 시기 당 조직지도부에 의해 개정돼 개별 간부의 우상화나 분파 활동의 배제를 규정한 조문이 추가돼 있었다. 당의 핵심을 차지하는 조직지도부의 간부들은 원래 조직지도부의 한 부서에 불과했던 행정부가 최고 지도자의 고모부라는 '호랑이의 위세'를 빌어 전횡을 일삼는 모습을 질투에 차 지켜보고 있었다. 10대 원칙의 개정은 장성택 일파를 내쫓기 위해 그들이 만든 덫이라고도 할 수 있다.

김정은의 특별 지시로 9월 조직지도부가 주도하고 비밀경찰인 국가안전보위부와 호위사령부, 검찰로부터 뽑힌 '상무常務 구루파(그룹)'가 만들어져 장성택에 대한 검열을 시작했다.

조직지도부는 장성택의 오른팔이라는 행정부 제1부부장 이용하李龍河와 부부장 장수길張秀吉에 대한 조사를 3월부터 은밀히 진행해 당기 위반과 관련한 혐의를 찾아냈다. 11월에 체포된 두 사람은 고문을 이기지 못하고 '장성택의 죄상'을 '자백'하고 처형됐다. 장성택 자신도 연금 상태에 놓였고 당·정·군의 간부들과 함께 이들의 처형을 지켜봤다. 기관총이 난사되는 광경을 보고 실신했다고 전해진다. 12월 8일에는 김정은이 주최하는 당 정치국 확대회의에 끌려나왔다. 이전에는 동료였던 조직지도부 제1부부장 조연준趙延俊과 장성택이 발탁한 내각 총리 박봉주朴奉珠, 친하게 지내던 부총리 강석주 등이 비판에 나섰다. 과거 친구들의 고발이 계속되는 가운데 장성택은 손에 들고 있던 볼펜으로 노트를 뚫어 버릴 듯이 힘껏 눌러 꺾어 버렸다. 그 시각 장성택의 심경이 어떠했는지는 이 미세한 동작으로밖에 추정할 수 없다. 4일 후에는 특별군사재판에서 사형이 선고됐다. 형은 그날 집행돼 수백 발의 기관총탄을 뒤집어썼다. 무참하게 찢겨진 시체는 화염방사기로 불태워졌다. "지구상에서 흔적을 없애라."는 김정은의 지시에 따른 처벌이었다.

죽기 전에 장성택은 "아주 잠깐이라도 좋으니 아내와 만나게 해달라."고 애걸했다고 한다. 장성택의 아내이며 김정은의 고모인 김경희는 당시 조직담당 당서기에 있었던 것으로 보인다. 그녀가 정말로 실권을 쥐고 있었다면 열애 끝에 맺어진 남편의 목숨만은 구하려 했을 것이다. 그러나 3대 세습이 시작된 북한에 2명의 권력자가 함께하는 것은 허용될 수 없었다. 아버지가 후견을 부탁한 고모부를 흔적도 없이 저세상으로 보내 버린 이 무자비한 처형은 젊은 지도자에게 있어서 피할 수 없는 선택이었는지도 모른다.

경제와 핵, 두 마리 토끼의 모순

2011년 12월 28일. 전날부터 내리기 시작한 눈은 김정일의 고별식이 시작되는 오후가 되어서도 그치지 않았다. 영구차가 지나가는 연도는 울부짖는 주민들로 가득 차 있었다. "장군님, 가지 말아요!"라고 소리치며 길에 눈이 덮이지 않도록 코트를 벗어 영구차가 지나는 길에 깔아 주는 사람도 있었다.

추모 행사는 100일 이상 계속돼 간부들은 직장에서 잠을 잤다고 전 북한 무역 기관 간부 김철우(가명)는 설명한다. 김정은으로부터 밖에 나가 인민과 함께하라는 지시가 있었기 때문이다.

해가 바뀌어 1월 7일. 김정은은 노동당과 인민군 간부들에게 직접 쓴 편지를 보냈다. "인민은 추위에 떨면서 밖에서 장군님을 추모하고 있는데 간부들은 따뜻한 곳에서 의자에 앉아 무얼 하는가?"라는 질책하는 편지였다.

당 제1서기 취임 후인 2012년 5월에는 시찰을 나간 유원지에서 직접 잡초를 뽑으면서 "종업원들에게는 이것이 보이지 않는가!"라고 꾸짖기도 했다. 북한 매체들은 '인민들에 대한 서비스 정신이 제로'라고 관리자들을 질타하며 김정은이 유원지 임시 휴원을 명령했다고 보도했다.

김철우는 우리는 새로운 지도자가 뭔가 변화를 시도하고 있다는 의지를 느꼈다고 그때를 돌이켰다.

"김정은은 아버지 김정일과는 완전히 다른 타입의 지도자다."

외교관으로서 북한에 주재한 경험이 있는 모스크바 국제관계대학 교수 게오르기 토롤라야는 이렇게 분석한다.

"김정일은 주민의 호감을 얻으려는 노력 같은 것은 하지 않았다. 그러나 김정은은 대중으로부터 숭배를 받고 싶어 한다. 김정일은 공식 석상에 나오는 것을 좋아하지 않았지만 김정은은 적극적으로 나오고 있다."

김정은은 아버지와는 다른 독자적인 색깔을 내려고 힘썼다. 6월에는 전국에서 7~13세의 어린이 2만 명 이상을 평양에 모아 조선소년단 창립기념일을 대대적으로 축하했다. 한 탈북자는 "탈북을 기도하다 체포된 집의 어린이도 초대됐다. 김정일 시대에는 상상도 못 할 일이었다."라고 증언한다. 김정은은 출신 성분과 관계없이 우수한 어린이를 선발하라고 지시했다. 어린이들을 태우려고 특별 열차와 특별 비행기까지 준비토록 했다고 한다. 할아버지 김일성의 탄생 100주년인 4월에 행한 첫 연설에서는 인민이 두 번 다시 (배를 곯아) 허리띠를 조이지 않도록 하겠다고 분명히 말했다. 식량난으로 남서부 곡창지대인 황해도 지역에서도 아사자가 나오자 군량미 징수를 줄여 배급에 충당하라고 지시했다. 생산물의 취급에 관해서도 생산자에게 일정한 재량을 인정하는 경제 개선책을 내놓았다.

200만 명이 넘는 아사자가 나오는 참상에도 적절한 조치를 강구하지 않았던 아버지와 대조적으로 인민 생활의 향상에 신경을 쓰고 있는 듯 보였다.

핵을 둘러싼 교섭에서도 유연하게 생각하는 움직임도 보였다. 2월의 북미 고위 관리 협의에서 식량 지원을 대가로 우라늄 농축, 미사일 실험 유예에 합의했다. 그러나 합의 발표로부터 반달 후 국제사회의 기대는 깨끗하게 배신당했다. '위성 발사'라고 주장하는 장거리 탄도미사일 발사를 4월에 실시한다고 통고했던 것이다. 유연한 결정으로 보이는 것도 실제로는 기존 노선을 따르는 것에 지나지 않는다는 사실이 후에 밝혀진다.

2013년 3월 31일 당중앙위원회 전원회의에서 김정은은 20여 분간에 걸친 연설을 행해 현 정세와 혁명 발전의 요구에 따라 경제 건설과 핵무기 개발을 병진시키는 것에 관한 새로운 전략적 노선을 제시한다고 선언했다. 이 '병진 노선'은 이전부터 당내에서 논의되고 결정된 것으로 대미교섭에 좌우될 일이 아니었다.

김정은 정권은 당 기관지 〈노동신문〉에서 우리의 혁명에서 병진이라는 단어는 오랜 역사를 갖는다며 김일성 시절부터 국시였다는 주장을 펼쳤다.

"1962년 카리브 해 위기(쿠바 사태)가 일어나 미제(미국)와 그 앞잡이가 북진(대북 공격)을 외칠 때 우리 당은 경제 건설과 국방 건설을 병진시킨다는 전략 방침을 제시했었다."

노선의 정통성을 아버지의 정권이 아니라 할아버지 김일성 시대에서 찾은 것이다.

경제난과 국제적 고립이 심화되는 가운데 김정일은 경제보다 군을 우선하는 '선군 정치'를 국시로 삼고 핵과 미사일 개발을 방패로 강대국 미국과 대립했다. 김정일은 늘 "알사탕은 없어도 되지만 '총알'은 없어서는 안 된다."라고 입버릇처럼 말해 왔다고 한다. 핵과 미사일 개발로 외화를 빼앗을 수 있다고 생각한 '김정일식' 현실주의라고도 할 수 있다.

한편 원하는 것이 모두 갖춰진 환경에서 자란 후 노력 없이 최고 지도자 지위에 오른 이 셋째 아들은 경제 지원이라는 '알사탕'도, 핵과 미사일이라는 '총알'도 동시에 손에 넣을 수 있다고 생각한 듯하다. 이런 안이함이 북미 합의 직후 미사일 발사 통고라는 모순을 낳았을 가능성이 있다.

김정은은 경제와 핵이라는 두 마리의 토끼를 쫓고 있다.

후견인 역할을 맡았던 장성택이 경제 재건에 최우선적으로 달라붙어 있을 때에도 김정은은 핵 개발의 의지를 굽히는 일이 없었다. 고모부 장성택의 처형도 경제를 위해서는 핵과 미사일 개발의 동결이 불가피하다고 생각하는 세력에 대한 본보기라는 측면도 있다. 김정은은 핵을 갖고 있으면 어떠한 적도 우리에게 손가락 하나 건드릴 수 없을 것이라고 호언장담을 멈추지 않고 있다고 전해진다. 2019년까지 핵을 실전 배치한 후 경제 건설에 매진해 아버지의 유훈인 '강성 대국의 대문'을 열 수 있다고 믿고 있는 것이다. 군 경험이 없는 탓에 군 수뇌의 교체와 숙청을 반복해 군부를 장악하려고 하는 이 3대 지도자에게 있어서 미국 등과 씨름하며 체제를 유지할 수 있는 방법으로 핵과 미사일 개발을 제외하고는 눈에 띄지 않는 것이다.

'수소폭탄'이라고 주장하며 2016년 1월 강행한 네 번째 핵실험의 명령서에는 이렇게 쓰여 있다.

"세계가 주체의 핵 강국, 사회주의 조선, 위대한 조선노동당을 우러러 받들도록 하라."

핵 강국이나 위대한 당을 대표하는 것은 김정은 자신이다. 핵실험에 이어 2월의 장거리 탄도미사일 발사 후 채택된 유엔안보리의 대북 제재 결의에는 든든한 후원자였던 중국도 찬성했다. 북한과 중국 국경 등에서의 검문 강화로 물자 유통이 제대로 되지 않아 주민들 생활에도 영향을 미치기 시작하고 있다. 핵과 미사일 개발이 경제를 한층 더 피폐하게 만들어 주민들로부터 원한을 사 반발이 나올지도 모르는 상황을 낳고 있다.

"인민의 숭배를 받고, 세계도 우러러 보게 하겠다."

두 마리의 토끼를 쫓는다는 김정은. 그 허황된 야망이 가져올 재앙을 이 젊은 지도자가 깨닫는 날은 과연 올 것인가?

후기

김정은 위원장에게 보내는 편지

이 편지가 정확한 한국어로 번역돼 당신이 읽어 주기를 기대하며 졸필을 들었습니다.

내가 당신의 아버지 김정일 전 국방위원장에게 흥미를 갖게 된 데는 이유가 있습니다. 나는 귀국의 문화에 흠뻑 빠져 소년 시절을 보냈습니다.

내가 태어나 자란 곳은 1930년대 한반도로부터 이주한 사람들이 사는 중국 북동부 헤이룽장黑龍江성의 조그만 마을입니다. 겨울에는 차가운 바람이 휘몰아쳐 마을 사람들은 거의 '동면'을 할 수밖에 없는 산간벽지였습니다. 한반도 남부 출신인 어머니는 언제나 고향을 그리워하며 우리말 라디오를 듣는 것을 위안으로 삼으셨습니다. 그 시절 중국에서 들을 수 있는 우리말 방송은 평양방송뿐이었습니다. 어머니는 하루도 빠짐없이 아침부터 밤늦게까지 늘 평양방송을 켜 놓으셨고 나도 자연히 그에 친숙해졌습니다.

1970년대 평양방송은 저녁에 '항일 빨치산 회상기'라는 드라마를 방송했습니다. 나와 주변의 어린이들은 그 드라마에 반해 대사들을 흉내 내기도 했습니다. 라디오를 제외하면 가끔 마을에서 상영하는 북한 영화가 가장 큰 낙이었습니다. 영화 속의 멜로디나 여배우, '영웅'들에게 푹 빠졌습니다. 중학생 시절 〈꽃 파는 처녀〉를 본 후 감동해서 며칠

씩 잠을 못 자기도 했습니다. 당시 귀국을 동경하는 중국인은 결코 적지 않았습니다.

중국에서 개혁개방이 시작되자 북한은 사람들의 기억에서 점차 사라져 갔습니다. 베이징의 대학에 다니던 나는 보다 넓은 세계가 있다는 것을 알고 호기심을 가슴에 품고 일본으로 유학을 왔습니다. 일본 생활 중에도 북한 관련 뉴스가 나올 때마다 문득문득 소년 시절이 생각나곤 했습니다.

근대 아시아와 미디어의 역사를 전공한 내가 북한에 대해 본격적인 연구를 하게 된 것은 한참 후의 일입니다. 북한 관련 보도나 자료에 계속 접하는 가운데 이상한 점을 느끼게 됐기 때문입니다.

1970년대 평양방송을 통해 귀에 못이 박힐 정도로 들었던 '연간 800만 톤의 알곡 생산 고지 점령'이 얼마 후 '400만 톤 생산'으로 바뀌었고, 그것마저도 어려운 사정이라는 사실은 후에 알게 됐습니다. 더욱더 걱정스러운 것은 아직도 근본적으로 개선될 조짐이 보이지 않는 상태가 지속되고 있다는 사실입니다. 같은 사회주의국가에서 자랐고, 중국에서 기자 생활도 경험한 나로서는 북한에서 무슨 일이 일어나고 있는지 얼마간 상상이 갔습니다만, 사실을 더 정확히 알고 싶어졌습니다.

소년 시절에 본 영화, 푹 빠졌던 음악이 실은 당신의 아버지 김정일 전 국방위원장이 만든 것이라는 것도 알았습니다. 내가 김정일 전기를 쓰려고 한 것은 북한에서 일어났던 거의 모든 중요한 일에 당신 아버지가 관여돼 있다고 생각하기 때문입니다.

김정일 전 국방위원장이야말로 북한 그 자체이며, 북한의 역사입니다. 자기 나라를 최빈국의 하나로 전락시킨 것도 당신 아버지이고, 그럼에도 불구하고 붕괴를 면하게 한 것도 김정일 전 국방위원장이라고 생각하게 됐습니다.

아버지에 대해 당신은 얼마나 알고 있습니까? 김 전 위원장의 생애를 조사해 전기를 집필하는 동안 나는 인생의 허무함을 느꼈습니다. 당신의 아버지는 무엇을 남겼던 것일까요? 그 교훈을 음미해 보았습니다.

당신의 아버지는 장수를 꿈꾸었습니다. 수천 명의 연구자들에게 장수의 비결을 연구하게 하고 오래 사는 데 좋다는 세계의 모든 식재료를 계속 구해 들여 먹었지만 결국은 70세에 숨졌습니다. 하고 싶은 것을 다 하고 일찍 죽는 것이 인간의 진짜 바람일지도 모릅니다만, 그러나 당신 아버지의 경우 인민을 아사시키면서 혼자만 좋은 것을 먹고 사치를 다 했습니다. 한 나라의 지도자로서 자국민을 굶어 죽게 하는 것에는 그 어떤 이유가 있어도 변명의 여지는 없습니다.

당신의 아버지는 '근면'했던 사람이기도 했습니다. 그런데 결국 아무 일도 이루지 못하고 그저 계속 헛바퀴를 돌다 인생을 마감했습니다. 하루 4시간밖에 잠을 자지 않으며 낮에는 시찰을 하고, 밤에는 새벽까지 보고서를 읽었습니다. 지구를 10바퀴 이상 돈 만큼의 거리를 현지 시찰 다녔다고 북한은 자랑합니다. 세계 지도자 가운데 김 전 위원장만큼 일을 열심히 한 사람은 없다고 말해도 과언이 아닐 것입니다.

그러나 문제는 현지 지도라고 이름이 붙은 시찰이 인민을 위한 것이 되지 못했다는 것입니다. 현지 지도를 가는 길은 봉쇄되고, 방문지는 반경 10킬로미터 이상을 비밀경찰이 포위했다고 합니다. 뿐만 아니라 전속 요리사와 의사, 가수, 무용수를 대동하고 별장지로 향하는 도중 들렀을 뿐입니다. 시찰을 나가면 나갈수록 인민은 고통을 받았습니다.

당신의 아버지는 소질로 본다면 영화감독이 어울릴 사람이었습니다만 나라의 가장 중요한 자리를 독점하고, 거미줄 같은 감시망을 깔아

'간부'나 '인민' 모두 뜻대로 조종하려 했습니다. 그 결과 경제는 파탄 나고, 국토는 황폐해지고, 사회는 경직됐습니다.

아버지는 미국에 맞서 핵무기 개발에 집념을 불태웠습니다. 만년에 핵이 없으면 이라크나 리비아처럼 된다고 말했다고 합니다만 이라크나 리비아가 핵을 갖지 않았기 때문에 공격을 받고 지도자가 제거된 것은 아닙니다.

지금의 세계에는 핵을 갖지 않으면서도 풍요롭고 안전한 나라들이 오히려 많지 않습니까? 베트남을 보십시오. 같은 사회주의국가지만 핵을 갖고 있지 않습니다. 그러나 미국은 공격 같은 것을 하지 않습니다.

핵무기에 집착하는 것은 미국과 대등하게 싸우고, 한국보다 우위에 서고, 나아가 '남조선을 정복'하기 위한 것이었습니다. 허나 그건 불가능합니다. 자유의 존귀함을 아는 한국 사람들이 이를 허용할 리가 없습니다.

당신의 아버지는 핵이라는 '힘'을 국민에게 보여 줌으로써 결속을 도모하고, 정권을 유지하려고 했습니다. 그러나 헛일이었습니다. 구소련은 핵무기를 많이 가진 채로 붕괴했습니다.

핵 시설의 안전성도 염려됩니다. 미사일 실험은 실패해도 만회를 할 수 있을지 모릅니다. 하지만 핵 시설에서 사고가 일어나 방사능이 확산되면 그 주변에는 사람들이 살 수 없게 됩니다. 영변에 있는 핵 시설은 노후화가 심해 언제 사고가 일어나도 이상할 게 없다고 중국과 미국의 전문가들은 입을 모으고 있습니다.

일본 국적을 취득해 일본에 사는 내가 귀국의 일에 참견을 하는 것은 부질없는 일인지도 모릅니다. 그러나 나에게는 꿈이 있습니다.

일본 열도와 한반도를 해저 터널로 잇고, 세계에서 가장 빠른 열차로 달리면 반나절이면 평양에 도착하겠지요. 거기서 점심을 먹은 후 그 길로 베이징으로 간다는 꿈입니다. 기술적으로 문제는 없을 것입니다. 북한은 지금 당장 그럴 능력이 없다고 하더라도 한국이나 일본, 중국의 기술과 자본을 합하면 지구상 가장 빠르고 쾌적한, 현대판 '아시아호'라는 열차를 만들 수 있습니다.

평양 대동강 주변에 세계에서 가장 높고 아름다운 빌딩을 세우고, 그곳이 유엔 아시아 본부가 되는 날이 올지도 모릅니다.

꿈이 실현되려면 전제 조건이 있습니다. 귀국이 하루라도 빨리 국제 사회와 보조를 맞추는, 평화로운 '보통' 국가가 되는 것입니다. 진심으로 이를 바라고 있습니다.

이만 줄입니다.

북한과 김정일을 둘러싼 주요 연표(경칭 생략, 직책은 당시 기준)

1232년 김일성 가족의 시조 김태서, 과거科擧에 합격. 그 후 전주에 거처를 정하다.

1860년 김일성의 증조부 김응우, 평양 근교 만경대로 이주

1912년 4월 15일 김형직과 강반석 사이에서 장남 김일성 탄생

1919년 겨울 김형직 일가 만주로 이주

1927년 2월 김일성, 중국 지린시 육문중학교 편입

1932년 4월 김일성, 중국인 항일부대 산하에 별동대 결성

1937년 6월 4일 압록강 유역에서 일본주재소 등을 습격(보천보전투)

1940년 10월 김일성, 김정숙과 결혼

11월 김일성 부대 일본군에 쫓겨 소련 영내로 들어가다.

12월~41년 3월 만주 항일 부대의 처우를 결정한 하바롭스크 회의

1941년 2월 16일 김정일, 소련 극동 지역에서 탄생

1945년 9월 제2차 세계대전 종료 후, 김일성 소련의 조선공작단 일원으로 귀국

11월 김정일, 어머니 김정숙과 함께 귀국

12월 김일성, 조선공산당 책임비서로 선출됨

1947년 여름 김정일의 동생 김만일 연못에서 익사

1948년 9월 김정일, 남산인민학교 입학. 북한정권 수립

1949년 9월 김정숙 사망

1950년 6월 25일 한국전쟁 발발(1953년 7월 휴전협정)

10월 김정일, 여동생 김경희와 중국 지린으로 피난

1951년 12월 김일성, 김성애와 결혼

1953년 8월 김정일, 김경희 남매 귀국

1954년 8월 김성애, 김평일을 출산

9월 김정일, 평양제1초등중학교 진학

1956년 8월 연안파와 소련파 숙청(8월종파사건)

1957년 10월 김정일, 러시아 혁명 기념행사에 맞춰 모스크바 방문

1958년 9월 김정일, 남산고등중학교 전입

1960년 9월 김정일, 김일성종합대학 경제학부 진학

1961년 7월 김정일, 노동당 입당

1962년 8~10월 김정일, 평양 어은동에서 군사훈련

1964년 6월 김정일, 대학 졸업 후 당 조직지도부 지도원으로서 당 업무 개시

1965년 4월 김일성 인도네시아 방문에 김정일 동행

1967년 5월 갑산파 숙청 결정

9월 김정일, 당 선전선동부 문화예술지도과장에 취임

1968년 1월 북한 특수부대에 의한 청와대 습격 미수 사건

1969년 12월 김정일이 제작을 지휘한 영화 〈피바다〉 개봉

1970년 9월 김정일, 조직지도부 부부장 겸 선전선동부 부부장에 취임

1971년 5월 성혜림과의 사이에서 김정남 탄생

9월 중국에서 린뱌오 망명 도중 사망

1972년 7월 남북 공동성명 발표

1973년 2월 김정일, 제창으로 '3대 혁명 소조운동' 개시

7~9월 김정일, 선전선동부장과 조직지도부장 겸 당서기 취임

10월 김정일, 김영숙과 정식 결혼

1974년 2월 김정일, 당 정치위원에 선출. 김일성 후계자로 공인

4월 새로운 '당 유일사상체계 확립 10대 원칙' 제시

12월 김영숙과의 사이에서 장녀 김설송 탄생

1976년 1월 김정일, 외국인 납치를 지시

2월 세습에 반대한 남일, 의문의 사고사

8월 18일 판문점 도끼만행 사건

1977년 11월 니가타에서 요코다 메구미 납치되다.

1978년 1월 최은희 피납

6~8월 다구치 야에코 등 복수의 일본인이 차례로 납치되다.

1980년 10월 김정일, 제6회 당대회에서 공식보도에 첫 등장

정치국 상무위원으로 선출

1981년 9월 고용희와의 사이에서 차남 김정철 탄생

1982년 4월 김일성 70회 생일 축전

1983년 6월 김정일, 중국을 비공식 방문, 덩샤오핑과 회담

7월경 유럽에서 아리모토 게이코 납치되다.

10월 9일 전두환 대통령 일행을 노린 랑군 아웅산묘 폭파 사건

1984년 1월 8일 고용희와의 사이에서 삼남 김정은 탄생

9월~10월 수해를 입은 한국에 대규모 원조 물자 지원

1987년 9월 고용희와의 사이에서 딸 김여정 탄생(미국 정보 당국은 1989년으로 판단하고 있음)

11월 29일 대한항공기 폭파 사건

1988년 1월 미국 정부, 북한을 테러 지원국으로 지정

9월 서울올림픽에 소련 중국도 참석

1989년 7월 평양에서 제13회 세계청년학생축전 개최

1990년 9월 김일성, 일본 자민당의 가네마루 신 등과 회담

소련, 한국과 국교 수립

1991년 9월 유엔에 남북한 동시 가입

12월 김정일, 북한 인민군 총사령관에 취임

소련 붕괴

1992년 4월 군 장교들에 의한 김일성, 김정일 부자를 노린 쿠데타 미수

1993년 2월 국제원자력기구(IAEA)의 특별 사찰 요구 거부

3월 핵확산방지조약(NPT) 탈퇴 선언

4월 김정일 국방위원장에 취임

5월 탄도미사일 '노동' 발사

1994년 3월 남북 실무 대표 접촉에서 '불바다' 발언

5월 실험로에서 핵연료봉 추출 확인

6월 김일성, 카터 전 미국 대통령과 회담. 남북 정상회담 합의

7월 8일 김일성 사망

10월 미국과 북한 핵 동결 및 경수로 건설 합의

1995년 1월 선군 정치의 시작으로 알려진 사리원 군부대 시찰

4월 제6군단의 쿠데타 모의 적발

1995년 후반~1998년 200만 명 이상이 아사하는 '고난의 행군'이라고 불리는 대기근
1996년 5월 북한 공군 대위 미그기를 타고 한국에 망명
1997년 초~2000년 김일성 시대 간부를 대대적으로 숙청한 심화조 사건
1997년 2월 황장엽 망명
1997년 10월 김정일, 당총서기 취임
1998년 6월 현대그룹 명예 회장 정주영 북한 방문
8월 황해북도 제철소에서 대규모 데모
탄도미사일 '대포동 1호' 발사
2000년 6월 김정일, 김대중 대통령과 남북 정상회담
7월 북한을 방문한 푸틴 러시아 대통령과 회담
10월 미 국무장관 올브라이트 방북
2001년 5월 일본 나리타 공항에서 김정남 체포
7~8월 김정일, 러시아 공식 방문. 장녀 김설송 동행
2002년 1월 부시 미국 대통령, 북한을 '악의 축'이라고 비난
8월 김정일, 러시아 극동 지역을 비공식 방문
여름 군부 내에 고용희 찬양 문서
9월 17일 김정일, 고이즈미 일본 총리과 회담. 일본인 납치 문제 인정, 사과
10월 납치되었던 일본인 5명 귀국
방북한 미국 고위 관리에게 고농축우라늄 계획 인정
2003년 4월 북한·미국·중국 3개국 협의
8월 북한·미국·중국에 한국과 러시아, 일본을 추가해 1차 6자회담 개최
2004년 5월 김정일 고이즈미 일본 총리와 회담
6월경 고용희 사망
2005년 2월 핵무기 보유 선언
9월 미국 금융 제재로 방코델타아시아 북한 계좌 동결(2007년 3월 해제)
2006년 7월 '대포동 2호' 발사
10월 첫 핵실험
2007년 10월 김정일, 노무현 대통령과 회담
2008년 8월 김정일, 뇌졸중으로 쓰러지다.

10월 미국 북한을 테러 지원국 지정 해제
2009년 1월 김정은 후계자 내정의 당내 통고를 지시
4월 '대포동 2호' 개량형 발사
5월 2차 핵실험
11~12월 디노미네이션 실시
2010년 3월 26일 천안함 격침 사건
5월 김정일, 중국 방문. 후진타오와 회담
8월 다시 중국 방문. 김정남과 면회
9월 28일 김정은, 당 중앙군사위 부위원장에 선출, 후계자로서 공식 등장
11월 23일 연평도 포격 사건
2011년 5월 김정일, 중국 방문. 시진핑과 회담
8월 러시아 방문
12월 19일 김정일 심근경색으로 사망 발표
2012년 2월 북미 고위 관리 협의에서 우라늄 농축과 핵 · 미사일 실험 일시 중지 합의
4월 김정은, 당 제1서기, 국방위 제1부위원장에 취임
김정일이 '강성 대국의 대문을 열자'고 한 김일성 탄생 100주년 축제
'대포동 2호' 개량형 방사 실패
7월 이영호 군 총참모장에서 해임
12월 '대포동 2호' 개량형 발사
2013년 2월 3차 핵실험
3월 핵무기 개발과 경제 건설을 동시에 추진하는 '병진 노선' 선언
12월 12일 장성택 처형
2016년 1월 '수소폭탄'이라고 주장하는 4차 핵실험
2월 '대포동 2호' 개량형 발사
5월 36년 만에 제7차 당대회 개최. 김정은, 당위원장에 취임
6월 이동식 중거리 탄도미사일 '무수단' 발사, 실험에 성공했다고 주장
국방위원회를 국무위원회로 개편하고 김정은이 국무위원장에 취임

주요 참고 문헌 및 증언

이 책은 일본어와 한국어, 중국어, 영어로 쓰인 김정일에 관한 출판물과 논문, 보고서 가운데 필자의 판단으로 신뢰할 만하다고 생각되는 문헌 약 600여 종과 남북한 및 일본, 중국, 영미권 신문, 잡지 기사를 참고로 했다.

여기에 표기하는 참고문헌은 김정일과 함께 생활하거나 일을 한 경험이 있는 사람, 곁에서 김정일을 관찰할 수 있는 입장에 있던 사람들이 남긴 수기, 증언 등 김정일의 인물상을 그려 내는 데 길잡이로 삼았던 주요 참고 자료들이다.

참고 도서와 신문, 잡지, 김일성 관련 중국의 기록영화, 북한의 영상자료, 필자 독자적 취재와 인터뷰 등으로 얻은 증언 등의 상세한 자료 목록은 생략하며 대표적인 도서와 문헌 자료만 정리해 둔다. 증언자 각자에 대해서도 공표에 지장이 없는 주요 인물은 책 본문 속에 이름과 직책 등을 밝혀 다시 기재하지 않는다.

1. 유소년 시절

— 태어난 직후의 김정일에 관해서는 그에게 모유를 준 경험이 있는 리짜이더(李在德, 1918년생, 베이징 거주)와 그 가족을 필자가 직접 인터뷰했다. 수기는 『松山風雪情李在德回顧錄』, 民族出版社, 베이징, 초판 1999년(2013년 18만 자를 추가한 개정판). 중국 잡지 〈中國婦女〉 등의 인터뷰와 중국 국립도서관 '중국의 기억 프로젝트' 팀이 정리한 구술 기록이 있다.

— 김정일의 어머니 김정숙의 러시아 극동 지역 시절 친구 리민李敏을 필자가 취재해 얻은 증언 등. 수기는 『風雪征程 東北抗日聯軍戰士 李敏回顧錄(1924~1949)』(상·하), 黑龍江人民出版社, 하얼빈, 2012년

2. 소년 시절

— 한재덕 회고록, 『김일성을 고발한다-조선노동당 치하의 북한』, 내외문화사, 서울,

1962년. 김일성 전속 기자로 일했으며 김정일의 어머니 김정숙이 직접 만든 요리를 먹은 적도 있다고 한다. 후에 한국으로 망명해 위의 회고록을 출판했다.

— 세르게이 리(카자흐스탄 거주)의 증언. 유소년 시절 김정일과 함께 놀았다. 김일성 전속 군의관이었던 이동화(李東華, 북한 초대 보건상)의 아들

— 중국 吉林市地方誌編纂委員會編,『吉林市誌;外事誌』, 吉林人民出版社, 吉林, 2001년. 한국전쟁 당시 김정일과 여동생 김경희가 3년 가까이 살았던 피난지에서의 자취를 확인할 수 있다.

— 김일성의 전 비서실장 홍순관이 망명지인 중국 시안西安시에서 필자에게 말한 증언 등. 복수의 증언자에 관해 〈동아일보〉와 〈한국일보〉에서 정리한 기록도 있다.

3. 학생 시절

— 노동당 조직지도부 직영의 대양무역회사大洋貿易會社 전 사장 김정민(金正敏, 1998년 한국으로 망명)의 증언록

— 김현식,『나는 21세기 이념의 유목민』, 김영사, 서울, 2007년

— 菅野朋子 譯,『わが教え子、金正日に告ぐ　脱北エリート教授が暴く北朝鮮』, 新潮社, 2008年

— 황장엽,『황장엽 회고록, 나는 역사의 진리를 보았다』, 시대정신, 서울, 1999년

— 荻原遼 譯,『黄長燁の回顧録 金正日への宣戦布告』, 文藝春秋, 1999年

— 김일성종합대학 전 러시아어과 교수 송희연(宋熙淵, 러시아 하바롭스크 거주)의 증언 등

4. 후계자 수업 시절

— 당 선전선동부 시절 김정일의 아래에서 일한 신경완의 수기,『곁에서 본 김정일』(신경완의 증언을 정창현이 정리함), 김영사, 서울, 2000년

— 신경완이 필명인 '이항구'라는 이름으로 쓴『비화집, 김정일과 그의 참모들』, 신태양사, 서울, 1995년

— 황장엽이 남긴 테이프 120개가 넘는 강연록의 일부와 인터뷰 기사 등

5. 지도자 취임 후

— 이한영(성혜림의 조카)가 망명지인 서울에서 쓴 수기『대동강 로열패밀리 서울 잠행 14년』, 동아일보사, 서울, 1996년

— 浅田修 譯,『金正日が愛した女たち 金正男の従兄が明かすロイヤルファミリーの豪奢な日々』, 徳間書店, 2001년

— 성혜랑,『등나무집』, 지식나라, 서울, 2000년

— 萩原遼 譯,『北朝鮮はるかなり 金正日官邸で暮らした20年 上·下』, 文藝春秋, 2001年

— 최은희, 신상옥,『김정일 왕국』(상 · 하), 동아일보사, 서울, 1988년

— 藤本健二,『金正日の料理人_間近で見た權力者の素顔』, 扶桑社, 2003년. 한국어판은『김정일의 요리사』, 신현호 옮김, 월간조선사, 서울, 2003년

— 藤本健二,『金正日の私生活_知られざる招待所の全貌』, 扶桑社, 東京, 2004년

— 藤本健二,『核と女を愛した將軍様 金正日の料理人最後の極秘メモ』, 小學館, 東京, 2006년

—한국 국가정보원 자료: 2007년 남북 정상회담 회의록

6. 김정일과 직접 대화를 나눈 경험이 있는 사람들의 수기

— 콘스탄틴 프리코프스키(전 러시아 극동 연방 관구 대통령 전권대표)『동방 특급열차 김정일과 함께 한 24일간의 러시아 여행』, 성종환 옮김, 중심, 서울, 2003년

— 김정일과 직접 인터뷰한 전 러시아기자협회 간사 올가 마리체바『김정일과 왈츠를』, 박정민 옮김, 한울, 서울, 2004년

— 中共中央文獻硏究室 編,『鄧小平年譜 下』(1975~1997), 中央文獻出版社, 베이징, 2004년

— 김대중,『김대중 자서전』 제2권, 삼인, 서울, 2010년

— 임동원(전 국가정보원장),『피스메이커, 남북관계와 북핵문제 25년』(개정증보판), 창비, 서울, 2015년

— 이종석,『칼날 위의 평화, 노무현 시대 통일외교안 비망록』, 개마고원, 서울, 2014년

— 신장섭,『김우중과의 대화 아직 세계는 넓고 할 일은 많다』, 북스코프, 서울, 2014년

7. 북한의 시각을 보여 주는 문헌들

— 崔仁秀,『人民の指導者金正日書記』(第1, 2巻), 雄山閣出版, 東京, 1983, 1984년

— 趙奭河 외,『時代の星 第1部 偉大な永像』, 東邦社, 東京, 1984년

— 卓珍, 金剛一, 朴弘清『偉大な指導者金正日』(上·下), 未來社, 東京, 1985년

— 石川昌,『金正日書記 その人と業績』, 雄山閣出版, 東京, 1994년

—『김정일 지도자』(제1 · 2 · 3부), 평양출판사, 평양, 1994년

— 김일성,『김일성 회고록 세기와 더불어』(제1~6권), 조선노동당출판사, 평양, 1992~1998년

— 在日本朝鮮人總聯合會 編,『金正日略傳』, 雄山閣出版, 東京, 1995년

— 金南鎭/光明社編輯部 譯,『金正日その指導者像』(上·下), 雄山閣出版, 東京, 1996년

— 許錟/光明社編輯部 譯,『金正日の人間像』, 雄山閣出版, 東京, 1997년

— 朝鮮金正日傳編纂委員會,『金正日傳』(第1, 2巻), 白峰社, 東京, 2004, 2005년

8. 기타

— 고영환,『평양 25시』, 고려원, 서울, 1992년

— 池田菊 譯,『平壤25時－金王朝の内幕 元北朝鮮エリート外交官衝撃の告白』, 德間書店, 1992年

— 강명도,『평양은 망명을 꿈꾼다』, 중앙M&B, 서울, 1995년

— 尹学準 譯,『北朝鮮の最高機密』, 文春文庫, 1998년

— 한국 국토통일원,『북한 연표』, 국토통일원, 서울, 1980년, 1986년

— 북한연구소,『북한 총람』(1945~1982), 북한연구소, 1983년

— 북한연구소,『북한 총람』(1983~2010), 북한연구소, 2011년

색인

★ 인명

김정일과 김일성 외 주요 등장인물

나

다

라

마

자

차

카

하

★ 사건

차

카

타

파

하

숫자

0~9

영문

A~Z

지은이 리 소데츠李相哲

사회학자인 그는 현재 일본 류코쿠龍谷대학 사회학부 교수로 활동 중이다. 1959년 중국 헤이룽장성黑龍江省에서 태어나, 베이징에서 대학 공부를 마쳤다. 중국에서 신문기자를 지내다 1987년 일본으로 건너가 일본 조치上智대학 대학원에서 신문학 박사학위를 받았다. 중국의 만주, 그리고 일본 식민지 시절 한반도 신문 역사와 현대의 한국과 북한 정세를 분석한 논문과 저서들이 있다. 주요 저서로는 『일중한 미디어의 충돌』(2017년, 미네르바書房), 『김정일과 김정은의 정체』(文藝春秋), 『동아시아의 아이덴티티, 일중한은 어디가 다른가』(凱風社), 한국어 번역본 『한중일 한자문화 어디로 가는가』(기파랑) 등이 있다.

옮긴이 이동주

1953년 충남 천안에서 태어나 서울대학교 사회학과를 졸업하였다. 〈경향신문〉 도쿄 특파원, 국제부장, 논설위원. 〈일요신문〉 편집국장을 역임하였다. 번역서로는 『생』(미키 기요시, 아침바다), 『후쿠시마 원전 대재앙의 진상』(후나바시 요이치, 기파랑) 등 다수가 있다.

★ 김정일 전기
김정은 체제
왜 붕괴되지 않는가

초판 1쇄 발행 2017년 3월 25일

지은이 리 소테츠
옮긴이 이동주

발행인 이선애
디자인 디자인 잔
교 정 채규리
크로스 교정 김동욱
발행처 도서출판 레드우드
출판신고 2014년 7월 15일 (제25100-2014-000048호)
주소 서울시 강남구 밤고개로 26길 50 강남한신휴플러스 607동 202호
전화 070-8804-1030 **팩스** 0504-493-4078
이메일 redwoods88@naver.com
블로그 blog.naver.com/redwoods88

값은 뒤표지에 있습니다.

ISBN 979-11-87705-04-8 (03300)

당신의 상상이 한 권의 책이 됩니다.
지혜를 나눌 분은 원고와 아이디어를 redwoods88@naver.com으로 보내 주세요.

※ 이 책은 한국출판문화산업진흥원의 출판콘텐츠 창작 자금을 지원받아 제작되었습니다.